传媒蓝皮书系列

广州市区域融媒体中心建设与发展蓝皮书(2023)

主　编　田秋生　邹　军
执行主编　张灵敏

中国传媒大学出版社
·北京·

探寻海珠资源,传播海珠声音
——广州市海珠区融媒体中心融媒实践调研报告
陈彩敏　董开栋 / 1

"融"荔湾故事,"合"平台资源,共促融媒深度发展
——广州市荔湾区融媒体中心融媒实践调研报告
吴　蕾　莫雅雯　杨玥欢　曹　锐 / 29

讲好天河故事,传播好天河声音
——广州市天河区融媒体中心融媒实践调研报告
司子奥　谢晋桦　刘雪梅 / 53

深度融合:区域融媒体建设的"白云经验"
——广州市白云区融媒体中心融媒实践调研报告
宋昀昊　梁婕郗　张灵敏 / 79

推动媒体融合发展,创新协同治理模式
——广州市黄埔区融媒体中心融媒实践调研报告
刘　涛　廖雯禧　周子寒 / 114

向下扎根,专注民生
——广州市花都区融媒体中心融媒实践调研报告
朴文玲 / 141

三屏贯通,技术赋能
——广州市番禺区融媒体中心融媒实践调研报告
　　　　　　　李佳慧　何国峰　刘雪梅　/ 163
立足湾区,创新引领
——广州市南沙区融媒体中心融媒实践调研报告
　　　　　　　　　　　　　　朴文玲　/ 194
搭建区级融媒矩阵,夯实主流舆论阵地
——广州市从化区融媒体中心融媒实践调研报告
　　　　　　　　　　　闵正湘　董开栋　/ 218
技术赋能+内容深耕,助推县级融媒"破圈"发展
——广州市增城区融媒体中心融媒实践调研报告
　　　　孔维辉　谭泽科　陈瑛琪　曹锐　/ 246
追求最出色的新闻,塑造最具公信力媒体
——广州日报媒体融合实践调研报告
　　　李彦　曹高源　徐佳昱　叶婉婉　/ 268
城市广播电视台推进媒体深度融合发展的路径探索
——广州广播电视台媒体融合发展调研报告
　　　　　　　刘涛　周子寒　廖雯禧　/ 298

后　记　/ 320

探寻海珠资源,传播海珠声音
——广州市海珠区融媒体中心融媒实践调研报告

陈彩敏　董开栋*

摘要: 2019年9月,海珠区融媒体中心正式成立。目前,海珠区融媒体中心已完成"两微一端"产品矩阵建设,且成效显著。其中,"广州海珠发布"微信公众号成为海珠区权威信息第一发布平台,传播力与影响力尤为突出。调研发现,本土化、数据化的产品特征与合作化、品牌化和情感化的产品运营策略功不可没。但是,人员身份模糊、流动阻碍及技术平台断连等困境掣肘海珠区融媒体中心的深度融合发展,这些问题亟待解决。

关键词: 海珠区;融媒体中心;广州海珠发布;融媒转型

县级融媒体中心是在国家体制和统一改革框架下成立的县级新型传媒机构。海珠区融媒体中心的成立顺应了互联网技术改革大潮的需求,最大限度地放大新闻信息的传播价值,依托现代传播体系打造出政务新媒体矩阵。

一、海珠区融媒体中心发展历程

海珠区融媒体中心并非是从零开始创建的,而是通过改革旧机构逐渐发展起来的。1997年之前,广州市海珠区广播电视中心成立,主要负责有线电视网络的建设、维护和运营管理,同时承担着新闻报道、舆论引导、节目制作等多项任务。1997年,海珠区广播电视中心更名为海珠区文化传播中心,承担着推广、

---

* 陈彩敏,广州大学新闻与传播学院硕士研究生;董开栋,博士,广州大学新闻与传播学院讲师、硕士生导师,主要研究方向为媒体融合、新媒体用户行为。

传播、策划、执行、保护、传承海珠区文化的多重职责。2003年,海珠区文化传播中心经过一系列改革后,组建为海珠区电视新闻中心。海珠区电视新闻中心主要负责区街新闻的制作,包括新闻采访、编辑、播音等工作。其中,区街新闻以会议新闻为主,还包括民生新闻、活动新闻等;在经由三至四个工作人员制作后的区街新闻会在电视台播出。2019年9月,原海珠区电视新闻中心进行机构调整,最终成立了海珠区融媒体中心。

海珠区融媒体中心位于广东省广州市海珠区区政府机关大院,属于中共海珠区委宣传部管理的公益一类副处级事业单位。海珠区融媒体中心共设置4个内设部门,分别是全媒体部、网络安全和信息化部、网络监管与舆情应急部、综合部。

"区县级融媒体作为媒体融合的'基层堡垒',在信息流的上传下达和舆论宣传中具有无法替代的作用。"[1]海珠区融媒体中心紧紧围绕区县级融媒体中心的工作要求,积极推进媒体融合发展,关注群众的日常生活和民生需求,内容主要聚焦于海珠区的人与事,致力于为海珠区的民众提供及时、准确、深入的新闻资讯和社会服务。其主要职责包括贯彻执行党和国家有关新闻宣传工作的方针政策和法律法规规章;组织开展新闻发布工作;向上级宣传部门及其他新闻媒体提供新闻信息;建设全媒体矩阵;按照区级融媒体工作要求,根据区委、区政府部署,配合开展公共服务业务和各类群众性活动;组织开展网络舆情信息收集、分析、研判和处置,掌握网络舆情动态等方面的内容。[2]

二、海珠区融媒体中心的产品建设

海珠区融媒体中心主要在微博、微信发布信息,其微博号与微信号也是海珠区融媒体中心在社交媒体平台上影响力最大的两个账号。在客户端方面,海

---

[1] 陈楚瑜.县级融媒体建设综述[J].广播电视信息,2022,29(1):28-30.
[2] 中国共产党广州市海珠区委员会宣传部.2023年广州市海珠融媒体中心部门预算[EB/OL].(2023-03-24)[2023-10-30]. http://www.haizhu.gov.cn/zwgk/czyjs/czys/2023/content/mpost_8883281.html.

珠区融媒体中心并没有开发自己的客户端,而是入驻"新花城""南方+""今日头条"和"学习强国"等主流客户端平台。

(一)入驻主流客户端平台

"新花城"客户端是由广州市委宣传部统筹指挥、人民日报媒体技术股份有限公司提供技术支持,由广州日报报业集团与广州广播电视台共同打造的广州市区融媒体中心客户端。①"新花城"是基于移动互联网的智慧城市应用,旨在为用户提供更加优质的城市生活服务。"新花城"不仅覆盖了全市的宣传文化领域,还整合了市、区、街道、社区等多级的新闻内容,形成了聚合多样化服务的平台,服务内容包括"新闻+政务""新闻+服务""新闻+社区"等。海珠区融媒体中心成立不久后,就开始与广州日报合作,进驻"新花城"客户端并将账号命名为"广州海珠发布"。2019年8月17日,"广州海珠发布"正式在"新花城"客户端发布第一条信息。海珠区融媒体中心在"新花城"上发布的信息与微信公众号"广州海珠发布"的所有内容同步更新。当用户在"新花城"客户端的"广州海珠发布"页面中点击任意信息,即可跳转到"广州海珠发布"微信公众号相关推文上。

"南方+"是南方报业传媒集团官方新闻客户端,是广东省委、省政府权威移动发布平台。2018年4月24日,"广州海珠发布"在"南方+"上发布了第一篇报道,但是此后发布频率不高,直到2019年4月2日才更新了第二篇文章。2019年12月"广州海珠发布"的更新频率有所上升。2020年2月"广州海珠发布"达到日更标准,每日发布的文章为4~7篇。在内容方面,海珠区融媒体中心在微信公众号上发布的所有内容都会复制到"南方+"客户端。但由于"南方+"是新闻资讯类客户端,海珠区融媒体中心会在"南方+"客户端上补充部分新闻报道,以符合其平台特点。此外,海珠区融媒体中心在"今日头条""澎湃新

---

① 广州日报."新花城"穗港澳频道今日上线!为港澳人士提供专属"新闻+服务"[EB/OL].(2020-05-06)[2023-10-30]. https://mp.weixin.qq.com/s?__biz=MjM5MjA0MDk2MA==&mid=2652524372&idx=1&sn=9c543c42224cf82209f86e0b14910f74&chksm=bd42be3b8a35372d769b52cf9d1e44a4e0c538c3b841ddb5b5868756a30d67bced70db066a07&scene=27.

闻"等客户端中所发布的内容均从微信公众号上发布的内容筛选而来。区别于其他客户端,海珠区融媒体中心在"学习强国"客户端的运营有专人负责,除了发布政治性、引导性较强的内容之外,还会在"百灵"等栏目发布体现海珠之美或者关注民生健康的视频,还包含部分在微信公众号上发布的内容。

海珠区融媒体中心并没有开发自己的客户端,主要基于以下几个因素:第一,由于工作人员人数有限、可供报道的内容有限,海珠区融媒体中心所产出的新闻报道数量不足以令这个客户端饱和;第二,若想增加报道内容的丰富程度,海珠区融媒体中心就需要将报道范围扩大到海珠区之外,但这不符合海珠区融媒体中心的成立初衷;第三,海珠区融媒体中心的资金完全来源于政府,而客户端的开发、运营、维护工作需要投入大量人力物力财力,海珠区融媒体中心客户端的维系升级存在难题。此外,"广州海珠发布"的微博账号、微信公众号较有影响力,也是海珠区融媒体中心不愿单独开发客户端的重要原因。

(二)开通微博账号"广州海珠发布"

2012年12月,"广州海珠发布"新浪微博账号开通。截至2023年10月31日,"广州海珠发布"的粉丝量已经达到了19.3万人,这个数字仍在持续增长。"广州海珠发布"微博号视频累计播放量为160.2万,累计获得了269,178个转赞评。其中,累计转发量达到了178,345次,累计评论量达到了64,431条,累计获赞数则为26,402个。这些数据充分展示了"广州海珠发布"在微博平台上的影响力。"广州海珠发布"微博内容以图片、视频为主,配上精练的文案,直观地呈现主要内容与观点,让信息更加具体、真实和生动。"广州海珠发布"不仅及时传达了海珠区政府的工作动态和政策信息,还向用户提供各种服务和信息,已成为海珠区的重要信息传播渠道。

但是,"广州海珠发布"目前的互动数据并不乐观。2022年10月,"广州海珠发布"共发布121条微博,累计转赞评数量为3,855。2023年8月1日至2023年10月31日,该账号发布的微博数量为280篇,同比减少22.0%,转赞评总数为587,同比减少90.56%。

"广州海珠发布"在微博平台上无法长期保持高热度,主要受到平台特性和运营思路两方面的影响。首先,在平台特性方面,微博作为一个综合社交媒体平台,信息种类繁多,与县级融媒体的定位难以完全契合。此外,县级融媒体的主要受众是本县居民,而微博用户的关注重点通常在明星、企业和媒体账号上,这种用户习惯的差异导致县级融媒体在微博平台上的互动量相对较低。其次,在运营思路方面,"广州海珠发布"微博原创内容较少,主要通过直接转载或附上超链接的方式转载各大媒体的报道,难以体现地区特色并在众多区县级融媒体账号中形成差异,进而满足当地人的信息需求和文化认同,因此竞争力不足。

(三)开通微信公众号"广州海珠发布"

2015年12月,"广州海珠发布"微信公众号开通。起初,"广州海珠发布"微信公众号的发布频率为每周三更,如今已调整为日更,每日都会发3~5条推送,且每周都会有2至3篇的原创内容。

海珠区融媒体中心深耕"广州海珠发布"微信公众号,致力于成为海珠区权威信息第一发布平台。"广州海珠发布"微信公众号在传承海珠文化、展示海珠品牌、提供便捷服务、引导正面舆论方面起到了重要作用。"广州海珠发布"积极传承海珠文化,通过"岛主TALK""江岛新说"等栏目分享海珠的悠久历史、丰富文化、杰出人物和美丽景点等信息,展示海珠的独特魅力和文化内涵;同时,通过"数读海珠""琶洲π"等栏目展示海珠的品牌形象,提高海珠的知名度和美誉度,吸引客户投资,带动海珠经济发展。此外,后台也提供了旅游、教育、医疗等方面的便民服务,使公众在享受服务的同时,也更加深入地了解海珠;针对与海珠相关的热点事件或社会言论,该公众号还提供客观、准确的信息和解读,以正确的舆论导向引导公众理性思考。

"广州海珠发布"微信公众号稳步发展,高质量的本地内容获得了用户的认可,在粉丝量、互动数据方面获得了优异成绩:2022年"广州海珠发布"微信公众号粉丝量突破100万人,而海珠区常住人口数为179.8万人,这意味着几乎每

2个海珠人里就有1人关注了"广州海珠发布";视频号多条内容观看量超过10万。海珠区融媒体中心斩获了"2022年度广州市政务微信优秀传播力奖""2022年度广州市政务微博优秀互动力奖""2022年度最佳短视频""2022南方号年度传播力奖""南方号优秀运营者"等多个奖项。

图1　海珠区融媒体中心获得的"2022年度广州市政务微信优秀传播力奖""2022年度广州市政务微博优秀互动力奖""2022年度最佳短视频奖"等奖项①

总体来看,海珠区融媒体中心打造多媒体矩阵,形成传播合力,吸引不同平台上的用户关注,扩大了海珠区融媒体中心的影响力,强化了海珠区融媒体中心在城市宣传和舆论引导方面的作用。

---

① 图片来源:微信公众号"广州海珠发布"推文。https://mp.weixin.qq.com/s/cyOg‐oC4PBHfpHmGSLtONw。

三、海珠区融媒体中心的产品特色

海珠区融媒体中心的运营重心早已转向"广州海珠发布"微信公众号,且该公众号是海珠区融媒体中心传播矩阵里最具影响力的账号,因此本文着重对该公众号的产品特色展开分析。

"广州海珠发布"微信公众号充分考虑海珠区的地域特色和亮点,对海珠区资源进行了深入挖掘,每年"大制作"1~3个新产品。为了方便用户获取和阅读,公众号在后台菜单栏精心设置了三大板块的内容:"微观海珠""读懂海珠"与"街坊必备"。这三大板块涵盖了"江岛新说""文创海珠说""数读海珠""岛主TALK"等栏目,从多元视角、丰富形式对海珠区的文化、历史和人文精神等层面进行了深入剖析和鲜活展现,凸显了海珠区的区域特色,为用户提供了一个全方位了解海珠区的窗口。

(一)"江岛新说""文创海珠说":深耕本土文化

丰厚的历史文化、秀丽的风景和高质量的经济建设成为"广州海珠发布"的灵感源泉。海珠区作为广州的三个老城区之一,承载着广州历朝历代的悠久历史与丰富文化遗产,每一处历史遗存都代表着丰富的文化底蕴。"广州海珠发布"不断从中汲取养分,制作出"江岛新说"和"文创海珠说"等特色产品。

"江岛新说"栏目于2018年10月27日上线。作为"广州海珠发布"首个特别策划的栏目,"江岛新说"展现了海珠区文化传承发展新貌,呈现出海珠区多个街道的历史文化精髓(如华洲街、龙凤街、昌岗街、赤岗街、滨江街、南华西街等),向观众展示了海珠区的文化底蕴和独特魅力,让读者从中感受历史与现代的交融。华洲街的小洲村让读者在翰墨桥、蚝壳屋、登瀛码头里感受到上千年的水乡韵味,领略当代艺术的极致活化;龙凤街使人沉浸在工业遗迹与百年洋楼独特韵味中;滨江街的纺织路向世人讲述了广州纺织工业的发展历史……每条街道的特色与记忆经由"江岛新说"栏目的编辑与发布后,更为人所熟知。此外,"江岛新说"栏目运用了精练的语言、简短且生动的视频、富含美感的配图,吸引读者关注与阅读:其生动而简洁的表达方式让复杂的历史事件和人物变得栩栩如生,不仅保留了历史事件的原貌,更将其生动地呈现在读者面前,使读者能够在海珠区的历史长河中,感受其深厚的文化底蕴;采用简短而富有活力的视频片段,配以生动的音效和讲述,将海珠区的风景、人物和活动生动地展现出来,使读者仿佛置身于海珠区美丽的景色之中,更加深入地了解海珠区的风土人情;注重配图的审美价值,从视觉上对文章进行了补充和丰富,展示了海珠区的美丽景色和丰富的人文活动。

其中,标题为"江岛新说丨龙凤街:工业遗迹打卡地 百年洋楼回味岁月往事"的推文浏览量为1.2万,已经达到较高的标准。该推文讲述了文化遗产在海珠区现代社会发展的故事:工业遗址太古仓、大阪仓,在经过保护性修缮、产业化改造和景区式营造后,已经转变成一个集岭南文化、现代艺术及国际潮流于一体的商业综合体新标杆;龙骧大街是集西方、东南亚和广州建筑风格于一体的民国建筑一条街,体现了中外建筑风格的完美碰撞;邓氏祠堂为纪念在中日甲午战争中壮烈牺牲的邓世昌而建,现被评为广州市爱国主义教育基地示范点和党员教育基地,传递着爱国精神;位于新民大街的瓷砖画《锦绣龙凤》,为了致敬和借鉴1992年创作的瓷砖宣传画《二龙古街沐春风》,将龙凤街现时的街道全貌描绘出来,呈现了龙凤街新风貌和欣欣向荣的景象。这些内容不仅关注了海珠区文化遗产的保护和传承,还关注了它们与现代社会的融合和发展,让公众可以了解到文化遗产在现代社会中的重要性和价值,激发了公众对海珠区文化历史和现代社会发展的兴趣和关注。

"文创海珠说"栏目创建于2023年6月1日,是由海珠区委宣传部、海珠区融媒体中心联合《南方日报》共同推出的特色栏目。海珠区各类文化企业的数量已逾万家,其中规模以上的文化企业就有400余家。海珠区文化企业不仅在数量上占据了优势,更在质量上展现出了较高水准,如制作"猪猪侠"动漫形象的广东咏声动漫股份有限公司、每日售出上万份中式新滋补产品的广东官栈营养食品有限公司、潮玩品牌TOP TOY等。这为海珠区融媒体中心制作"文创海珠说"栏目提供了众多素材来源。"文创海珠说"栏目通过采访多位海珠区文化创意产业企业家,介绍了海珠区的文创产业发展情况,以及一些文创企业的创业历程和产品特点,展现了企业家们如何发现市场机遇,深耕创新研究和提高产业技术,在竞争激烈的市场环境中脱颖而出的故事。通过这个栏目,公众可以了解到海珠区在文创产业方面的优势和发展潜力,感受海珠区企业家敢为人先、勇于创新、艰苦奋斗的精神品质。"文创海珠说"不仅出现在微信公众号后台菜单栏里,其视频合集还出现在"广州海珠发布"的视频号中,以更符合现代网络用户观看习惯的竖屏形式,生动详细地呈现了海珠区的文化创意产业的景象。

截至2023年10月31日,"文创海珠说"栏目最高阅读量的推文为《海珠这个园区,要做广州时尚地标!》,其阅读量高达5.1万。该推文介绍了海珠同创汇这个文化产业园区如何破旧立新、实现转型,讲述了海珠同创汇如何用五年时间,从一个单一的写字楼时尚园区,变为一个"时尚+"与科技的综合体;叙述了海珠同创汇是如何进行管理运营的。在对海珠同创汇的介绍中,"广州海珠发布"将海珠同创汇与海珠文化结合起来,突出海珠同创汇的文化底蕴,比如,海珠同创汇曾举办过多种类的文创活动,它所在的上涌村正是驰名南粤的龙舟之乡,等等,向读者展示了海珠同创汇作为一个集创新创业、文化交流和社区建设于一体的孵化器的独特魅力。

一方水土孕育一方文化,一方文化则联结一方人。"广州海珠发布"搭建了读者与海珠各地文化沟通的桥梁,让读者深入了解海珠文化的同时,也有利于传承海珠文化、传递海珠精神。立足本土文化,打造特色栏目的策略令"广州海珠发布"成为读者了解海珠文化的重要窗口,也是增强读者黏性的一大举措。随着社会经济的发展和人民生活水平的提高,观众对于精神文化生活的需求也在不断增长。"广州海珠发布"以传统文化为基础,创新节目形式和内容,满足读者对于高品质文化栏目的需求,让读者更全面地了解海珠。此外,文化是凝聚人心的力量,"广州海珠发布"让读者在海珠文化中找到熟悉的价值观念和文化传统,提高了读者作为海珠区成员的身份认同感,有利于提高读者黏性。

(二)"数读海珠":图说数字海珠,提升阅读体验

海珠区融媒体中心作为海珠区的官方宣传机构,承载着传递党声、服务群众、引导舆论等重要使命。在报道海珠区经济成就方面,海珠区融媒体中心扮演着不可或缺的角色。

传统的新闻叙事方式以文字为主要载体,强调新闻的细节描述。这种叙事方式在处理时间和空间跨度较小的新闻事件时,通常能够提供全面、深入的报道,帮助观众了解事件的来龙去脉和具体细节。然而,当新闻事件的时间和空间跨度增大,涉及的信息和人物增多时,这种传统的叙事方式就显现出一定的局限性。经济成就并不是在短期内就能达成的,其时间跨度较大,而且常常要考虑基期、末期等数据的对比,方能显现经济水平进步之大。① 再者,数据新闻的另一个重要特点是增强公信力。由于经济数据是客观的、可验证的,数据新闻相对于其他类型的新闻更具有公信力和权威性。因此,数据新闻是报道海珠区经济成就的最适合的方式之一。"广州海珠发布"用数据新闻的方式报道海珠经济发展成就,也是大势所趋。

"数读海珠"栏目于2022年1月25日上线,采用了数据新闻的报道形式,主要展现了海珠区经济产业体系的发展及成就,让读者了解海珠区经济发展状况,增强对海珠区经济发展的信心。在"数读海珠"栏目中,"广州海珠发布"在数据新闻的运用上非常出色,其以一种直观、生动的方式增强读者的阅读兴趣,向读者呈现了海珠区的经济发展状况。该栏目中的推文的平均阅读量逾万,其中一篇题为"成绩单公布!"的推文的阅读量更是达到了2.2万。在题为"成绩单公布!"的报道中,海珠区的GDP、重大项目、文商旅发展等总量数据以及增长率数据都被突出显示出来,便于读者看到海珠区经济水平的提高。同时,这些数据的排名也被清晰地标注出来,让读者能够一目了然地了解海珠区在广州市的经济地位和发展趋势。总体而言,"广州海珠发布"利用数据新闻的报道方式制作的推文内容主要包括三部分:制作凸显重要数据的海报、补充文字以及注

---

① 潘倩玉.数据新闻的叙事策略研究:以财新网"数字说"为例[J].传媒,2023(4):60-62.

明数据来源。

1.制作凸显重要数据的海报

筛选重要数据在信息阅读中扮演着重要的角色。在当今信息爆炸的时代,人们需要快速、准确地获取所需信息,以做出明智的决策或了解某个领域的情况。筛选重要数据可以帮助读者快速掌握关键数据,减少阅读时间和精力,提高信息阅读效率,优化阅读体验。采编人员在筛选重要数据后,将数据附在精美的海珠区风景图上,用海报的形式将数据呈现出来。首先,通过直观的视觉效果,读者可以快速地获取信息。其次,精美的图像可以吸引读者继续阅读,增强读者对信息的记忆,进而使得读者更加愿意阅读和分享新闻报道。此外,通过展示海珠区的美丽风景和城市风貌,能够帮助读者更好地了解海珠区,激发他们对海珠区的兴趣和好感,优化读者对海珠区的评价,进而促进城市形象的提升和旅游业的繁荣。

2.补充文字

除了展示直观的数据之外,"广州海珠发布"还在相关的推文中用文字对次要数据进行了补充,或者对已在图上显示的重要数据的含义进行阐释。他们通过详细的描述和解释,提供了对海珠区经济数据的详细分析,还介绍了海珠区政府在经济治理方面所采取的措施和取得的成效。这有利于增强信息的清晰度,可以进一步解释和说明数据所表达的含义和背后的信息,帮助读者更好地理解数据所传达的关键信息,让读者更加了解海珠区的经济发展状况,以及社会治理情况和治理效果。

3.注明数据来源

"广州海珠发布"还在部分推文中间插入数据来源的文章截图,并设置了"点击图片阅读原文"这一链接跳转的形式,让读者得以了解数据出处,比如广州市海珠区人民政府官网上的文章。这些文章详细介绍并分析了海珠区经济数据的具体情况,为读者提供了权威、可靠的信息来源。这种做法有两个重要的好处。首先,通过在推文中标明数据出处,可以避免侵权风险。因为截图和链接都明确指向了原始文章,使得读者可以了解数据的真实来源和可靠性。其次,政府官网通常具有很高的权威性和公信力。通过使用政府官网的信息,"广州海珠发布"提高了数据的权威性和可信度,让读者更加信任其所提供的数据和信息。

总之,大数据时代的到来推动了数据新闻的发展,数据新闻能够更好地满足观众对信息的需求,提供更全面的视角。以数据新闻为特色的"数读海珠"栏目,是海珠区融媒体中心在数据新闻制作上的一次成功尝试。"数读海珠"的高点击率不仅说明其符合读者的阅读需求而深受读者的欢迎,还说明了海珠区融媒体中心在展现海珠区经济产业体系的发展及成就方面起到一定的作用,可以提升海珠区的形象和知名度,促进招商引资、消费和经济发展,增强社会对海珠区的认知和支持,推动创新发展,为海珠区的经济发展提供更好的保障和支持。

(三)"岛主TALK":赋予"岛主"身份,提高主人翁意识

"岛主TALK"栏目上线于2019年2月22日,2022年9月9日停更,共制作了32期。这是一档富有创意和特色的专栏,特别邀请了海珠区的杰出人物,报道了属于他们与海珠的故事,让读者们更加深入地了解和感受到海珠区深厚的人文魅力,并提升其主人翁意识。钟情于新闻并终生教新闻的中山大学传播与设计学院原院长张志安、坚持做纯粹的书店的学而优书店创始人陈定方、创造青年成长文化厂牌"北辰青年"的宋超……"岛主"们讲述了自己如何在海珠创建、发展自己的事业的过程与经验,也向读者们传递了他们的奋斗、创造精神。虽然每位被访者都各有特色,在不同领域取得了卓越的成绩,但他们都拥有一个共同点——为海珠的发展做出了贡献。他们将自己的智慧和力量投入海珠的发展中,不断探索和创新,为实现海珠的发展目标付出了巨大的努力。

"岛主TALK"这一栏目名字极富趣味性与新鲜性,并且准确传达了该栏目的立足点和特点,能够吸引读者的注意力,引起他们对栏目的兴趣。首先,"岛主"二字直接与海珠区融媒体中心报道的地区——海珠岛相关联,明确地表达了该栏目报道的地点和主题。海珠岛位于珠江三角洲的中心,是一座岛屿,这

一地理特征赋予了海珠民众独特的身份标识。因此海珠民众被称为"岛主"。其次,"TALK"意味着对话、交流,强调了该栏目将通过访谈的形式,让海珠本地的居民亲口讲述海珠的故事,展示海珠的独特魅力。此外,"岛主"这个称号再加上"TALK"这个英文动词,使得栏目名称显得更加活泼,有助于建立媒体的形象和品牌。不少读者对融媒体中心有着很深的刻板印象,认为融媒体中心是政府机构的一部分,通常会遵循政府机构的规范和标准,其报道风格具有严肃性。而"岛主 TALK"栏目有利于打破读者这一刻板印象,拉近媒体机构与读者的距离。通过与读者建立良好的关系,媒体可以更好地传递自己的价值观和理念,从而在激烈的市场竞争中脱颖而出。

"岛主"这个概念并不是狭隘的,而是宽泛的。"岛主"不仅仅指那些出现在"岛主 TALK"中的海珠区杰出人物,还指所有在海珠区出生、发展的人。而这些人也是"广州海珠发布"的重要受众。"岛主"这一称呼对于提高海珠民众的主人翁意识,发挥着重要作用。首先,"岛主"这一称呼赋予了海珠民众一种归属感。虽然每一个海珠民众都是不同的个体,但是他们拥有着同一个身份——"岛主"。"岛主"这个名词是海珠岛与海珠民众的结合体,它将海珠岛与海珠民众紧紧联系在一起,有利于海珠民众从中建立起身份认同感及归属感,也强化了海珠民众之间的联系和团结。其次,"岛主"这一称呼有助于强化海珠民众的责任感和使命感。称海珠民众为"岛主",意味着他们是海珠岛的主人。作为"岛主",海珠民众需要承担起保护和发展海珠岛的使命,为未来的发展和传承贡献自己的力量。这种称呼有助于激发海珠民众的责任感和使命感,让他们更加积极地参与到家乡的建设和发展中,为实现海珠的繁荣和发展贡献自己的力量。总之,"岛主"这一称呼对于提升海珠民众的主人翁意识具有积极作用。它赋予了海珠民众一种归属感,强化了他们的责任感和使命感,促进了海珠民众对区域的发展情况的关注,鼓励他们积极维护区域的形象和声誉,参与到海珠区的建设中。

该栏目不仅仅是一个简单的讲述栏目,更是一个深入挖掘和展示海珠本土故事的平台。它以海珠的居民为叙述者,围绕海珠的故事展开对话,通过深入挖掘海珠的历史、文化、人物和风情等方方面面,并将这些丰富的历史和文化底蕴融入推文中,向读者展现海珠的独特魅力。其中,岭南画派代表人物黎明的报道引发了较多关注。

岭南画派作为闻名中外的艺术瑰宝,是海珠区的一张闪亮的文化名片,也是每一位生活在海珠区的"岛主"们的骄傲。岭南画派和海珠区有着深厚的渊源关系。位于海珠区的十香园是岭南画派的发源地,许多享有盛名的岭南画派代表人物,包括高剑父、高奇峰和陈树人,都曾在海珠区的十香园接受美术教育。此外,海珠区还借助岭南画派发源地十香园纪念馆,成功举办了多届"岭南书画艺术节",进一步弘扬了岭南画派丰富独特的文化传统。因此,岭南画派和海珠区是相互关联、相互促进的。岭南画派的发展离不开海珠区的支持和传承,而海珠区也因岭南画派而拥有了独特的文化艺术魅力。正因为岭南画派与海珠区的深厚渊源,以及岭南画派具有较高的艺术价值与地位,海珠区融媒体中心邀请到了岭南画派代表人物黎明作为"岛主TALK"的第十二期"岛主"。

《岛主TALK丨黎明:岭南画派永远黎明》讲述了岭南画派代表人物黎明学画的一生,也叙述了岭南画派的起源、发展、独特的艺术特点以及精神内涵。"岛主"黎明于1940年师从岭南画派始创人高剑父,从小便与海珠区的十香园结下不解之缘。小时候,黎明便从高剑父的嘴里听过不少关于海珠的故事。之后更是来到了十香园进行创作。岭南派大师司徒奇之子、香港著名画家司徒乃钟曾表示,岭南画派是中国画有史以来对海外影响最大的一个画派。[①]"岛主"黎明通过"岛主TALK"栏目,结合自身经历,为读者提供独特的视角和深度,向读者普及岭南画派知识。除了激发"岛主"们的自豪感,这期节目还能让读者更好地感受到岭南画派的魅力和价值,从而激发他们对岭南画派的兴趣和热情。这有利于推广岭南画派的文化价值,进一步提升海珠区的文化艺术魅力,促进文化交流和艺术传承,对于岭南画派的传承和发展具有积极的影响。

总体而言,"广州海珠发布"的"岛主TALK"有利于建立起海珠民众的主人翁意识,促使海珠民众关注海珠区的发展,并参与到海珠区的建设中。同时,

---

① 卜松竹.海珠区为岭南画派"续家谱"[N].广州日报,2010-09-24(012).

"广州海珠发布"作为发布海珠区信息的重要平台,提高海珠民众的主人翁意识也有利于增强他们对"广州海珠发布"的黏性。作为一档深入挖掘本土故事、推动文化传承和发展的优秀栏目,"岛主TALK"通过报道这些杰出人物与海珠区的故事,让读者们更加深入地了解海珠区的历史、文化和社会发展,感受到这个区域独特的韵味和气息。

图2 "江岛新说""文创海珠说""数读海珠""岛主TALK"栏目页面①

四、海珠区融媒体中心的运营策略

海珠区融媒体中心自成立以来,始终致力于成为海珠区权威信息第一发布平台。经过一段时间的持续努力,该机构在粉丝量、点击率、所获奖项等方面已经取得了引人注目的成绩。这一系列成就离不开海珠区融媒体中心的精心运营。

---

① 图片来源:微信公众号"广州海珠发布"后台菜单栏。

（一）合作策略

1.与主流媒体机构合作

随着互联网技术的飞速发展和新媒体的兴起,各传统媒体纷纷踏入新媒体领域,为一向致力于生产电视新闻的海珠区电视新闻中心带来了巨大的竞争压力。在微信公众号等新媒体平台的发展初期,用户数量相对较少,先行者可以通过优质的内容和良好的运营吸引更多的关注者;随着竞争加剧,后来者需要付出更多的努力才能获得相同的关注度。海珠区电视新闻中心开通微信公众号的时间比广州市其他区融媒体中心晚了两年,在新媒体领域的发展情况并不乐观。此外,海珠区电视新闻中心由于缺乏熟悉网络新媒体、具有互联网思维的人员,在新媒体领域的拓展和运营方面陷入了困境。

因此,2016年,海珠区电视新闻中心开始与广州日报大洋网共同探索运营"广州海珠发布"微博和微信双微平台的方式,并形成长达2年的项目合作关系,以弥补自身发展的不足。广州日报大洋网是一个立足于广州,辐射华南地区的综合性网站。作为广州日报新媒体发展的先锋,大洋网致力于为用户提供准确、及时的信息,在区域资讯服务与媒体融合发展方面已取得显著成果。在合作过程中,海珠区电视新闻中心主要负责确定选题、采访、审稿的工作。大洋网作为一家网络媒体平台,拥有丰富的互联网技术和资源优势,因此在合作中主要承担了编辑工作,对海珠区电视新闻中心提供的稿件进行进一步整理、编排和优化,使其更符合网络媒体的特性和读者浏览习惯。海珠区电视新闻中心的地方媒体经验和专业素养为大洋网提供了丰富、优质的新闻内容;大洋网的互联网技术和资源优势则为海珠区电视新闻中心的新闻报道提供了更广泛的传播渠道和互动平台。大洋网还拥有一批年轻、具有互联网思维的新型人才,能够把新思维反哺给海珠区电视新闻中心,推动海珠区电视新闻中心进行内部的调整。广州市海珠区与广州日报社这次合作整合了多方的政务资源和新闻资源,开启了政务媒体与传统媒体合作的"试验田"。在多个平台的联合推动下,他们致力于做好报道策划、信息发布、政策解读以及活动举办等多方面的工作。这种合作模式不仅拓宽了政务媒体的信息传播渠道,也提高了传统媒体的内容质量和影响力。① 这种合作模式为其他传统媒体与网络媒体的融合发展提供了有益的借鉴和参考。

在与广州日报大洋网两年合作结束后,海珠区电视新闻中心开始与大粤网合作。大粤网是由腾讯和南方报业传媒集团联手打造的,不仅具备腾讯作为互联网巨头的强大技术支持和用户资源,也借力南方报业传媒集团在新闻采编和内容创作方面的专业能力和丰富经验。与广州日报大洋网相比,大粤网作为一家省级新闻门户网站,具有更为广泛的覆盖面积和更大的影响力,吸引了大批用户的关注和访问。此外,大粤网还充分发挥了腾讯作为中国互联网巨头的技术优势,通过应用先进的互联网技术和创新的应用程序开发,持续优化用户体验,并提供个性化的新闻服务和社区互动功能。② 因此,在转入大粤网之后,海珠区电视新闻中心充分利用了大粤网资源,提高了新闻报道的效率和质量,在点击率、粉丝量等方面取得了进一步的发展。

2. 推出"摄影+"计划

除了与专业媒体机构进行合作之外,海珠区融媒体中心还与摄影师合作,共同生产内容。2021年,广州市海珠区融媒体中心推出了"摄影+"合作计划,鼓励各方摄影师向海珠区融媒体中心供稿。这一计划旨在通过跨领域合作,广泛征集摄影作品,整合优质资源,为海珠区融媒体中心注入新的活力。

海珠区融媒体中心征集摄影作品主要有以下两种形式:第一,在微博等社交媒体平台上寻找符合要求的摄影作品,再通过私信联系该组作品的摄影师,获得发表权限,最终将摄影作品发布到海珠区融媒体中心的社交媒体账号上。这种方式的优点在于能够快速找到与主题相关的优质作品,同时借助摄影师的社交媒体账号进行推广和传播。第二,通过发布征集摄影作品的推文,或者在推文中附上摄影作品的投稿邮箱,利用海珠区融媒体中心的官方邮箱收集作

---

① 李啟东.浅析政务微信与媒体的合作互补及共赢之路[J].新闻研究导刊,2019,10(14):224-226.
② 腾讯大粤网.关于我们_腾讯大粤网[EB/OL].[2023-10-30].https://gd.qq.com/gydyym.html.

品。这种方式的优点在于能够广泛征集到来自不同背景和领域的摄影师的作品,同时便于统一管理和筛选。对摄影师而言,投稿邮箱的设立为他们提供了一个便捷的投稿渠道,他们可以将自己的作品直接发送到官方邮箱中。而海珠区融媒体中心会定期查看邮箱并筛选出符合要求的作品,进行后续的编辑和发布。此外,没有时间和主题上的限制,也进一步激发了摄影师的创作活力,让他们可以更加自由地表达自己的创意和情感。比如微信公众号"广州海珠发布"发表的《"海珠·奋进新时代"摄影作品征集启动!快来投稿→》这篇推文,通过发起主题为"海珠·奋进新时代"的摄影作品征集活动,面向社会各界广泛征集反映海珠区文商旅融合发展的优质摄影作品。

图3 "海珠·奋进新时代"的摄影作品(梁志远/摄)①

海珠区融媒体中心的"摄影+"合作计划,吸引了许多用户和粉丝的关注和参与。它不仅为普通用户、摄影师们提供了一个广阔的平台,让他们有机会展示自己的作品,从而提高海珠区融媒体中心新媒体账号的粉丝黏性;而且还能够通过与其他用户的互动和分享,进一步扩大账号的影响力和知名度。摄影照片不但丰富了海珠区融媒体中心新媒体账号中的内容,提高了报道质量,还展现出海珠区的美丽景色、人文风情,引起了读者对于海珠区的关注和兴趣。这

---

① 图片来源:微信公众号"广州海珠发布"推文,https://mp.weixin.qq.com/s/cCJoO7W_CR8eDsz309G-pQ。

些作品成为人们了解海珠区的方式之一,有利于进一步提高海珠区的美誉度和影响力,也为海珠区当地旅游业和文化产业的发展提供了新的动力。

总之,海珠区融媒体中心与专业媒体机构、摄影师的合作有助于各方充分发挥各自的优势,实现资源优化配置,强化宣传效果和影响力,并推动海珠区融媒体事业的发展。

(二)品牌化策略

在新媒体时代,形象塑造对于提高一个账号的形象辨识度来说至关重要。如今,随着政务媒体公众号的不断增加,人们面临着越来越多的信息获取途径的选择。广州市的荔湾、黄埔、越秀等十一个区都建立起了自己的政务公众号,形成了一个较为完整的新媒体矩阵,这也意味广州市区级融媒体中心之间的竞争较为激烈。由于地理和文化上的接近性,各区的新媒体账号发布的内容存在一定的同质性。因此,除了提高内容的质量来吸引用户关注之外,各个区的新媒体账号还需要提高自身的形象辨识度,以形成差异化优势,增强竞争力。微信公众号"广州海珠发布"作为海珠区融媒体中心投入精力与成本最多的平台,尤其能体现海珠区融媒体中心提高形象辨识度的策略。"广州海珠发布"以绿色为主色调,运用动画元素来设计Logo和主图,并在Logo和主图中突出海珠地标,打造了独特的视觉形象。

首先,"广州海珠发布"整体的视觉形象采用绿色作为主色调。这一设计充分契合了海珠区"生态海珠"的发展理念。海珠区拥有多样化的生态景观资源,包括江心岛、果园、湿地、林田和河涌等,其中海珠湿地作为全国特大城市中心区最大的国家湿地公园,已被列入国际重要湿地名录。而绿色代表着自然、生态和环保,与海珠区积极推动生态建设和可持续发展的目标相一致。为了更加突出"生态海珠"的主题,并更好地与海珠区的生态景观资源相融合,"广州海珠发布"公众号的主色调从原来的橙色系调整为绿色系。这一色彩变化旨在强调海珠区的生态特色和绿色发展理念,提升公众对海珠区生态环境保护的关注和认同。通过采用绿色为主色调,公众号将更好地传递海珠区致力于生态保护和可持续发展的决心和成果。此外，绿色是一种鲜艳的颜色，相对于其他颜色而言更容易吸引人们的注意。因此，使用绿色为主色调可以让公众号在众多竞争者中脱颖而出，更容易引起用户的关注和兴趣。而且绿色被认为是一种让人感到舒适和平静的颜色，使用绿色为主色调可以创造出一种轻松、舒适的用户体验，有助于缓解用户在阅读文章时的疲劳和紧张感。

其次，"广州海珠发布"在头像、头图的设计上均运用了动画元素。移动社交媒体的普及使得用户对于视觉体验的要求越来越高，动画元素能够适应移动社交媒体的特性，为用户提供更好的视觉体验。通过设计简洁、大方、易记的动画元素，政务媒体可以更好地适应移动社交媒体的需求，提高用户的使用率和满意度。比起拍摄制作而成的真实图片，精心设计的动画头像、头图更具独特性、趣味性。真实图片受到现实条件的限制，难以进行创意性的设计和编排。而动画作品的设计可以融入更多的创意和想象力，从而创造出独特的形象和视觉效果。而且用动画元素作为"广州海珠发布"的头像和头图，能够展现其年轻、活力、创新等形象特点，减少读者与政务媒体之间的距离感。通过设计独特的动画头像，政务媒体可以塑造出与众不同的品牌形象，提升品牌知名度和辨识度，更好地建立与读者之间的联系。

最后，所有的设计都突出了海珠地标。"广州海珠发布"的Logo包含了海珠区的地理形态、广州塔这两大元素，而头图则包含广州塔、海珠湿地、十香园纪念馆、黄埔古港等地标。这些设计不仅为公众号增添了独特的视觉效果，也成功地突出了海珠地标的特色，向公众传递了海珠区作为一个充满活力和魅力的城市区域的形象。

海珠区融媒体中心通过在外观方面形成独特的视觉形象，来提高新媒体账号的形象辨识度。这种做法有利于加深用户对海珠区新媒体账号的印象，提升用户对海珠区新媒体账号的认知度。当用户在众多的信息中选择海珠区的政务公众号时，能够更容易地识别和记住该账号的形象特征，从而形成稳定的用户群体和忠诚度。通过提高形象辨识度，海珠区融媒体中心不仅能够形成差异

图4　海珠区融媒体中心的Logo①

化优势,增强新媒体账号的竞争力,还能够更好地展示海珠区的特色和形象。当用户关注海珠区的新媒体账号时,他们能够更直观地感受到海珠区的地域特色,这对于提升海珠区的品牌形象和知名度也具有积极的作用。

(三)情感化策略

信息的大量冗余使人们倾向于用饱含情感的语言风格引起更多人的关注和认同。随着普通大众的话语权不断增强,传统媒体不得不改变原有的话语体系,开始采用情感化的表达方式来适应社交空间的叙事风格。民间和官方在情感化表达上逐渐合流,这使得情感化表达成为社交媒体的主流叙事方式之一。②在制作文章内容时,"广州海珠发布"注重打造亲民化风格,适当运用情感化表达。

首先,在公众号推文中,海珠区融媒体中心以其动画IP"G仔"自称,引导读者阅读,比如曾在推文中出现过的"跟着G仔一起打开新'视'界!""G仔也将为大家拍摄下这片粉红色的浪漫"等句子。G仔活泼可爱的形象,可以营造出更加轻松、有趣的氛围,从而吸引读者的注意力。通过动画IP的口吻,公众号

---

① 图片来源:海珠区融媒体中心新媒体平台的头像。
② 冯杰,唐亚阳.社交媒体情感化表达与传播效果的关系:以微信公众号文章情感化表达为例[J].新闻界,2017(2):70-74.

可以更好地引导读者阅读,提升读者的阅读体验。海珠区融媒体中心还通过G仔这个动画IP与读者建立起了情感联系。在推文中,G仔不仅是一个引领者,更是一个理解读者需求和喜好的角色。他以活泼亲切的语言向读者介绍和解释推文中的内容,仿佛在与读者对话,让读者感到亲切,从而增强了读者与公众号的情感纽带。此外,动画IP作为公众号的代表形象之一,可以让读者轻松地识别和记住公众号,从而更容易推广公众号并吸引更多潜在读者。

图5　海珠区融媒体中心的IP人物"G仔"①

在标题方面,"广州海珠发布"在许多标题上运用了"!"表达惊讶、激动的情感,或者运用"——"来设置悬念等,通过使用相对夸张的描述或引导性的语言、制造悬念等方式吸引读者点击全文链接。有研究指出政府机构的宣传账号通过运用"标题党"方式可以带来更多的点击。②从某种程度上来说,"广州海珠发布"的标题具有"标题党"的性质,并且也成功提高了点击率。他们通过采用亲切、幽默的语言风格,使"广州海珠发布"在传递信息时更具个性和特点,更加贴近读者的情感需求,增加了推文的吸引力。然而有别于"标题党"的是,"广州海珠发布"并没有因为追求情感化表达而忽略了内容的质量。他们在推文中并没有走向庸俗化,而是更加注重内容的权威性和可读性。推文内容包含翔实的科普、权威的政策宣传,以及实用的生活信息等。这些内容不仅具有高度的专业性,而且易于理解,使得读者在阅读时能够轻松掌握信息的关键点。严肃

---

① 图片来源:微信公众号"广州海珠发布"推文。
② LU Y, PAN J. Capturing clicks:how the Chinese government uses clickbait to compete for visibility[J]. Political communication, 2021, 38(1-2):23-54.

性与亲近性的平衡使得"广州海珠发布"能够在吸引大量读者点击的同时,也保证了信息传递的准确性和有效性。

海珠区融媒体中心在推文内容中运用情感化表达带来了多种好处,包括增强吸引力和亲和力、提升品牌形象、提高信息传递效率、增加读者黏性以及促进互动和参与等。这些好处有助于提高该机构的传播效果和影响力。

五、海珠区融媒体中心的发展困境

虽然海珠区融媒体中心制作了许多传播效果较好的特色产品,其经营策略也有不少可供其他融媒体中心借鉴之处,但是海珠区融媒体中心的发展仍存在困境与不足,比如身份模糊、人员流动受阻、技术平台断连等。只有突破这些不足之处,海珠区融媒体中心才能迎来更长远的发展。

(一)身份的模糊:缺乏考取新闻记者证的资质

2023年6月,全国新闻记者职业资格考试办公室公布了《2023年全国新闻记者职业资格考试大纲》。大纲规定,非新闻单位人员不可以参加新闻记者职业资格考试[1](这里的"新闻单位",是指经国家有关主管部门依法批准设立并列入新闻记者证核发范围的通讯社、报刊出版单位、广播电视播出机构以及互联网新闻信息采编发布服务机构等单位)。不同于前身主要为原县级市的"一报两台"新闻机构、具有媒体资质的从化区、增城区、番禺区的融媒体中心,海珠区融媒体中心的前身为区委宣传部下属事业单位,无办报(包括内刊)办台经历。[2] 因此,海珠区融媒体中心并不属于新闻单位,其工作人员也无法参加全国新闻记者职业资格考试,从而获得新闻记者证。

新闻记者职业资格考试大纲规定非新闻单位的人员无法参加考试。这一

---

[1] 中国记者网.2023年全国新闻记者职业资格考试答考生问[EB/OL].(2023-06-21)[2023-10-30]. https://press.nppa.gov.cn/reporter/contents/245/339331.shtml.
[2] 罗昕,蔡雨婷.城市区级融媒建设的制度困境与创新路径:基于G市的实证考察[J].福建师范大学学报(哲学社会科学版),2021(4):111-122,171.

规定旨在确保新闻记者的专业素质和职业道德水平,确保新闻记者具备足够的素质和能力来履行他们的职责。非新闻单位的人员可能缺乏系统的新闻专业知识和实践经验,如果他们参加新闻记者职业资格考试并获得资格证书,可能会影响新闻行业的正常秩序和社会公信力。但这一规定也令海珠区融媒体中心的工作人员失去了获得新闻记者证的机会。

1.不能考取新闻记者证,会对海珠区融媒体中心部分业务活动的开展造成不便

海珠区融媒体中心作为一家媒体机构,其采访和报道行为需要具备法律认可的资格。然而,由于该中心没有记者证,其采访和报道行为将不具备法律认可的资格。这意味着他们的采访和报道行为将无法得到法律的保护和认可,他们将无法合法地进入新闻现场、获取采访对象的信息,或者在新闻媒体上发表自己的报道。再者,由于缺乏媒体资质和互联网信息传播的相关许可证,海珠区融媒体中心无法顺利地推出新闻客户端和开设新闻账号等,这直接影响了他们发布新闻信息和提供新闻服务的能力。

2.不能考取新闻记者证,不利于海珠区融媒体中心采编人员提升身份认同感,增强职业归属感、荣誉感

新闻记者指的是新闻媒体机构内正式在岗的且持有新闻记者证的专业采编人员。[①] 因此,在严格意义上,融媒体中心的采编人员并不是记者。记者证不仅仅是一种职业资格证书,更是对采编人员身份的认可和鼓励,是对他们工作的肯定和表彰。记者证是采编人员经过专业培训和考试后获得的资格证书,作为国家认可的资格证书,具有一定的权威性和公信力。记者证持证人在从事新闻采编工作时,能够获得社会的信任和尊重,从而更好地履行新闻工作者的职责。海珠区融媒体中心的采编人员无法获得记者证,就难以在新闻行业中建立

---

① 国家新闻出版署.新闻记者证管理办法[EB/OL].[2023-10-30].http://www.gov.cn/gongbao/content/2010/content_1565495.htm.

自己的信誉和地位,这对他们的个人职业发展和个人信誉都会造成负面影响。

(二)人员流动的阻碍:人力资源管理制度有待完善

在海珠区融媒体中心,人员的流动遇到了一些阻碍。尽管该机构在媒体行业中发挥着重要的作用,但在人力资源管理制度方面,还存在一些不足之处。这些不足之处可能对人员的合理流动造成了一定的阻碍,影响了融媒体中心的发展。

1.在内外流动方面,编制的招募方式难以吸纳更多新媒体人才

如今海珠区融媒体中心招募人员的方式只能通过考编进行,这使得提高海珠区融媒体中心招募工作的灵活性受到限制。首先,海珠区融媒体中心不得随意增减工作人员。海珠区融媒体中心的编制人员名额只有12个,且是固定的。若想增加编制人员名额,必须向上级申请。其次,海珠区融媒体中心不能面向社会招募人才。融媒体中心如果不能面向社会吸纳更多具备创新思维和实际操作能力的新媒体人才,就会导致其缺乏新鲜血液的注入,减弱在媒体行业中的竞争力。此外,编制制度可能会降低融媒体中心对高水平人才的吸引力。编制招聘的薪酬和福利待遇通常受到限制,而且需要经过一系列烦琐的选拔程序,并且编制招聘通常注重学历、资历等传统因素,容易导致一些具有创新思维和实际操作能力的新媒体人才被忽略。

2.在上下流动方面,与上级沟通困难

海珠区融媒体中心的人员缺乏流动性,缺少与上级部门交流的机会。"我们其实也一直跟领导说,推荐一些我们部门的年轻同事,就算是去挂职锻炼也好啊,有机会就可以留下,就能加强上下级的沟通与流动。"[①]挂职锻炼为海珠区融媒体中心的人员提供了在省市宣传部门工作的机会,使他们能够接触到更广泛的新闻报道和宣传工作,提升专业素养和技能;在省市宣传部门挂职锻炼期间,区级融媒体中心的人员有机会与省市宣传部门的领导和同事建立联系,有

---

① 访谈对象:海珠区融媒体中心某主任,访谈时间:2023年10月18日。

助于他们更好地开展新闻报道和宣传工作。海珠区融媒体中心的人员缺少去省市宣传部门挂职锻炼的机会，不利于提升其专业素养和技能，进而为他们今后的工作提供帮助和支持。此外，海珠区融媒体中心在开展工作中还会出现指导部门不明确的情况，新闻处、网信处都会参与到海珠区融媒体中心的指导工作中。许多部门会向海珠区融媒体中心派发宣传工作，造成海珠区融媒体中心职责不明、工作繁多，并且影响到了工作效率和质量。

完善人力资源管理制度是解决人员流动阻碍的关键，海珠区融媒体中心及相关政府部门应该建立科学的招聘和选拔机制。在内外流动方面，应允许海珠区融媒体中心采取更加开放和包容的招聘策略，并加强与高校、研究机构等的合作，建立人才培养和输送机制，为融媒体中心输送更多具备新媒体技能和素质的人才。在上下流动方面，应加强与上级部门交流，制订有效的员工培训和发展计划，明确海珠区融媒体中心的直接指导部门，以提高员工的满意度和工作效率，进而促进海珠区融媒体中心的良性发展。

(三)技术平台的断连:未能入驻省融媒体平台

2016年12月30日，由广东广播电视台自主打造的新型主流媒体平台"触电新闻客户端"正式上线。触电新闻客户端搭建自主可控的融媒体生产系统、互联网传播平台、舆情监测分析系统等，利用高度自主的融媒技术，推进广东省县级融媒体中心统一技术平台建设，如今已和广东省内多个县区对接关于县级融媒体中心建设事宜。[1]

2019年下半年起，广州开始推进市(区)融媒体中心云平台的建设。2019年10月12日，广州的11个区融媒体中心全部完成挂牌并入驻市级技术平台。10月22日，广州市(区)融媒体中心客户端——"新花城"正式上线。[2] 包括海珠区在内的所有区级融媒体中心进驻广州市融媒云平台与"新花城"客户端。

---

[1] 罗昕,蔡雨婷.城市区级融媒体建设的制度困境与创新路径:基于G市的实证考察[J].福建师范大学学报(哲学社会科学版),2021(4):111-122,171.
[2] 邱瑞贤.地方媒体融媒云平台的创新探索[J].传媒,2021(6):22-24.

这一举措旨在构建一个全市范围内的融媒体平台,以整合各类媒体资源,提升信息传播的效率和影响力。通过进驻市级技术平台和"新花城"客户端,各区级融媒体中心可以共享资源、互通信息,更好地服务于广大市民。但与此同时,广州市各区级融媒体中心没有直接对接省级融媒体平台的做法,也为区级融媒体中心带来不便。

六、结语

作为基层媒体的重要代表,海珠区融媒体中心致力于"打通最后一公里",了解和反映海珠区人民群众的需求和呼声,为其提供真实、准确、及时的信息服务,并引导和传递正确的价值观和社会正能量。

海珠区融媒体中心整合和利用各种媒体资源,采用了符合融媒体生态的"一次采集,多平台分发"的模式,在微信、微博以及各类新闻客户端传播,提高了新闻生产与传播的效率和质量,为用户提供了一个全方位了解海珠区的窗口。

虽然海珠区融媒体中心制作了许多传播效果较好的特色产品,其经营策略也有不少可供其他融媒体中心借鉴之处,但是海珠区融媒体中心的发展仍存在困境与不足,比如身份模糊、人员流动受阻、技术平台断连等。只有突破这些不足之处,海珠区融媒体中心才能迎来更长远的发展。

海珠区融媒体中心面临的种种困境,亟待运用有效措施来解决。首先,对于由于缺乏考取新闻记者证资质而造成的不便,新闻出版总署应适当降低新闻记者证的门槛,给予部分符合要求的县级融媒体工作人员考取新闻记者证的资质;或者由相关部门设立社会认可度较高的县级融媒体中心资质证书,并赋予县级融媒体中心采访的权利,在促进县级融媒体中心业务活动顺利开展的同时,也提高其采编人员的身份认同感。其次,在人力资源管理制度方面,相关部门应该优化制度,增加海珠区融媒体中心招募人员的方式,吸引高水平人才;增加海珠区融媒体中心到广州市委宣传部挂职锻炼的机会,加强上下级的沟通与流动。最后,在技术平台的连接方面,上级部门要加快海珠区融媒体中心对接省级融媒体平台的步伐,以加强海珠区融媒体中心与其他媒体的协同合作和资源共享,进而提高信息生产效率与水平,扩大信息传播影响力。

"融"荔湾故事,"合"平台资源,共促融媒深度发展
——广州市荔湾区融媒体中心融媒实践调研报告

吴 蕾　莫雅雯　杨玥欢　曹 锐*

摘要:荔湾区融媒体中心自2019年成立以来,聚焦全区中心工作,充分发挥新闻舆论的引导作用,致力于连接群众、服务群众,打通基层服务群众的"最后一公里"。为深入推进媒体融合纵深发展,构建全媒体传播体系,荔湾区融媒体中心因地制宜,积极探索符合自身实际的融媒发展路径:坚持"融"荔湾故事,"合"平台资源,围绕"本土、基层、合作、人才、服务、沟通"六大关键词,努力做强新型主流媒体,将党的声音传递给广大人民。经过四年的探索与实践,荔湾区融媒体中心取得显著发展成效,但资金短缺、职称瓶颈、人员匮乏以及流量稀缺等问题仍然存在。基于此,报告通过实地调研和深度访谈,尝试提出融媒体中心发展的破局之道,以期为融媒体中心的发展提供帮助,推动全媒体事业在地方基层的深度融合之路。

关键词:媒体融合;县级融媒体;荔湾区;融媒体中心;路径探索

在2018年8月的全国宣传思想工作会议上,习近平总书记发表重要讲话,指出"要扎实抓好县级融媒体中心建设,更好引导群众、服务群众",从国家战略层面提出了县级融媒体建设的发展方向。近年来,在国家宏观政策的引导下,媒体融合进程不断加快,融合程度持续加深。县级融媒体中心建设的加速推进,是党在面对宣传思想工作新形势和新要求时部署的一项重大改革任务,同时也是推动县级媒体转型升级、改进基层舆论工作和提升综合服务的战略规

---

* 吴蕾、莫雅雯、杨玥欢,广州大学新闻与传播学院本科生;曹锐,博士,广州大学新闻与传播学院网络与新媒体系讲师,主要研究领域为传播学理论。

划。作为"主流舆论阵地、综合服务平台和社区信息枢纽"的托底工程,荔湾区融媒体中心深刻落实国家顶层设计和政策战略,做出了诸多创新性探索,并取得了一系列显著成效。但媒体融合的进程绝非一蹴而就,在建设和发展的过程中必然会面临一些困难和挑战。

项目团队对荔湾区融媒体中心进行了短期的实地考察,并与中心各部门相关负责人进行了深入交流,获取了真实可靠的第一手调研资料。本文旨在全面呈现荔湾区融媒体中心的发展历程,考察其基本运营情况及取得的成果,尤其聚焦"广州荔湾发布"公众号的内容生产模式及传播机制,尝试分析总结其创新路径和宝贵经验,并就现存问题提出建设性意见,以促进地方融媒体中心的深度发展。

一、荔湾区融媒体中心基本情况

推动全媒体时代的媒体深度融合,事关广播电视事业的高质量发展,事关壮大主流舆论的价值引领,事关国家发展的长治久安。党的十八大以来,以习近平同志为核心的党中央作出推动媒体融合发展的重大决策部署,各级广播电视机构积极落实,媒体融合取得重要进展。

"十四五"规划明确提出当前媒体深度融合战略的方向目标,即"推进媒体深度融合,实施全媒体传播工程,做强新型主流媒体,建强用好县级融媒体中心"。在中共中央办公厅、国务院办公厅印发的《关于加快推进媒体深度融合发展的意见》的指导下,主流媒体正在探索深度融合的实践路径和方向,逐渐明晰了改革发展的重心:从产品创新、业态转型到媒体战略的转移,再到互联网生态的焕新。县级媒体的融合进程正迎来加速阶段,这既是政策引导的结果,也是媒体发展的大势所趋。为加快推进广播电视媒体深度融合发展,意见提出,要打造具有强大影响力和竞争力的新型主流媒体。其中就包括了协同推进融媒体中心建设,鼓励区县级融媒体中心精耕本地内容,强化本地服务和社交互动,建成本地主流舆论阵地、综合服务平台和社区信息枢纽,做强做实基层党的宣传思想工作新平台、新载体、新阵地。①

(一)任务目标与工作职责

做好县级媒体融合工作,需要不断创新融合路径,打造兼具新闻宣传和综合服务功能的新型主流媒体,稳固基层主流舆论场,打通自上而下的舆论通道,以更好地引导群众、服务群众。实际上,县级媒体的融合进程并无一成不变的标准答案,更多地需要结合自身实际,不断创新,因地制宜构建符合自身特色的新媒体平台。

为此,广州市荔湾区融媒体中心因地制宜,积极响应政府决策和传媒产业的发展要求,于2019年9月正式挂牌成立。中心隶属于广州市荔湾区委宣传部,为副处级公益和一类事业单位,2022年一般公共预算财政拨款收入384.13万元,一般公共服务支出361.25万元。主要职责包括五个方面:一是贯彻执行党中央和省委、市委新闻宣传工作的方针政策,坚持正确舆论导向,配合区委的中心工作做好新闻宣传和舆论引导。二是组织实施区融媒体发展规划,促进区域媒体融合发展,巩固壮大主流思想舆论。三是开展新媒体策划、采访、编辑、发布,电视新闻制作,政府网站信息维护等媒体类业务,建设全媒体矩阵,及时、准确反映本区经济、社会、文化等各领域的发展动态和建设成就。四是参与智慧政务建设,按照"媒体+"的要求,打造客户端,充分发挥信息服务平台的作用。五是统筹融媒体中心技术平台建设、维护、管理、推广应用工作。自运行以来,中心始终面向全区,积极开展相关宣传报道工作,为荔湾区的经济社会发展营造了良好的舆论氛围。

(二)机构设置与场地配套

近年来,荔湾区融媒体中心主动整合全区政府资源和社会资源,积极为本地群众提供各类政务服务和多种公共服务,将广大群众聚合在主流媒体自主可

---

① 中共中央办公厅 国务院办公厅印发《关于加快推进媒体深度融合发展的意见》[EB/OL].(2020-09-26)[2023-12-23].https://www.gov.cn/zhengce/2020-09/26/content_5547310.htm.

控的新媒体平台上,从而有力保障了主流舆论的基层传播能力。作为县级融媒体中心,荔湾区融媒体中心目前下设有全媒体科、综合科、技术科,并根据合理分流原则对工作人员进行定岗定编定责,实现新闻业务和行政职能分离。中心共有编制20个,在编人员15人(管理岗10人、专业技术岗5人),合同制工作人员2人。中心植根于基层,作为基于互联网的县域综合服务平台和社区信息枢纽,利用有限的人力资源,充分发挥了把互联网业务下沉到县域基层的作用。

虽然荔湾区融媒体中心主体占地面积有限,但基础设施配套齐全,拥有专业的内容采编区、摄影演播区和器材管理区等功能性区域。荔湾区融媒体中心前身是荔湾区电视新闻中心,是荔湾区委宣传部的下属科室。在广州市委宣传部统一部署下,荔湾区电视新闻中心正式挂牌改为荔湾区融媒体中心,依旧是宣传部管辖的下属科室。自挂牌以来,荔湾区融媒体中心认真按照县(区)级融媒体中心建设要求推进软硬件升级工作。办公面积由46平方米扩大至150平方米,新增演示大屏,建成绿幕演播室、机房和录音室等功能区,购置了摄像机、非线性编辑机、专业灯光、录音调音台、无人机、人物抠像机和网络直播机等专业设备;同时加快推动"媒体上云",建成荔湾融媒体云平台、荔湾融媒网站管理等系统,实现了与省(市)级融媒体云平台的互联互通,初步形成了"资源集约、结构合理、差异发展、协同高效"的全媒体传播体系。

(三)制度保障与矩阵布局

为确保工作有序开展,中心根据上级要求和实际工作需要制定了《广州荔湾发布官方微信、微博管理办法》《荔湾区融媒体中心摄影摄像器材使用维护管理规定》《荔湾区融媒体中心工作人员考勤管理制度》等10余项规章制度,进一步明确了信息发布平台的工作规范及设备的运行维护措施,严肃工作纪律,确保责任到人。

依托完善的制度保障,中心积极贯彻落实习近平总书记关于推动媒体融合发展、建设全媒体等系列重要讲话精神,通过强平台、强内容、强服务,进一步提升传播效能,为荔湾区迈向高质量发展提供强大舆论支撑。以"广州荔湾发布"

微信公众号、微博号为主阵地,立足荔湾区人民政府网,充分整合新花城、南方+、视频号、N视频、抖音号、人民号等媒体资源,实现了新媒体"策、采、编、发"的工作模式,对新闻生产进行全流程优化升级,搭建起"2+1+N"全媒体矩阵,各平台粉丝量合计接近百万。2022年全年累计发布信息17,885条,其中"10万+"爆款报道201篇,85篇作品登上国家级媒体平台;"广州荔湾发布"政务影响力上升至全市第五,跃居南方号影响力排行榜全省第四,开创了融媒宣传舆论工作新局面。

图1 荔湾区融媒体中心融媒矩阵布局示意图

(四)跨界合作与品牌建设

为让新闻宣传能够更快、更广、更有深度,中心始终积极尝试突破单位、部门的界限,实现跨界合作与资源共享。2023年9月,中心携手《信息时报》建立了"广州荔湾发布"-信息时报微社区e家通融媒实验室,以进一步打破传统媒体和新媒体的壁垒,探索技术创新先导下的内容变革,努力以全新形式建设老城区融媒体。《信息时报》是广州日报报业集团投入巨额资金打造的又一份重量级、综合性、城市性新锐日报,是一份与《广州日报》同样领跑华南报业市场的主流报纸。多年来,时报以"通达民情,生活至上"为宗旨,关注民生,深入基层,紧跟时事热点,深挖出了一个又一个具有重大社会价值的好新闻。与《信息时报》展开相关合作,既是中心深化媒体融合发展的新尝试,也是媒体服务领域的新探索。

此外,中心以"广州荔湾发布"微信公众号、视频号为主阵地,高效、及时地开展各类文化宣传,为市民群众提供了全面而周到的信息服务。"广州荔湾发布"微信公众号在文化宣传方面的努力,不仅获得了广泛的群众支持和认可,也在各项评比中屡获殊荣:曾被评选为2021年广东政务新媒体区县级政务微信影响力订阅号第五;入选全省政务微信50强榜单;获2022年度广州政务微信优秀传播力奖;2023年前三季度始终保持在广州市政务新媒体影响力榜单前三。"广州荔湾发布"南方号连续两年获"权威首发奖""最佳运营者"荣誉,并是全省仅有的获年度最具影响力奖的两个区级单位之一。"广州荔湾发布"发布的相关视频一直位于广州市政务微信视频号影响力前列,"广州荔湾发布"政务微博荣获2022年度广州市政务新媒体年度跃升奖。

概括而言,作为老城区融媒体中心的典型代表,荔湾区融媒体中心尤其注重地方特色文化传承。荔湾区融媒体中心以鲜明的本地化特色,带动区域内群众高度重视对本区域、本行业文化的传播,已经形成了自身独特的文化体系和品牌标识,不仅打造了"荔湾有段古"粤语口播系列短片、"读懂荔湾"以及"荔湾味道"等有本地特色的明星栏目,而且引领了市民游客走近荔湾、读懂荔湾、热爱荔湾,在群众心目中形成了鲜明的品牌价值。注重本地化的跨界合作目前已经成为中心传媒产品生产传播取之不尽、用之不竭的活力源泉,已经在区域内部形成了舆论引导和文化建设的强有力格局,紧紧依附本区域传媒文化产品用户,与中央及省市级媒体形成互补优势,真正打通了传播的"最后一公里",成为不可替代的区县级基层新型主流媒体。

二、荔湾区融媒体中心发展特色

(一) 深耕本土特色,融塑品牌形象

作为全市唯一拥有"一江三岸,百里河涌"景观的中心城区,广州市荔湾区位于广州西部,是广州市的中心城区与核心地带,也是广府文化最集中、最具代表性的地区之一。全区常住人口89.15万,下辖22条行政街、186个社区居委会,坐拥14片历史文化街区、226处历史建筑、60项各级非遗项目等丰富的文化资源。

为适应新时代荔湾的高质量发展格局,建设新的全媒体传播体系,荔湾区融媒体中心紧握时代脉搏,深耕本土历史文化,依托融媒矩阵打造出一批致力于讲好荔湾故事的原创本土品牌栏目。例如,"南方+荔湾频道"和"广州荔湾发布"联袂推出的《荔湾城记》系列栏目,以独特的视角与细腻的文字讲述温暖的老城故事,温存荔湾历史,刻画城市印记。在不断摸索实践中,荔湾区融媒体中心紧紧把握住时代发展的脉搏,以内容建设为主,通过融合各种媒体要素,将荔湾城区的文化基因以人民喜闻乐见的方式传播。此外,"广州荔湾发布"重点打造的《荔湾·身边人身边事》专题节目,通过汲取荔湾本土的文化养分,探寻区内各行各业人们的日常生活,致力于向观众展现最有生活气息的荔湾人和最具真实感的荔湾事。节目上线以来,不仅受到广泛的社会关注,也让《荔湾·身边人身边事》成为阅读量200万+的传播品牌,继而有效传递了社会正能量。

荔湾区融媒体中心不仅深入挖掘本地历史和文化,还将这些历史文化元素以文字叙述、影像呈现和数字互动等多元的信息传播方式有机融入各个栏目之中,以便用户可以依靠更加多元的感知方式,更直观地了解荔湾的特色魅力。荔湾区融媒体中心媒体融合的创造性转化和创新性发展,体现出中心对于本土文化传承的深刻理解和坚定承诺。中心的实践经验表明,深耕本土文化,打造本土特色传播品牌,是一条成功的路径。因为只有当人们愿意分享自己的故事,并积极参与时,县级融媒体中心才能充分发挥其潜力。此外,讲好本土故事,让更多人了解独特的地方特色、关心社会基层民生事务,才能增强人们对于地方的认同感,为荔湾的历史和文化注入新的生命力,促进新时代荔湾文化的传承和发展,最终实现社会的和谐稳定。

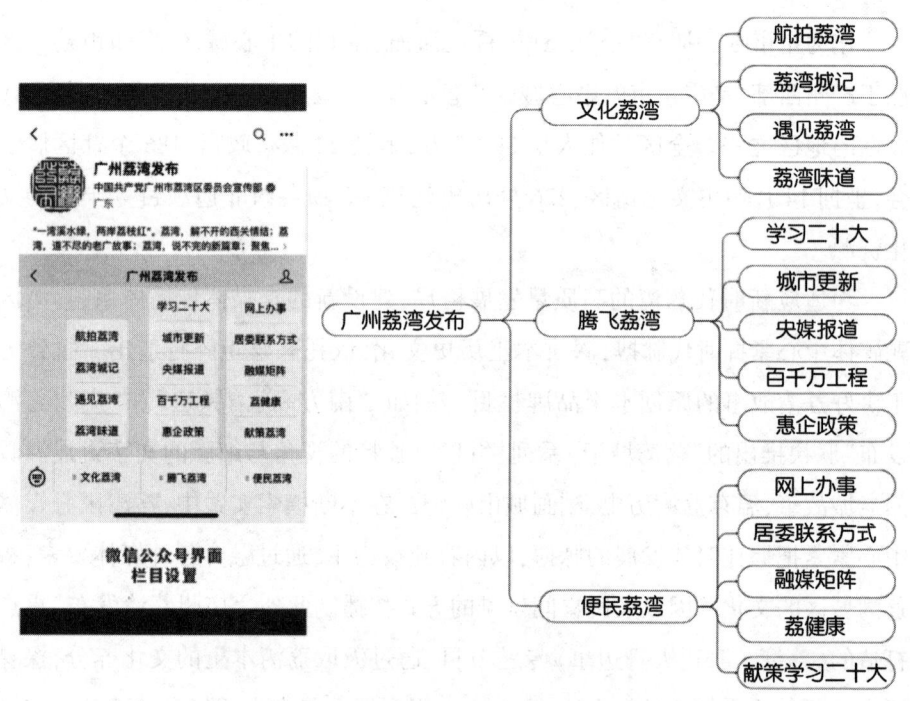

图2 广州荔湾发布的公众号界面及传播内容示意图

(二)立足基层民生,创新融媒形式

为适应当前媒体融合时代的发展要求,荔湾区融媒体中心积极探索融合传播的多种形式:包括"融媒+"的全媒体矩阵,主要基于"广州荔湾发布"微信公众号、微博,以及荔湾区人民政府网,整合了新花城、南方+、视频号、N视频、抖音号、人民号等媒体资源,形成了"2+1+N"的全媒体矩阵。2023年9月,与《信息时报》合作建立的广州荔湾发布-信息时报微社区e家通融媒实验室,打破了传统媒体和新媒体的界限,探索技术创新带来的内容变革,以新的形式打破老城区的信息封闭。荔湾区融媒体中心为了更好地满足受众的需求,还建立了专属直播间。该直播间提供实时互动的机会,观众可以在直播过程中提出问题、参与讨论,并与主持人互动。这种互动性不仅增强了观众的参与感,还能够更好地了解用户的需求和反馈。互动平台为荔湾区融媒体中心与观众之间建立更加紧密的联系提供了有效途径,还吸引了众多荔湾区群众参与到惠民服务中来。

荔湾区融媒体中心积极探索视频摄制技术和动画制作技术,不断创新融合形式。中心敏锐地意识到视频和动画在当今传媒环境中的重要性,因此持续加大相关投资力度,以不断提高自身的内容制作能力。通过这些努力,中心成功将短视频和科普动画打造成区域融媒实践的特色亮点。而这些视频形式不仅能够更加生动地传达信息,吸引更多观众,而且还进一步扩大了中心的宣传阵地。

荔湾区融媒体中心的微电影创作是中心在媒体传播方面的又一亮点。例如,微电影《遇见》讲述了一对兴趣不同的男女如何相遇并走到一起的故事。该部微电影以永庆坊作为两人交流的背景,突出了传统美与现代美的融合,并宣传了荔湾区永庆坊这一著名景区,展示了老城微改造的成果。这种注重叙事的微电影创新不仅满足了观众在视觉层面的需求,更将荔湾的代表建筑、文化风俗巧妙地借助视觉化的叙事技巧潜移默化地传递给观众,让观众在观影的过程中,不断借助叙事的推进和情感的变化去参与、识别、认同电影中出现的区域性历史和文化。

概言之,荔湾区融媒体中心在立足基层民生和积极探索融合传播方式方面展现出强大的创新能力。他们的成功经验为其他县级融媒体中心提供了有益的参考,同时也为中国媒体融合发展提供了有力佐证。通过深入报道基层民生问题、尝试新的传播方式、建立互动平台、探索新的制作技术和微电影创新,荔湾区融媒体中心不仅服务了基层民生,也为社区建设和媒体发展带来了更多机会和可能。

(三)拓宽合作渠道,履行喉舌职能

荔湾区融媒体中心始终坚持"党媒姓党"的政治底色,时刻确保主流媒体引导主流舆论这一根本任务的顺利实施。坚持党的领导,不仅对荔湾区融媒体中心而言具有重要战略意义,同时也是政府与媒体之间有效合作的具体实践。广州市委宣传部作为政府信息发布的权威机构,长期以来指导着荔湾区融媒体中心的各项工作。中心积极传达政府政策、宣传活动和各项公共事务,通过媒体的力量将政府决策传递到社会各界,提高政府政策宣传的效果,也为广大市民提供了更多参与公共事务的渠道。

荔湾区融媒体中心与信息时报微社区e家通的合作是兼具创新性与独特性的形式,也是媒体融合发展有力的示范样本。与广州市其他区县级融媒体中心的采编发布流程不同,荔湾区融媒体中心是与信息时报微社区e家通平台合作共创内容。荔湾区融媒体中心负责信息的选择和把控,而信息时报微社区e家通平台负责信息的采集和编写,通过供稿形式提交至中心相关部门,中心再根据排期情况统一在各大全媒体平台发布。与信息时报微社区e家通的合作,打破了传统媒体和新媒体领域的资源和经验壁垒,实现了资源互补和创新融合。这种合作模式有助于规避传统媒体时代由信息生产发布的独立运作机制带来的信息源单一、时效性慢等问题,打破了新旧媒体之间的信息壁垒,实现了内容和资源的共享。两者共同利用互联网技术和社交媒体平台,扩大了信息传播的覆盖范围,不仅提高了信息的质量和时效性,还为广大观众提供了更多、更丰富的内容。

此外,"中央厨房"模式是新闻媒体进行深度媒体融合、资源整合的一种机制,是新闻采编和播发工作的协同平台,具有战略意义。荔湾区融媒体中心积极参与其中,通过内容的集约化制作,实现新闻信息的多级开发,以提高传播效果,节约传播成本。通过与信息时报微社区e家通合作,制定完整的宣发制度,包括部门沟通、采前策划、线索通报、效果反馈等。街道社区记者采集的信息资源通过"中央厨房"集中整合处理,根据传统媒体和新兴媒体传播特性进行差异

化编辑,在荔湾区融媒体中心旗下的微博、网站、客户端等官方平台,按照发布顺序规定的各个层级,实现新闻信息的集中采集和分发。"中央厨房"的运作模式提高了新闻报道的整体质量和效率,加强了不同媒体之间的合作,有效整合了不同媒体机构的信息渠道,实现了新闻"一体化采集、多渠道分发、多元化生成、多平台推送"的全天候和全方位传播。这种全媒体新闻采集和发布的方式,为加速媒体融合实现"化学反应"添加了"催化剂"[1],也为新闻报道提供了更多的来源和视角,使观众能够更全面地了解各个领域的新闻。

荔湾区融媒体中心也积极尝试跨区域合作,如与番禺区融媒体中心、《广州日报》、《南方都市报》等其他区县级融媒体中心和官方报业集团有效实现信息的共享和互通。这种合作不仅丰富了信息来源,也促进了信息的广泛传播。在这一合作过程中,不同媒体之间可以互相学习和分享实践经验,共同提高信息采编和播发的效率。简言之,跨区域的合作有助于更好地满足广大民众的多样化需求,扩大了信息传播的广度和深度。

(四)建设融媒体队伍,培育全媒体人才

区县级融媒体中心作为党和政府的喉舌,其最重要的职责是根据党和政府的需求,通过创新策略和群众喜闻乐见的传播方式,获得广大人民的关注和支持。在这一传播过程中,组织架构、流程再造以及人员配置等都是新媒体运营实践的关键构成要素,因此,建立良好的组织结构、优化融媒体内容生产流程,并合理配置媒体工作人员,是保障这一过程达成最优传播效果的关键。其中,又尤以人员配置最为关键,这也是当前各融媒体中心都致力于引进和培养人才,不断创新人才引进机制,增加人员配置,加速打造一支全能型的全媒体人才队伍的根本原因。

基于此,荔湾区融媒体中心高度重视人才的全面发展。在对荔湾区融媒体中心进行调研的过程中,中心主任强调:"我们在用人方面,更侧重于全媒体型

---

[1] 王小草.城市台媒体融合发展现状及对策研究:以亳州广播电视台媒体融合为例[J].西部广播电视,2022,43(2):198-200.

人才,大家不能只会一样事情,各方面都要会做。"①可见,当前县级融媒体中心亟须解决且最为关键的问题是如何进行全媒体人才队伍建设的问题,如何选拔一批具备全面综合性能力的高质量全媒体人才的问题。因此,为培养一支充满战斗力、富有创造力、具有高度适应力的融媒体人才队伍,中心定期举办人才队伍培训,通过内部研讨交流会议、课程分享,以及聘请专家进行专业指导等方式,积极提升在职人才的各项技能,使其能够发挥出全面综合的优势,而不仅仅局限于某一特定领域。在融媒体转型的关键时刻,如何打造这样一支多边形的融媒体人才队伍既是关键又是挑战。在这个过程中,需要通过实践经验不断摸索和调整,以适应快速发展的媒体环境和技术变革。

在区县级媒体行业,全面综合性媒体人才必须具备跨媒体、跨平台的传播能力,能够根据本区域用户的需求提供多样化、个性化的传播方案,满足用户对各种信息的需求。他们需要拥有全新的思维方式和创新精神,能够突破传统媒体的界限,推动不同类型的媒体之间的融合发展,形成融媒体传播的新格局。此外,他们还需要具备专业素养,以提高区县级媒体在各时间段的生产力和效率,聚焦于提升内容质量和传播效果,牢牢树立"内容为王"的意识,以深刻、创新的内容构建起主流媒体的权威。媒体工作者应适应数字化转型的需求,以自身力量推动媒体的数字化、智能化发展,让民众更加便捷高效地获取信息和服务。同时,随着新媒体技术的不断变革,新闻从业人员需要具备信息甄别能力,能够对互联网谣言进行判断纠正,确保媒体的信息渠道和信息文明生态正常运转,保障公众获取真实可信的信息,维护区县、社会以及国家的稳定和舆论环境的健康发展。②

(五)坚持用户至上,打造优质服务

由于荔湾老城区的历史文化沉淀以及居民年龄结构的特点,荔湾区融媒体

---

① 资料来源于2023年10月27日对荔湾区融媒体中心主任的访谈。
② 陈嘉维.论主流媒体的融媒体人才队伍建设[EB/OL].(2023-08-16)[2023-12-23].http://guoqing.china.com.cn/2023-08/16/content_103516979.shtml.

中心长期在探索守正创新模式的基础上,一方面深度聚焦于如何以鲜活生动的表现形式吸引年轻人,另一方面也密切关注中老年群体的媒介使用习惯,因为"广州荔湾发布"的关注用户群中有很大一部分是长期居住在荔湾区的中老年居民。因此,作为老城区的融媒体中心,在不同渠道传播中加强与年轻化、创新性优质内容的融合的同时,还必须关注中老年群体的信息接收、过滤和消费能力。

长期以来,老年群体与年轻群体之间往往被认为存在着巨大的数字鸿沟。为助力老年群体跨越这一鸿沟,中心的首要任务是消除老年受众的媒介使用障碍,提升他们的参与意愿,并降低他们对新媒介的使用门槛。根据联合国世界卫生组织提出的"积极老龄化"概念,中心主动关注老年人的上网需求,搭建适老数字体系等相关内容,以便老年群体更好地享受到数字生活的便捷。

荔湾区融媒体中心的内容生产始终密切关注不同用户群的媒介使用需求。在涉及荔湾周边游乐、吃喝探店等符合当代年轻人生活方式的内容时,中心采用更年轻化的表达方式,通过图文、短视频等不同的传播形式与一些时下热门话题相结合,以吸引年轻人的注意力。对于涉及街道、社区、历史等民生事项的内容,中心则选择相对更加严肃的呈现方式,以更好地服务于中老年用户群体的媒介接受习惯。此外,中心还不断针对受众的意见反馈,积极完善和修改内容,形成了中心与受众沟通互动的良性循环。简言之,差异化的内容表达策略不仅符合不同年龄层受众的阅读偏好,也展示了荔湾区融媒体中心在内容传播上的灵活性和包容性。通过持续调整和优化,中心更好地满足了不同群体的需求,提高了信息传递的精准度和有效性。

虽然荔湾区融媒体中心在内容传播上,采用差异化传播策略以迎合不同的用户群体,但由于平台机制的存在,所有用户群都会接收到"广州荔湾发布"平台发送的信息。因此,在内容创作方面,还必须兼顾不同年龄层受众的阅读习惯与媒介素养,既要在创新形式上有所突破,同时又需要确保具备大众性和普适性。这也对媒体工作者提出了挑战。为此,荔湾区融媒体中心会定期进行工作复盘,对用户画像、行为数据进行分析,并以此为依据调整未来的工作安排和改进方向。这种精细化的分析和反思机制使得内容传播更加精准，真正走进群众，同时确保媒体工作者能够不断适应用户变化的需求，提供更高质量的服务。

（六）重视群众需求，搭建沟通桥梁

荔湾区融媒体中心作为荔湾区信息的官方发布媒体，其主要任务是对党和政府的重大方针政策进行宣传，将党的智慧和声音传达到基层。而除了传播党的任务外，中心还致力于关注当下民生问题，搭建政府与居民之间沟通的桥梁。通过深入了解基层民生需求，帮助政府更有效地宣传政策，解决问题，同时为社区居民提供政务参与的渠道。中心通过微信、微博、视频号等多渠道实现了全程、全效、全员、全息的信息覆盖传播，促进了国家政策的传达和居民的效果反馈，使政府能够更好地了解社区需求，同时也让社区居民更好地了解政策，解决问题，共同参与区域建设。

作为官方信息发布平台，"广州荔湾发布"公众号开设栏目《早安，荔湾》，传递最新政策资讯，通过及时报道政府各项动态的发布和实施情况，向社区居民提供重要的政策信息，以实现政府与社区之间的紧密联系。《荔见工》通过深入报道荔湾区的就业状况、创业机会和相关政策，帮助居民了解荔湾就业市场的动态，促进政府与企业之间的联系，以创造更多的就业机会，助力稳就业促就业。《遇见荔湾》《荔湾味道》《小荔有约》《放假行街嚟荔湾》等文旅栏目则全方位宣传荔湾文旅资源。以上这些栏目，通过图文、视频等多媒体形式，生动地呈现了荔湾的独特魅力。荔湾区融媒体中心不仅将荔湾区的风土人情展示给全国人民，还为文旅产业的发展提供了有力支持，吸引了大量的游客和投资者。显然，这种宣传不仅有助于提高荔湾的知名度，还为文旅产业的发展创造了更多机会。

作为民生服务平台，荔湾区融媒体中心致力于打造真正为人民服务的综合平台，这一平台的建设旨在提高公共服务质量，满足市民对公共服务的需求，为人民提供更全面、高效、贴心的服务。既做广州市委、市政府网上政务的"金喇叭"，又做百姓的"传声筒"，打通党和政府与广大群众沟通的"最后一公里"，为双方沟通构建坚固桥梁。"广州荔湾发布"公众号主页面设置《便民荔湾》栏目,里面包含"网上办事""居委联系方式""融媒矩阵""荔健康"四个板块。点击"网上办事"可直达广东政务服务网。"居委联系方式"内附荔湾区各街道热线,群众联系24小时不间断,开通电话、短信、网上、客户端等热线,时刻倾听百姓心声,随时派工作人员为百姓答疑解惑、纾困维权。"融媒矩阵"囊括"便民服务""政务微信""文化荔湾"三大内容,融合健康医疗、出行服务、教育就业、政务咨询、文娱旅游等各项服务功能,方便市民查询并及时得到回应。荔湾区融媒体中心通过全面利用和整合互联网各渠道资源,将各个服务门类进行统一管理,实现了民生互动平台的政务服务功能,打通了各部门的政务服务体系,打造了一个集约一体化平台,让百姓在"广州荔湾发布"便利地办理各类业务,实现让数据多跑路,让百姓少跑路。借助平台优势,做优智慧服务平台,通过资源共享,避免重复投资和资源浪费,提高了资源利用率,实现了服务效益的优化。

面对城区人民的复杂服务需求,融媒体中心通过便捷的融媒体技术将民众需求连接成一个庞大的关系网,更好地为百姓提供有针对性的服务。这一努力既体现了融媒体中心对党和政府任务的履行,也在服务社会方面展现了更高的效益和创新。

概括而言,荔湾区融媒体中心的多样化栏目不仅满足了居民的信息需求,还促进了政府政策的更好传达,社区居民的参与,以及文化资源的宣传。中心充分发挥了自身优势,使之成为政府与社区之间的桥梁,为共同促进人民生活幸福、社会生活稳定发展作出了积极贡献。这一合作示范为其他融媒体中心提供了有益的经验,同时也有助于推动中国媒体融合政策的实施,为更好地服务社会、履行党政喉舌职能作出了积极探索。

三、荔湾区融媒体中心面临的困境

郡县治则天下安。推动县域治理的县域媒体作为舆论引导平台、社会信息枢纽,其建设早已进入国家视野。当前县域媒体发展进入媒体融合的新阶段,广州各县级融媒体中心也纷纷加入此浪潮之中,按照县(区)级融媒体中心建设要求对机构进行升级改造。而荔湾区融媒体中心因其历史发展问题在广州市各县级融媒体中心中较为特殊。广州市荔湾区融媒体中心于2019年9月正式挂牌成立,发展历程较短,在规范上的完善较为欠缺;其办公面积由46平方米扩大至150平方米,虽有扩张,但相比广州市其他县级融媒体中心,仍然显得较为局促;基层政府新媒体渠道较为单一,没有独立的基层政府网站,虽然集成至区政府网站便于统一管理,但难免形式、内容千篇一律。[①] 基于荔湾区融媒体中心的发展情况以及查阅的相关文献,我们提出以下四点亟须解决的问题。

(一)融资渠道单一,引发资金短缺

荔湾区融媒体中心存在着资金来源单一的问题。根据实地调研和走访的结果,该中心在整合县域所有媒体资源后成为"公益一类"事业单位,其大部分资金来自政府的全额拨款。这与广州市其他采用政府拨款和自主营收相结合的区县融媒体"公益二类"单位性质不同,荔湾区融媒体中心无法通过广告或其他形式获得盈利。

这种单一的资金来源模式可能导致整体运行模式的僵化、媒体"造血"功能缺失。因为缺乏多元化的资金支持,荔湾区融媒体中心可能难以应对运营中的各种挑战。媒体作为信息传递的平台,需要具备相应的经济实力来保证其正常运行,否则可能影响其为县域提供全面服务的能力。在这种情况下,媒体中心可能难以充分发挥其在地方社区中的作用,一些设想可能无法得到有效实施。

(二)资质认证悬置,诱发职称瓶颈

职称是对专业技术人员的专业技术水平、工作能力和成就进行评价的等级称号,是反映其技术水平和工作能力的标志。在新闻领域,新闻专业技术人员是我国专业技术人才队伍中不可或缺的一部分,对于新闻舆论工作的开展具有重要作用。

---

① 肖雅涵.新媒体时代广州市荔湾区政府公信力提升策略研究[D].兰州:兰州大学,2019.

为了加速新闻专业人才队伍的建设,广东省于2021年印发了《广东省深化新闻专业技术人员职称制度改革实施方案》,该方案从明确职称专业类别和名称、实现职称制度与职业资格制度有效衔接、新闻专业技术职称与岗位管理制度相对应等三个方面进行了制度体系的健全。[①] 然而,本次调研发现,类似荔湾区融媒体中心这样的老城区融媒体中心,其在职称方面存在提升的空间,而且区域级融媒体中心在职称方面工作的整合与县级市之间存在时间差。

一个关键问题是荔湾区融媒体中心尚未认定新闻采编资质,这成为职称评定的阻碍因素。虽然该中心在法人等方面已经登记齐全,但由于历史发展原因,尚未获得国家新闻出版署颁发的新闻采编资质,也未得到广电总局的认可。中心在被正式认定媒体资质之前,其工作人员职称评定的上升途径难以正常运行。

对于从事新闻媒体工作的从业者来说,互联网浪潮和相关职称评聘体制政策的变革带来了新的挑战和焦虑。融媒体中心的年轻工作者希望有职称提升的机会,与传统媒体行业的发展和身份焦虑相契合。在这一背景下,荔湾区融媒体中心希望与市委宣传部、省委宣传部积极沟通,解决职称问题,调动工作人员的积极性。这种积极的沟通与合作有望为解决职称评定问题提供有力支持。

(三)人员数量有限,一人身兼数职

荔湾区融媒体中心为副处级事业单位,在编人员15人,其中,管理岗10人,专业技术岗5人,另有合同制人员2人。相较于广州市其他区县级融媒体中心,荔湾区融媒体中心团队人员较少,无法像拥有充足工作人员的番禺、南沙等大型融媒体中心那样建立记者站,并安排记者到街道实地采写。

为将新闻的触角延伸到基层社区,在最基层的地方建立一个最统一的声音,发挥荔湾区融媒体党的喉舌作用,荔湾区融媒体中心从合作中谋路径,借助

---

① 广东省人力资源和社会保障厅、广东省新闻出版局关于印发《广东省深化新闻专业技术人员职称制度改革实施方案》的通知[EB/OL].(2021-12-24)[2023-12-23].https://hrss.gd.gov.cn/gkmlpt/content/3/3754/mpost_3754264.html#4033.

《信息时报》下的微社区团队的人员力量,瞄定其因活动于属地,对区情、街情深入了解的优势,利用媒体资源与其进行共享,形成荔湾特有的媒体融合新模式。全区共22个街道,微社区团队在每个街道都有记者进驻。微社区记者去基层街道采访时,荔湾区融媒体中心会提供街道线索。当记者在现场拿到第一手的采访资料后,微社区团队会形成文字和图文的通稿,送交荔湾区融媒体中心编辑、审核、把关、发布,在微信与微博平台上充实"广州荔湾发布"的内容,同时也与《广州日报》《南方日报》进行友好合作,以实现更多方面的信息获取与共享。

习近平总书记指出:"媒体竞争关键是人才竞争,媒体优势核心是人才优势。"①构建真正的融媒体中心需要全媒体复合型人才,而县级融媒体现有人员的专业素养、对新媒体技术的应用能力还有待提高,并不能满足全媒体的发展要求。因此,县级融媒体中心想要进一步完成融合,就不得不重视对全媒体人才的培养。②现荔湾区融媒体中心人员较少,使得该单位对于"一专多能"的复合型全媒体人才的需求更为迫切。团队从调研中了解到,荔湾区融媒体中心工作人员都是身兼数职,以原创微电影为例,一个人同时担任编导、摄像、演员、剪辑等岗位的现象较为普遍。

人员数量上的匮乏在一定程度上也影响到中心对技术的运用。"我们都是以转播的形式进行现场直播,因为我们人不多,自己出去拍摄做现场直播的可能性比较小。"③在直播技术方面,中心主任提到,因人数限制,现场直播往往只能以转播的方式进行,尤其在大型活动或比赛上,工作人员到现场进行拍摄或直播操作较为困难。

(四)媒体竞争激烈,传播流量稀缺

荔湾区融媒体中心作为基层融媒体机构,在新媒体时代面临的传播流量稀

---

① 杜尚泽.坚持正确方向创新方法手段 提高新闻舆论传播力引导力[N].人民日报,2016-02-20(001).
② 张琨,宋晓楠.县级融媒体的全媒体人才培养研究:以江西省分宜县融媒体中心为例[J].今传媒,2023,31(1):49-51.
③ 资料来源于2023年10月27日对荔湾区融媒体中心主任的访谈。

缺问题也是其在发展过程中亟须解决的重要问题。自微信公众号平台在2012年上线以来，各大公司纷纷推出了各自的开放平台，无数自媒体人凭借公众号红利赚得盆满钵满。当下，新媒体的内容领域竞争日趋激烈，公众号这类封闭式流量红利虽然式微，但头条号、百家号等智能推荐模式逐渐占据了用户视野，此外，企鹅号、大鱼号、凤凰号、一点号等平台也在瓜分用户市场。并且，抖音、快手等短视频平台的崛起，又进一步蚕食了受众本就非常有限的注意力。因此，在数字时代，吸引观众有限的注意力，获取更多的传播流量成为融媒体中心必须面对的挑战。

基于此，荔湾区融媒体中心尤其重视流量在传递党的声音方面所发挥的重要作用。在新媒体的舞台上，流量是表征受众注意力的关键指标。对此，中心努力营造平易近人、雅俗共赏的传播氛围，以迎合更广泛的受众喜好。同时，中心也时刻关注流量本身的质量。不仅关注用户的订阅数量，更关心用户如何理解和参与党和国家的发展事业，努力营造平等对话、风清气正的讨论环境。

在实际操作中，荔湾区融媒体中心持续进行创新和探索，通过利用最前沿的融媒传播手段，如视频、动画、游戏等，成功吸引了更多的用户。这种积极探索流量传播方式的做法为中心在新媒体时代如何更好地传播党的声音打下了坚实基础。在政策传达的过程中，荔湾区融媒体中心着力打破信息的生硬感，通过将官方内容打造为更具生活气息、更容易引起社会共鸣的形式，努力使政策更加贴近人心。这样的努力不仅有助于提高流量，更能够促进受众对于政策的深入理解和积极参与。

然而，面对流量困境，仅仅依赖包装吸引眼球还远远不够。荔湾区融媒体中心还在不断提升内容的深度，以提升受众对信息的认同感。通过精心设计的选题、丰富的文字表达和富有创意的版面设计，力求每一条信息都具备传播力和引导力，真正成为受众喜闻乐见的内容。

四、荔湾区融媒体中心的未来发展建议

荔湾区融媒体中心在新媒体时代面临多方面的挑战，包括资金短缺、职称

瓶颈、人员匮乏以及流量稀缺。然而,通过制定和实施相应的策略,中心或可以有效应对这些困境,实现更全面和可持续的发展。

(一)多元战略合作:减缓资金缺口,寻求社会注资

第 52 次《中国互联网络发展状况统计报告》显示,截至 2023 年 6 月,我国网民规模达 10.79 亿人,较 2022 年 12 月增长 1109 万人,互联网普及率达 76.4%。数字基础设施建设进一步加快,资源应用不断丰富。随着如今数字经济不断兴起,各行各业都在不断转型升级,借助互联网等信息网络将服务与经营活动相结合。媒体的深度融合,不仅要实现各媒体渠道、信息生产方式的融合,更要融入基层百姓生产生活各领域,融入经济社会数字化时代。

为了减缓资金缺口,荔湾区融媒体中心可以进一步探索多元化的战略合作,除了与民间企业、社会组织和个人进行合作外,还可以考虑与其他相关产业建立联系,特别是广告、科技、文创等新型数字化经济领域。例如,可以与影视制作公司、文化创意机构、MCN、旅游宣传局合作,共同推出更具影响力的文化产品和地方宣传活动。通过进一步与相关数字产业融合,荔湾区融媒体中心可以充分发挥联通线上线下、生产消费、城市乡村、国内国际的独特优势,建立多方联系,形成多元合作战略格局。通过建立产业间联盟,实现资源的共享,吸引更多社会资本的参与。多元产业联盟可以为中心提供更多的合作机会,不仅有助于解决财务问题,还能够引入更多高素质的专业人才,促进融媒体事业的创新和发展。

政府在这一过程中也可以发挥积极作用,通过提供相关税收优惠政策,激励社会资本更积极地参与支持。此外,政府的项目资金和政策支持也能够鼓励文化产业与融媒体中心更深层次的合作,推动项目的可持续发展。中心还可以积极申请各类文化项目资助和补贴,包括国家级和地方级的文化项目支持计划,以进一步巩固其财务基础。

同时,为了提高管理效率和降低行政开支,中心可以寻求政府提供的管理培训和咨询支持,从而提升内部管理水平。政府还可以通过提供税收减免和免

费使用场地等政策支持,降低中心的运营成本。积极推动中心与其他企业机构、公益组织建立长期合作伙伴关系,实现资源共享,进一步减轻运营负担。政府的宣传工作也至关重要,通过加强公益单位的成就和价值的宣传,提高社会对中心工作的认知度和认可度,以融媒力量推动社会发展,以基层服务构建新宣传格局。"融媒+产业"多元合作战略是推进媒体融合焕发生机的重要引擎,是提升人民生活品质的重要方式,也是推动地方经济和社会发展的重要力量。

(二)突破职称瓶颈:充实人才队伍,培养全媒体专才

在完善机制上再发力,构建科学高效的管理体系。建立健全融媒体中心各项规章制度,进一步建立完善绩效管理、晋升考评、后勤保障、经营管理等体制机制,构建系统完备、科学规范、运行有效的管理体系。[①] 为了突破职称瓶颈,荔湾区融媒体中心应积极寻求国家新闻出版署颁发的新闻采编资质,以获得官方认可,提升其在行业内的地位。中心还可以与政府相关部门密切合作,关注国家关于新闻从业人员的政策,以了解并把握新的职称晋升机会。政府在新闻行业人才发展方面提供的政策支持和资金支持,为中心的人才队伍充实提供了宝贵的机会。为建立完善的职称提升机制,中心可以积极与政府相关部门合作,推动职称评定机制的改革和升级,确保更加公正和透明。中心还可以进一步加强与学术界、新闻机构的合作,以提高职称评定的专业性和权威性。政府对新闻从业人员的培训和晋升的支持近年来有所加大,中心可以充分利用这些政策,争取更多的政府支持,为人才队伍建设提供更多的资源。

要实现在新媒体时代的可持续发展,就需要建设一支专业化的团队。通过招募高素质的专业人才,中心能够更好地应对新媒体技术和内容创新的挑战。同时定期开展新媒体教育培训,与高校、职业培训机构合作,培养更多的新媒体从业人才。中心可以通过举办行业研讨会、论坛等活动,推动行业内的经验交流和共同进步。这不仅有助于拓展影响力,还能够为整个融媒体行业的可持续发展贡献力量。鼓励新媒体领域的人才培养和引进,提升内部员工的全媒体素

---

① 陈子斐."五个再发力"打造全国"响当当"的融媒体试点品牌[N].闽西日报,2023-11-10(001).

养,可以通过组织内部培训班、邀请专业讲师等方式进行。政府对新媒体人才的跨界培养也提供了政策支持,中心可以积极与相关部门合作,提供更多的培训机会,确保人才队伍的高水平发展。

(三)提升融媒实力:深化社会合作,创新内容生产

为提高传播实力,荔湾区融媒体中心需持续坚持创新内容的生产。中心可以进一步发挥创意潜力,创造更具吸引力的内容,提供更多有创意的新闻内容。同时,中心可以鼓励多媒体内容的制作和传播,采用视频、动画等新形式,以提高内容的传播力。通过整合各种社交媒体平台,将内容发布到多个渠道,可以扩大覆盖范围,吸引更多的受众。与微博、微信、抖音等热门平台的合作,是提高流量来源的有效途径。此外,与《广州日报》《南方日报》等媒体的合作也符合政府鼓励媒体融合发展的政策,可以实现信息资源的共享,提高传播力。

为了更好地创新内容,可以建立更加灵活的团队合作机制,与相关社区组织、机构、企业合作,引入更多的专业力量。还可以加强与高校的联系,建立产学研用一体化的合作模式,以提高创新内容的深度和广度。

融媒体中心的发展离不开社区的支持,因此,加强与社区的互动是破解流量困境的关键。中心可以通过组织各类社区活动、开展公益项目、参与社区建设等方式,深化与社区居民的联系。这不仅可以提高中心在社区的知名度,还能够培养忠实的用户群体,增强居民的社区归属感。同时,借助社交媒体平台,中心可以更主动地与受众互动,回应社会热点,引发公共讨论,提升公共参与度。

(四)科技助力赋能:创新融媒技术,加快数字转型

鉴于新媒体时代的迅猛发展,荔湾区融媒体中心应积极迎接数字化转型的挑战。通过引入先进的技术,例如人工智能、AR(增强现实)、VR(虚拟现实)等,中心可以提升内容生产的效率和创意水平。数字化转型还包括建立更为智能化的运营管理系统,以提高管理效率。通过技术的创新,中心不仅能够更好

地适应行业变革,还能够吸引更多年轻受众,提高流量。

为更精准地满足受众需求,中心可以加强数据分析与用户调研。中心可以通过深入了解受众的兴趣、喜好和习惯,优化内容策略,提高受众黏性。数据分析还有助于及时发现和解决运营中的问题,为县级融媒体中心的决策提供科学依据。同时,利用人工智能技术进行舆情监测,更加及时准确地掌握社会动态,优化内容生产策略。中心可以通过掌握社交媒体平台的数据,更好地了解受众的反馈,不断改进内容和服务,提升用户体验。并通过对受众反馈、社交媒体趋势等数据的深入分析,更准确地预测受众关注点,提高信息传播的针对性,实现更高效的运营和管理。

为了激发创意,融媒体中心可以建设数字化创作平台,为内部员工提供更灵活、高效的创作工具和资源,包括数字化编辑软件、多媒体创意工具等。数字化创作平台的建设不仅有助于提高内容的质量和创新度,还能够激发团队的创造力,推动融媒体中心的数字化创作风气。

媒体融合技术创新与数字化转型是荔湾区融媒体中心在新媒体时代持续发展的关键战略。通过紧跟科技发展趋势,中心能够更好地适应日新月异的媒体环境,为受众提供更为丰富、创新的信息服务。这一数字化转型的过程也是中心不断提升核心竞争力、引领行业发展的过程。

五、结语与展望

区县融媒体中心是我国最本土化和基层化、与群众联系最密切的一级媒体单位,承担着党和国家人政方针宣传、地方资讯传播、区域民意反馈的重要职责。因此,加强县级融媒体中心建设,是实现更好引导、服务群众目标的必然发展方向。

荔湾区融媒体中心自成立以来,不断深耕本土特色,已构建起具有明显可见性的区域传播品牌。近年来,中心聚焦基层民生问题,不断拓展融媒传播形态。尤其是在自身实力与体量有限的情况下,一方面始终致力于打造一支多边形的融媒体人才队伍,另一方面又不断主动谋求合作,努力实现跨界双赢。在面对受众年龄的级化问题时,中心始终做到因地制宜,不断探索兼顾不同年龄层受众阅读习惯与媒介素养的内容与形式,并努力承担政府与社区之间桥梁的职责,为促进人民生活幸福、社会稳定发展提供了坚实的保障。

虽然在媒体融合发展的过程中,中心难免会受到多方因素的影响和制约,引发这样或那样的问题,在某种程度上的确影响了融合创新发展进程。但总体而言,荔湾区融媒体中心克服自身困难,为增强党媒舆论影响力、提高新闻内容质量和盘活区县媒体资源三方面作出了应有的贡献。

讲好天河故事,传播好天河声音
——广州市天河区融媒体中心融媒实践调研报告

司子奥 谢晋桦 刘雪梅*

摘要: 广州市天河区融媒体中心成立四年来,建设了"广州天河发布"微信公众号、微信视频号、微博账号等一系列平台账号。天河区融媒体中心通过这一系列平台来讲述天河好故事、传递天河好声音、树立天河好形象。但目前天河区融媒体中心实际内容生产传播能力与"广州经济社会发展高地"的形象匹配程度仍然有很大距离,存在经费不足、硬件滞后、人才缺失等问题。为了实现高质量发展,天河区融媒体中心应当强化阵地建设,打造天河新名片;强化资源投入,提高融媒生产力;强化人才队伍建设,提升专业化程度;强化互联网思维,坚持内容导向。

关键词: 天河区;融媒体中心;融合实践

党的二十大报告指出:"巩固壮大奋进新时代的主流思想舆论,加强全媒体传播体系建设,推动形成良好网络生态。"[①]建强用好县(区)级融媒体中心是全媒体传播体系的重要环节,也是提升基层社会治理效能的有效抓手。全媒体时代,信息传播方式、传播范围以及传播主体均发生了显著变化,瞬息万变的互联网重构了社会环境和媒体环境,早已成为信息集散地、舆论策源地与思想交锋主阵地。在新发展格局下,面对媒体深度融合的"新赛道",县(区)级融媒体中心面临着前所未有的挑战。面临复杂多变的外部环境,县(区)级融媒体中心如

---

* 司子奥,广州大学新闻与传播学院广播电视专业硕士研究生;谢晋桦,广州市天河区融媒体中心综合部部长;刘雪梅,广州大学新闻与传播学院副教授,硕士生导师,主要研究方向为网络与新媒体传播。
① 曾祥敏,杨丽萍.习近平文化思想的理论创新与实践引领[J].青年记者,2024(1):33-37.

何抓住机遇、迎接挑战,积极推进媒体融合①发展,是当下的重要课题。②

如何推进天河区融媒体中心建设,建立与自身经济体量和城区气质相匹配的阵地与平台,进一步打造前列百强区对外窗口宣传形象,跟上前列百强区高质量发展步伐节奏,是当前急需解决的问题。为此,天河区融媒体中心主动走向区外、市外,学习兄弟市、区融媒体中心改革融合新成果,深入挖掘高质量发展强区凝聚区属各单位、融媒体中心、省市主流媒体单位力量实现宣传同频共振的工作亮点,充分探索在新时代融媒发展新机遇背景下,实现媒体矩阵科学化、集约化管理的经验做法。③

一、天河区:广州城市形象的窗口

广州市天河区于1985年成立,是国家中心城市和综合性门户城市广州的核心区,多次获评中国最具幸福感城区,地区生产总值连续16年居全市第一,连续两年位列全国投资竞争力百强区第一,是广州市的经济龙头、城市客厅、创新引擎。作为广州市最具代表性的世界级城市名片,天河区集聚了天河中央商务区、广州国际金融城、天河智慧城、天河智谷片区、天河路商圈等重大发展平台,是粤港澳大湾区首屈一指的总部中心、金融中心、科技中心、高端服务中心和国际交往中心,是全球企业的投资首选地和最佳发展地。

天河区是展示广州城市形象的窗口,广州新城市中轴线纵贯全区,多个大型文体场馆坐落其中,是"城区里的公园,公园里的城区",城市风光迷人。天河区常住人口224万,而人均年龄只有33.2岁,朝气蓬勃,处处彰显活力与时尚。作为华南地区知名的科教文化区,辖内拥有华南理工大学、暨南大学等高等院

---

① 媒体融合是指不同类型的媒体内容、技术平台和传播渠道之间的整合和互动,以创造新的、综合性的媒体体验和信息传播方式。这种整合可以涉及传统媒体(如电视、广播、报纸等)与数字媒体(如互联网、社交媒体、移动应用等)之间的融合,也可以包括不同媒体之间的合作和互动。
② 刘啸兵.县级融媒体中心的融合创新发展路径探索[J].新闻研究导刊,2023,14(21):82-84.
③ 柯思德,王继兵.融合传播:主流媒体提升"四力"的重要路径:以2018—2022年度安徽新闻奖媒体融合类获奖作品为例[J].新闻世界,2023(11):16-19.

校31所,拥有国家和省、市级科研机构58个,国家重点实验室8个,集聚高新技术企业2688家,占全市23.5%。年轻、潮流、繁荣、现代化的天河,宜居、宜业、宜游,吸引着来自不同行业、不同地区的人群,拥有新媒体发展的丰沃土壤,更是天然的新闻发光体,自带流量,具备"网红"潜质。

作为广州市中心区,天河区是广州乃至广东的经济引擎、创新枢纽、开放窗口和幸福标杆,位列全国百强区前三,承载着极高的社会关注度和人民群众对于美好生活的向往。

天河区是国家中心城市和综合性门户城市广州的核心区,一直以经济龙头、城市客厅、创新引擎和幸福家园作为对外形象,这对于我们在媒体宣传和舆论引导工作方面有着更高的要求,群众对天河区宣传效果期待也更高。

二、天河区融媒体中心简介

广州市天河区融媒体中心是由中共天河区委举办的公益一类事业单位,于2019年9月成立。天河区融媒体中心隶属于天河区委宣传部,负责对全区宣传系统包括文化艺术、新闻出版、广播电视、社会科学研究及有关社会团体的业务实施指导、协调和管理,并负责新闻宣传工作,引导全区社会舆论,会同有关部门指导和协调对新闻出版、广播电视业的治理工作。

(一)天河区融媒体发展历程

在天河区委、区政府的高度重视和关心下,天河区在广州天河报社和区委宣传部有线电视中心的基础上,于2019年9月成立了天河区融媒体中心。区融媒体中心事业编制18名,目前实有在编人员16名。内设4个部门,分别为综合部、策划部、采访部、编辑部。

1.综合部

负责中心各部协调工作;负责中心党建工作;负责制定中心各项规章制度并监督执行;负责中心文书档案管理工作;负责组织有关会议并督办会议决定

事项落实;协助做好教育培训等工作。

2.策划部

负责重要新闻、大型活动的策划,并牵头组织实施;负责全媒体新闻的集中会商和选题制定;负责全媒体新闻的审核、监制,确保刊播安全;负责通联工作以及通讯员队伍建设工作。

3.采访部

负责收集新闻线索,分派采访任务;负责采访工作,收集文字、图片、音频、视频等新闻素材;负责对新闻素材进行初步加工,撰写全媒体新闻稿件。

4.编辑部

负责组织收集文字、图片和视频等媒体资源;负责媒体资源的编辑、合成、刊登、发布工作;负责发布后媒体资源的整理、统计、存档工作;负责与上级平台对接,进行新闻素材、节目传送等工作。

天河区融媒体中心的主要职责有以下五个方面:①负责制作时政、经济、科技、教育、文化等内容的文字、图片和视频;②负责《天河新时代》、"广州天河发布"微信和微博的运维管理工作;③负责对接相关技术平台,实现"党建+政务"服务功能,为党建和智慧政务工作提供信息发布及宣传管理平台,开展党建新闻、党建管理、政务公开、政务办理等业务;④负责为本地用户提供各类生活、文化和教育服务,开展民生新闻、便民查询、文化新闻资讯报道、地域特色展现、教育信息等业务;⑤负责组织协调区融媒体系统人才队伍建设及人员教育培训工作。

除此之外,现有平台包括"广州天河发布"官方微信、视频号,"广州天河发布"官方微博,报纸《天河新时代》,依托国家、省市主要新媒体平台"学习强国""南方+""新花城"建立的窗口。近年来,中心致力于整合跨部门资源、链接媒介资源,减少无效产出,集中资源于优质内容生产中,在有限的投入与高要求的产出需求之间找到最大公约数,有效提高了天河区在海内外的影响力,为天河的社会经济文化发展营造了良好的舆论氛围。

(二) 天河区融媒体中心媒体融合现状

"广州天河发布"双微(微信、微博)发挥矩阵核心作用,做好"融媒+外脑""融媒+服务",借力大媒及行政资源,提升稿件的深度、丰富度与原创性,加强策划,强化内容生产能力;创新"融媒体+主创"和"融媒体+联动"模式,聚焦用户需求,充分发挥"广州天河发布"的桥梁作用,打通基层治理的"最后一公里",提高新闻宣传的抵达性。双微先后打造"小天 vlog""读懂天河""天河发布学堂"等栏目,线上+线下联动,树立具有天河特色的品牌。经过3年深耕,双微平台粉丝(关注量)从6万涨至110万,在全市11区排名前列。广州天河发布南方号获2022南方号年度传播奖;视频号获2021年度广东政务号影响力排行榜省级、地市、区县榜单第一。

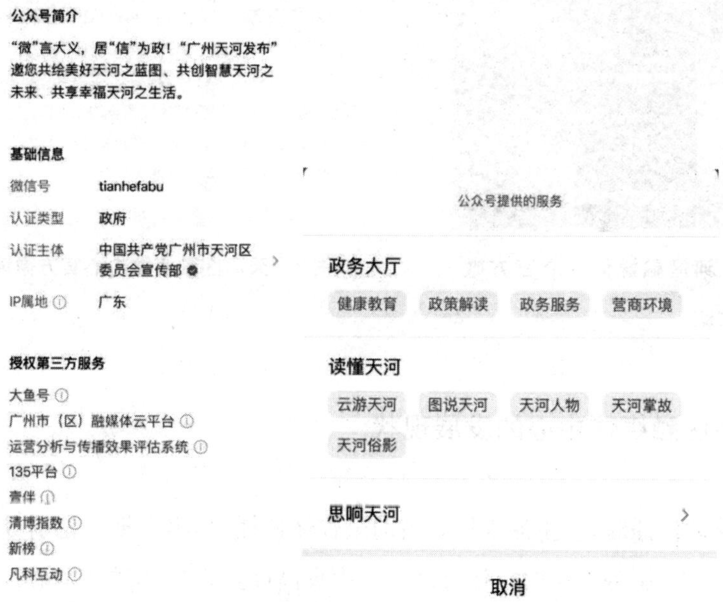

图1 天河区融媒体中心官方微信公众号

图2 天河区融媒体中心官方微信视频号

图3 天河区融媒体中心官方微博

三、天河区融媒体中心的发展现状

在移动传播时代,主流媒体要借助全媒体传播,牢牢占据舆论引导、思想引领、文化传承、服务人民的传播制高点。中央高度重视媒体融合发展,习近平总书记强调,要扎实抓好县级融媒体中心建设,更好引导群众、服务群众。按照党中央决策部署和广东省委、广州市委部署要求,2019年下半年以来,广州市围绕构建"全市一盘棋"的大宣传格局,积极推动传统媒体和新媒体"融为一体、合而为一",全力以赴推进市(区)融媒体中心云平台建设。①

(一)近年来天河区融媒体中心取得的成果

以2021年为例,区融媒体中心围绕区委、区政府中心工作,构建覆盖报纸、网端、社交媒体平台的全媒体新格局,通过整合媒介资源,实现信息内容、技术应用、平台终端、管理手段共融互通。现有平台包括"广州天河发布"微信账号、微信视频号,"广州天河发布"微博账号,《天河新时代》等,全年发布新闻9,000余条,阅读量过亿,其中《天河新时代》出版46期,刊发稿件1,610篇。全年,区融媒体中心为全区大型活动、会议摄影摄像190余条,制作天河对外宣传片及各类专题汇报片9部,制作编辑微短视频70条。

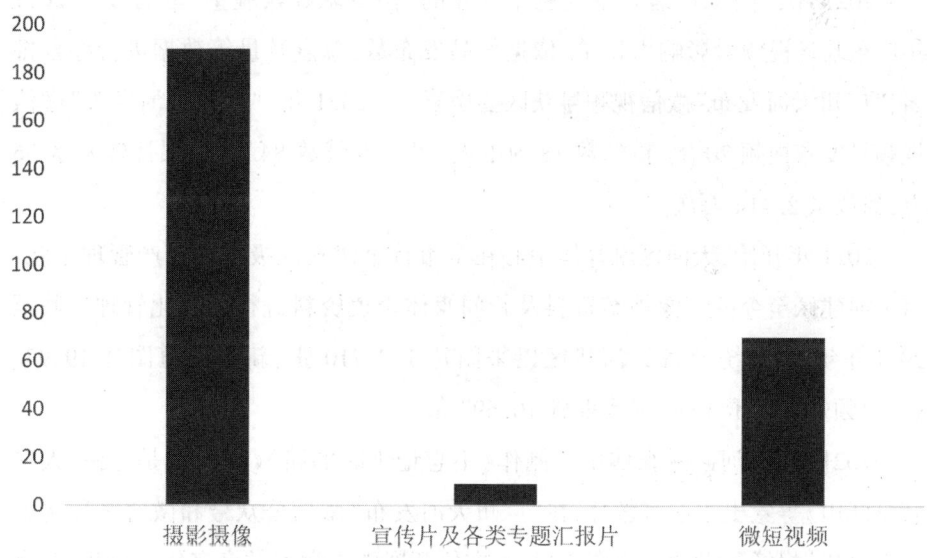

图4 2021年天河区融媒体中心部分融媒实践成果

2021年,天河区融媒体中心利用"新花城""学习强国"两大官方网端,打通基层宣传"最后一公里"。是年,区融媒体中心在"新花城"上稿1,466条,累计

---

① 刘健.加快媒体深度融合 抢占新时代创新发展制高点[J].传媒,2023(21):11-13.

发稿4,073条。为"学习强国"平台供稿1,603条,被采用766条,有46条信息被全国总平台采用。

2021年,天河区融媒体中心从对外宣传、重要工作发布、政务公开、便民服务等方面着力,通过"新闻+"服务,打造"广州天河发布"官方微博和官方微信。截至2021年年底,"广州天河发布"微博平台拥有粉丝17.1万人,新增粉丝1.7万人,发布新闻2,395条,累计发布新闻23,892条。"广州天河发布"微信平台拥有粉丝18.9万人,新增粉丝10.8万人,增幅133%,发布新闻1,351条,累计发布新闻3,900条。是年,《南方都市报》发布2021年第三季度《广州11区政务新媒体榜》评估,"广州天河发布"微信、微博平台,凭借点赞量、阅读量、微博评论量等多重优势,位列全市第一。

2021年,"南方+"客户端与腾讯共建的"南方融媒实验室"联合发布2021年广东政务视频号影响力榜单,依据作品发布数、总点赞量等数据进行综合排名,"广州天河发布"微信视频号获区县榜第一。2021年,"广州天河发布"微信视频号发布视频20条,粉丝数18,501人,累计点赞数84.4万,累计转发量36万,播放量2,714万次。

2021年开始,天河区融媒体中心在全市首个建立区级媒体资产管理系统,将天河建区至今的声像档案资料及新闻媒体报道资料进行数字化管理。截至2021年年底,系统储备天河建区以来图片102,710张、新闻报道图片19,936张、视频资料近千小时、视频素材10,699条。

2021年,天河区融媒体中心制作《不忘记来时的路》《江山就是人民,人民就是江山》等党史主题宣教片,在"广州天河发布"微信公众号和微博账号、《天河新时代》报纸开设党史教育专栏,多方位开展党史学习教育宣传。全年,各大平台共刊发天河党史学习教育稿件704条。其中"广州天河发布"微信公众号发布信息134条,阅读量超10.3万人次;"广州天河发布"微博账号发布信息129条,阅读量超60万人次;《天河新时代》报纸刊发稿件190篇,"新花城"平台天河频道刊登稿件140篇,"学习强国"平台刊登稿件114篇。

2022年,"广州天河发布"在2022年南方号奖项评选中荣获年度传播力奖,在2022年度广州市政务新媒体影响力排行榜发布会上,"广州天河发布"的《恰是天河风华茂》获2022年度最佳短视频奖。

(二)天河区融媒体中心的发展重点

目前,天河区融媒体中心着力打造"六大功能"。"六大功能"着眼于创新传播手段,更好地讲述天河好故事、传递天河好声音、树立天河好形象。

一是推动天河新型媒体建设。顺应新媒体更新换代趋势,大力推动我省新型媒体建设,以移动新闻客户端为龙头,打造知名度高、覆盖面广、立足广州、辐射全国、具有很强区域影响力的新型主流媒体舆论平台,传递主流声音,不断巩固、扩大党的舆论阵地。

二是实现政务信息的互通互融。加快建设全媒体中心,建立媒体融合新机制,通过再造内容生产流程、拓展信息传播渠道,促进新闻信息生产模式转型升级,实现省市县媒体和政务信息的纵向共通共融。

三是进行信息动态监测。为区委、区政府全面掌握舆情动态,做好正确舆论引导提供分析依据。

四是建设全媒体信息数据平台。形成数据交易生态体系和云服务生态体系,发挥融合创新的资源优势和运营能力,充分满足客户更大规模、更具弹性、更加快速的业务需求。

五是拓展政务民生服务。为区政府、各单位提供网站和新媒体运营维护服务以及政务网站的集群建设和管理;搭建"新闻+服务+社群"的整体框架,打通政务民生服务接口、延伸电商渠道、聚合社区自媒体等,传递权威声音和民生资讯,提供政策咨询、办事预约等服务,发挥良好社会效益。

六是加强互联网产品打造。根据互联网和移动互联网发展趋势与特点,持续打造H5、VR、音视频等各类新媒体及网络产品,推送创意内容,提升传播效果;并以外包、参股、控股等形式,联合省内优势互联网企业,拓展业务,集聚用户,提升新媒体集团的影响力和竞争力。[①]

---

① 徐立京.统筹推进媒体融合纵深发展[J].传媒,2023(21):9-10.

(三)天河区融媒体中心建设与天河区高质量发展格局的适配差距

目前,天河区融媒体中心实际内容生产传播能力与"广州经济社会发展高地"的形象匹配程度仍然有很大距离。

一方面,天河区目前对融媒体中心的发展定位、建设目标缺乏清晰的认知,对中心在区委、区政府工作大局中的意义、作用和路径尚未达成共识,难以形成中心的中、长期规划;另一方面,天河区对于融媒体中心的投入力度与天河区在市里的经济地位不相匹配,也不足以支撑融媒体中心稳定、持续发展。同时,天河区的媒体资源尚未完全整合,未能充分发挥各媒体之间的协同效应,资源也没有办法进行统筹,进一步削弱了天河区应有的传播力量。①

四、天河区融媒体中心建设困境及解决路径

(一)当前天河区融媒体中心建设困境

一是经费不足。作为地区生产总值连续16年居全市第一,且常年与第二名保持接近1.5倍数值领先的天河区,天河区融媒体中心经费在全市各区中排名倒数,与排名前列的兄弟区差距甚至达到15倍以上,人数差距甚至高达25倍,整体业务经费及人员配备情况不利于进一步建强用好天河区融媒体中心。

二是硬件滞后。中宣部、广电总局发布的《县、区级融媒体中心建设规范》,明确要求县(区)级融媒体中心设施包括技术用房、技术配套用房、辅助配套用房三部分,其中技术用房包括新闻指挥调度中心、演播室、录音室、采编用房、广播直播室、融合发布机房、数据中心机房等。目前天河区融媒体中心在区政府机关大院办公,占地面积仅235平方米,只配备常规办公室和一个机房(5平方米),缺少技术用房等新闻生产核心设施,另外还存在摄影摄像设备落后、老化、紧缺等问题,缺少定期的升级维护与采购。

---

① 田维林.县级融媒体"项城模式"改革创新实践[J].传媒,2023(21):28-30.

三是人才缺失。2020年区委巡察第二组对天河区融媒体中心的巡察报告指出：干部建设不能适应融媒体发展的需要。人才是区级融媒体中心的融合发展的关键，在区委的大力支持下，融媒体团队近两年新增5名年轻成员，但面对日常繁重的宣传任务，人手仍然紧张。目前中心大多数人员任职时间长、岗位固化，人才队伍结构失衡，缺乏全媒型、专家型人才团队，未能建立适配融媒环境的人才交流、系统培训机制。另外，因单位未获媒体从业资质，专业晋升通道受阻，对现有采编人员缺少激励，较难以人才、技术为突破口推动中心升级转型发展。

（二）广深部分区域融媒体中心建设的模式及经验借鉴

在调研过程中，我们发现广州市各区融媒体中心现今的发展表现出以下共性：新闻传播为主业，政策扶持是保障。各区的融媒体中心，均以内容为立身之本，持续优化产品供给；坚持移动优先，高度重视微信渠道，联动多方构建融媒体矩阵，使其在传播权威声音、讲好当地故事方面充分发挥作用。而当地党委、政府在定位、政策、资源等方面的支持，是融媒体中心发展壮大的关键因素和重要保障，特别是在财政资金的投入方面，基本上与传播力、影响力成正相关关系。除此之外，以服务型融媒为指导方向，越秀区融媒体中心正在积极探索推动融媒体中心成为"指尖上的政务服务中心"。未来，实现数据治理为当地经济社会发展服务，把融媒体中心数据平台打造成当地城市治理的"数字大脑"指日可待。[①]

对比广州市来说，深圳市部分区级融媒体中心呈现出改革力度更大、宣传能力更强、辐射范围更远等特点，内容形式更加丰富，线上线下覆盖面较广。

2019年11月20日上午9点30分，深圳市福田区融媒体中心挂牌。福田区融媒体中心选址于福田区国际创新中心，占地超2000平方米，通过实时高清技术、多媒体矩阵打造5G超高清区级融媒体中心，打造全智慧办公应用场景，为市民提供全新的、震撼的文化艺术视觉效果，发出福田好声音，展示深圳"首

---

① 谷雨.在媒体融合进程中增强主流媒体造血功能[N].马鞍山日报,2023-11-08(004).

善之区"的良好形象。融媒体中心内设一厅三区：指挥大厅、功能区、办公区、媒体区。指挥大厅约400平方米，内设指挥中心、新闻舆情研判室、展示大厅；功能区约500平方米，内设演播厅、新闻发布厅、访谈直播间、制作技术间；办公区约300平方米，内设采编办公区、行政办公区、综合会议室、媒体俱乐部、"幸福福田"编辑部、"福田发布"编辑部、"学习强国"供稿编辑部；媒体区约800平方米，内设《人民日报》等中央、省驻深媒体记者站，《深圳特区报》、广电城区新闻等相关媒体福田新闻中心。

福田区融媒体中心建设的目标定位与作用如下：①中央、省驻深媒体融合中心。发挥作为中心区的区位优势，将零星分布在福田区的《人民日报》、新华社、《光明日报》《南方日报》等中央、省级驻深媒体汇聚融媒体中心，融办公、采编、传播于一体，进一步打通融媒体传播的更高平台和渠道。②粤港澳大湾区信息融合与分发中心。随着粤港澳大湾区建设的不断推进，福田得天独厚的区位优势愈加明显，区融媒体中心将成为湾区中央、省、市媒体信息聚集融合地和信息加工与分发中心。③深圳城市融媒体副中心。福田区承接市融媒体中心的部分职能，以深圳城市融媒体副中心的标准来推进工作，统筹市主流媒体资源，壮大主流思想舆论阵地。④福田权威新闻发布中心。区融媒体中心和福田区政府新闻办合署办公，承载权威新闻发布，成为福田区委、区政府最有公信力的信息发布平台。

2020年5月15日，福田区上线官方资讯服务移动客户端"福田融媒"，这是融媒体建设取得的又一阶段性成果。"福田融媒"App立足福田区委、区政府中心工作，是集新闻资讯、政民互动、视听直播、福礼领取、便民服务等于一体的移动互联网应用平台，是福田新闻宣传和对外推介的平台。2021年12月15日，由深圳市互联网行业联合会指导，深圳市网络媒体协会、深圳市自媒体协会主办，深圳报业集团绿特客户端、深圳新闻网承办的第四届"圳能量"深圳网络盛典在商报大厦隆重举行。在此次评选中，福田区融媒体和网络安全信息化中心获得"2021年深圳融媒体优秀传播平台"奖项。2022年12月29日，在深圳网络盛典评选中，福田区融媒体以在新闻宣传和舆论引导中形式新颖、成效突出，获评"深圳融媒体优秀传播平台"。

近年,"福田融媒"App不断推出更加靓丽的形象、更加丰富的资讯、更加周到的服务,策划推出了一系列主题宣传活动,壮大网上舆论阵地,唱响福田好声音。同时,线上线下联动,灵活运用直播、创意短视频、动画、H5等多样化宣传形式,发挥融媒体作品创意强、传播快的特点,利用融媒传播矩阵优势协同发布,形成宣传合力,取得了良好的宣传效果。"福田融媒"App作为福田主流融媒体的价值越发凸显,作为福田区政府和福田市民之间桥梁与纽带的地位也在不断筑牢,成为福田居民身边一个反应迅速、包罗万象、亲切随和的资讯平台。①

除此之外,2021年5月28日,"学习强国"福田融媒号正式上线。该号的上线标志着在"学习强国"这一全国最权威的学习平台上有了展示福田形象、讲好福田故事、传播福田声音的宣传阵地。"学习强国"福田融媒号由福田区融媒体中心运营,坚持以习近平新时代中国特色社会主义思想为指导,聚焦机制体制建设、平台宣传推广、内容产品生产,构筑全流程"立体学习网络、全媒传播网络、精品生产网络",着力打造综合性宣传平台,谱写全面建设现代化的福田篇章。"学习强国"福田融媒号开设"福田要闻""文明福田""福田党建""美丽福田""精彩福田"五个板块,通过图文、视频等多种形式,集中展示福田的政务新闻、文明实践、红色文化、美丽风光、文体资讯等信息,多维度讲好福田新时代践行新理念、推动高质量发展、打造永不落幕的民生工程的故事,用心传播福田声音、传递福田力量。②

我们通过查阅相关资料以及现场走访学习发现,广深各区级融媒体中心根据自身实际和本土特色,因地制宜,探索构建了整合原有媒介资源的"传统运营模式"③、依托强大的财政投入支撑的"资源孵化模式"④、实行"事业化管理、媒

---

① 蔡雯.初心与愿景:深化媒体融合及其研究的追问[J].新闻与写作,2023(11):1.
② 朱春阳,刘波洋.媒体融合的中国进路:基于政策视角的系统性考察(2014—2023年)[J].新闻与写作,2023(11):12-23.
③ 传统运营模式是指一种基于传统商业方法和惯例的运营策略和实践方式,这种模式通常依赖于传统的商业模型。
④ 资源孵化模式是一种组织或机构利用其资源、知识、资金和网络来支持初创企业或项目的发展和成长的方法。这种模式旨在提供对初创企业的关键支持,帮助它们在竞争激烈的市场中获得优势,并最终独立运营或成功融资。

图 5 "学习强国"福田融媒号

介化经营"的"规模经营模式"①,和对接市场化、转企改制、重视产品的"品牌营销模式"②等几种主要建设模式。③

1. 资源孵化模式

这一模式以广州市黄埔区、深圳市福田区为代表。这一类融媒体中心是有一定媒体资源的融媒体中心,尽管都是公益一类,但由于区财政投入力度较大,又占据城区的黄金地段、连接各方资源、硬件设施齐备,不仅地理符号显著,集聚的优质资源也颇具话题性,还结合自身"气质"着力打造核心品牌与热门 IP,

---

① 规模经营模式是指企业或组织通过扩大生产、销售或服务范围以达到更大市场份额和更高盈利的经营策略。这一模式的核心目标是通过提高产量、降低成本和提高效率,从而实现规模扩张,并在市场上取得竞争优势。
② 品牌营销模式是一种商业战略和实践方式,旨在建立、推广和管理一个产品、服务或公司的品牌。该模式的主要目标是创建一个有吸引力、独特、有认知度的品牌形象,以吸引顾客、提高市场份额、建立忠诚度并增加销售。
③ 王剑麟,黄增才,莫道庆.县级融媒体中心与上级媒体联动中促进自身发展路径探析:以广州市南沙区融媒体中心参与央视《海上看湾区》直播节目为例[J].新闻研究导刊,2023,14(17):96-99.

融媒矩阵建设成效显著。

黄埔区融媒体中心为公益一类,2020年5月进驻位于黄金地段的5700平方米的融媒体中心。中心内设8个部门,编制人数为35人,目前在岗30人,2021年财政拨款3000万元。该中心还以广东领先、国内一流的标准,打造了1500平方米的融媒功能用房,高起点规划建设融媒体孵化器,引领和带动媒体深度融合发展。

而深圳市福田区融媒体中心位于地处核心地段的福田区国际创新中心,占地2000平方米。福田区融媒体中心在国际创新中心的37楼装备了全新高清的外宣新闻专题采访设备、快速链接视音频库的专题制作生产系统、功能齐全的编辑系统、虚实结合的智能演播室系统;打造了一个以"幸福福田"为核心品牌的"福字号传播矩阵",建设了一个通过人脸识别、场景识别、语音识别等智能化手段动态更新的"福田区城市影像媒资中心",为讲好福田故事打下了坚实基础。

2023年7月,福田融媒"记者之家"揭牌启用,在国际创新中心的17楼为湾区"最强新闻天团"精心打造了温馨时尚、可拎包入驻的独立办公场所,汇聚中央、省市及港澳媒体资源,入驻央媒驻深记协,为媒体记者会客社交、健身运动、休闲休憩等提供便利条件和暖心服务。①

2.规模化经营模式

以番禺、花都、从化等为代表的媒体资源完备、被认定为公益二类的融媒体中心,实行"事业化管理,企业化经营",同时把区内的对外宣传资源也进行了整合,取得了很好的效果。这几个区的融媒体中心在充分体现政治属性和公共服务属性的同时,兼顾并实现了商业属性,在完成好主业的同时积极拓展服务和营收能力,从而更好地辅助主业,有利于融媒体中心建设的持久发展能力,形成能够吸引用户流量和合作投资的产品品牌,获得稳定的、规模化的收入。

以番禺区融媒体中心为例,其属性为公益二类事业单位,正处级;内设13

---

① 易素珍,冯婷.全媒体时代区县融媒体强深度报道探微[J].中国广播影视,2023(14):77-80.

个部门,核定事业编制人员79人,现有编制人数为53人;在岗192人,2023年总预算收入1亿元。中心自有传播矩阵整合原有区内新闻媒体机构,还与人民号、南方+等多家媒体平台号合作,另有18个自有公众号、60个代运营公众号。①

3.品牌营销型模式

深圳市龙岗区融媒文化传播发展集团(下文简称"龙岗融媒")是全国首创、深圳市唯一的纯国企模式区级融媒体,于2021年4月23日正式揭牌运作。手握深厚扎实的媒体平台"家底",龙岗融媒转企后借助互联网的覆盖资源扩大经营空间,重视自身融媒品牌的营销造势与形象包装,"精策划、玩创意、懂宣传",能实现全流程一站式营销,"百万+"平台全方位立体宣发,市场化程度较高;另外还大力开拓非媒业务,如创业孵化、开拓文创产业等;是深圳平台要素最齐全、传播力遥遥领先的区级融媒体。

龙岗融媒的传播矩阵共38个平台,粉丝总量有850多万人。核心平台"龙岗融媒"客户端总下载量超250万,影响力稳居深圳市各区首位。其中"深圳龙岗发布"微信公众号粉丝量为300多万,综合传播力指数和影响力水平稳居深圳各区第一;"掌上龙岗"微信公众号粉丝量为190多万,位居全国县(区)级媒体微信号百强榜前10。②

将广州市天河区融媒体中心建设与深圳市福田区等广深各区融媒体中心建设相比较后,可总结出如下三条经验:

一是适应新时代传播需求。在内容生产上,持续优化产品供给,贴合群众语言,注重形式创新;在传播策略上,坚持立足本地,构建融媒体矩阵,并放眼国内外,与时代语境同声相应。

二是探索新时代发展方向。在融媒制度改革之路上,善于把握未来发展趋势,勇于走在全国融媒改革前列,如龙岗融媒集团以"深圳东部主流媒体"为形

---

① 李淼.县级融媒体中心参与城市形象建构路径研究[D].烟台:烟台大学,2023.
② 曾令凯.中心城市区级融媒体参与基层社会治理的实践研究[D].广州:暨南大学,2022.

象底色,以"文化综合服务商"为重要抓手,不仅得到当地党委、政府在政策、资金、人才等方面的支持,还在制度改革先行之路上率先得到经验新突破。

三是做好新时代融媒服务。通过配备行业先进专业设备系统,龙岗融媒播出机房在全国所有县区级融媒体中心里率先实现了多频道4K、高清、标清同步播出;龙岗广播FM99.1引进与央广同款全套数字化播出设备,信号覆盖深圳全市、东莞及惠州大部分地区。通过创新媒体融合形式,"深圳卫健委"微信公众号、龙岗融媒集团等集中提供多种形式的政务服务,包括但不限于微信平台菜单、评论区互动、融媒客户端等,把融媒体各平台打造成当地城市治理的"掌上办事厅"①。

(三)天河区融媒体中心高质量发展的实现路径

1.强化阵地建设,打造天河新名片

前线在哪里,阵地就在哪里。天河区融媒体中心将成为展示天河城区形象的第一扇窗口,目前的办公场地与技术场地建设与"天河气质"完全不适配,面临激烈的媒体竞争,难以在狭窄的地理空间内发挥自身的潜力。作为新闻业务单位,不能局限于机关大院之内,要开创新的物理平台,主动"走出去"、找新闻、做宣传②。

因此,结合地理优势与文化经济地标,在天河最具新闻性以及代表性的黄金地段——广州国际金融城,可以开辟天河区融媒体中心的全新阵地,推动融媒体中心发展转型,将天河区融媒体中心建设成天河的文化新名片。此外,新阵地必将筑巢引凤,集纳各地新闻贤才,连接多方资源,成为助力招商引资、宣传天河高质量发展的窗口。

福田区融媒体中心从政府大院走到国际创新中心,并且高标准地确定了融媒体中心的八大目标定位。对标福田,天河亦可将区融媒体中心建设为天河的

---

① 张长征.基于"五力模式"探索地市级媒体融合之路:以莆田市广播电视台融媒体中心为例[J].西部广播电视,2023,44(17):219-221.
② 黄宪伟.县(区)级融媒体中心安全播出方案分析研究[J].广播与电视技术,2023,50(9):130-137.

城市形象宣传中心、媒体融合中心以及前沿信息融合与分发中心。

一是媒体融合中心。发挥天河区作为中心区的区位优势,将《人民日报》、新华社等中央、省级驻穗媒体以及市级传统大媒汇聚融媒体中心,融办公、采编、传播于一体,进一步打通融媒体传播的更高平台和渠道,让"新闻天团"与智囊团为我所用。

二是前沿信息融合与分发中心。粤港澳大湾区建设不断推进,金融城建设如火如荼,在金融城的汇金中心,能接触到最为"滚烫"的第一手新闻。结合天河的区位优势,区融媒体中心将成为湾区中央、省、市媒体信息聚集融合地,并成为信息加工与分发中心,成为大湾区媒体信息中心。

三是城市形象宣传中心。融媒体中心将成为宣传天河城区形象的一个全媒体传播体系,有效整合内外宣力量,传播城市形象。融媒体中心将设置区形象规划展示中心、演播室、新闻访谈室,成为展示天河形象,采访国际友人、上级领导和重要嘉宾的新闻会客厅①。

2.强化资源投入,提高融媒生产力

一是加大政策扶持引导力度。区委、区政府应从机构、编制、资金、人员、设施等多个方面给予强有力支撑;积极将政务服务、公共服务等职能窗口向融媒体中心转移,打造一站式掌上政务服务超级入口,做实做好"新闻+政务+服务"这篇大文章;横向破除机构壁垒,对区内报、网、端等具有对外宣传职能的媒体平台进行集约化、统一化管理,实现资源共享、技术共用、人才共建、数据共通,做大做强融媒体中心。

二是加大资金投入保障力度。天河区融媒体中心是公益一类事业单位,依赖政府全额拨款,在无法自主开展经营活动、缺乏营收渠道的情况下,财政支持直接决定了融媒体中心的发展与生产质量。兵马未动,粮草先行,加大财政预算,增加日常工作经费,成立专项资金支持融媒体中心采购设备、调研学习、打造品牌、拓展项目等,才能全方位建强用好天河区融媒体中心,推动融媒体中心

---

① 聂焱.融媒体视域下县区融媒体中心建设浅析[J].传媒论坛,2022,5(12):13-15.

快速进入高质量发展的轨道,在高质量发展的新阶段行稳致远。

三是加大硬件设施建设力度。根据中宣部、广电总局发布的《县、区级融媒体中心建设规范》,建设完善技术用房、技术配套用房、辅助配套用房,另外,还需给专业技术人员配备器材,如摄像机、相机、无人机等。技术是媒体融合发展的关键驱动力,作为新兴的资源整合平台与媒体平台,融媒体中心现有的技术和内容无法互相适配,要想实现真正互联互通的内容生产系统,还需要更多资金和硬件设施的投入,健全技术支撑,升级技术设备性能,提升新闻产品的质量与原创度,收获大批忠实用户。"巧妇难为无米之炊",作为基层宣传的重要阵地,融媒体中心需要有配套且成熟的生产工具才能生产出好的原创作品。有了"最强大脑"的策划,也需要有实际操作进行落实,才能在确保在完成日常的宣传任务的基础上,打造更加出彩出色的"天河品牌"。

番禺区融媒体中心就曾先后投入5000多万元完成专业设备的更新迭代,建成600平方米高清演播厅、实景演播厅、虚拟演播厅,建设全省首个4K超高清采编存及沉浸式演播系统,全面优化中心的业务发展平台。龙岗融媒集团配备的SSL专业录音调音台在北京电影学院、《中国好声音》节目组、《江苏卫视跨年》直播混音等多种类型音乐节目的后期混音中效果拔群;配备的Genelec 7.2.4沉浸式环绕声监听系统在广东广播电视台录音棚、浙江卫视大中型音乐类综艺节目的制作工作室、中央广播电视总台360音乐录音棚均有采用,大大提升了其品牌知名度。而福田区融媒体中心位于福田区商业集聚地段,装备了全新高清的外宣新闻专题采访设备、快速链接视音频库的专题制作生产系统、功能齐全的编辑系统、虚实结合的智能演播室系统。

讲好天河故事,聆听天河好声音,均需要强大的硬件设备与专业场所作为支撑。结合融媒体中心发展路径,适配相对应的多项融媒技术,才能不断适应新技术、新业态、新机制的要求,跟上互联网时代发展的步伐。

3.强化人才队伍建设,提升专业化程度

一方面,要加快资质制度供给,畅通人员晋升通道。区级融媒体中心是一支庞大的新型媒体队伍。处理其身份资质问题,需要媒体审批制度的调整更

新。只有明确区级融媒体中心的媒体身份资质，才能增强组织自主性，增强从业人员的职业认同感、归属感，从而打通个人与集体的事业发展通道，使之真正成为新型主流媒体。

2020年，国家新闻出版署下发《关于做好县、区级融媒体中心新闻采编人员新闻记者证核发工作的通知》。然而针对老城区融媒体中心的特殊情况，有必要专门出台政策加以解决。对此，国家与省市相关主管部门应加强研究、协调，加快媒体审批制度供给，促进强制性制度变迁，为符合条件的区融媒体中心组织和个人颁发相应资质证件。此外，为了畅通人才成长通道，应进行必要的职称制度改革，充分考虑各县区融媒体的业务实际情况，打破县区级融媒体中心的职称"天花板"。

另一方面，要坚持外引内育，强化人才支撑。媒体融合，人才为本，留住人才、充分发挥人才作用，是融媒体中心融合发展的关键。面对复杂的宣传任务与日益增长的业务压力，融媒体中心必须进一步优化人才队伍结构，组建多层次的专业人才梯队。在编制数量短期内固定的前提下，应该畅通招聘渠道，增加行政辅助岗、合同工等，引进资深媒体从业人员，同时可以与区辖内高校共建实习基地，以多种方式打通人才引进和流动通道，不断为队伍增加新鲜血液，提升战斗力。

组建了高水平人才队伍后，区级融媒体中心需要自我赋能，加强组织学习，培育从业者的新闻传播专业能力，使权责对等，增强融媒体中心在身份资质准入上的合法合规性。因此，融媒体中心需要提升对内育才能力，盘活用好现有人才资源。首先，区级融媒体中心应加强对融媒体人才的定期化、专项化培训，通过集中培训、参与行业交流会等多种方式提升其专业水平，培养既熟练掌握新媒体信息采集分发，又擅长新闻业务实践的专业化人才，不断提高媒体工作的效率与质量。其次，也应该积极邀请中央、省、市级媒体对区级融媒体从业者开展专业技能培训或者提供换岗交流机会，不断提升跨部门协作能力以及新媒体业务能力。最后，在经费和资源允许的前提下，通过打造名记者、名编辑工作室，激活组织内部的活力，争取形成品牌效应，更好地赋能区级融媒体中心高质量建设。

4.强化互联网思维,坚持内容导向

一方面,要以互联网思维为引领,通过传统媒体与新媒体的融合,实现内容与渠道整合和优势互补。以"单向信息输出"功能为起点,逐步拓展"双向沟通平台""多方资讯交流"等功能,对内可延展各职能部门通信需求,对外可寻求专业技术团队支持,形成新时代区级融媒体立体化宣传效果。

另外,需要主动探索以信息服务为主向以基层强关系生产为主转变。区级融媒体中心具有天然的优势,可以有效勾连、聚合本地强关系网络用户。相较于商业社交平台,其可以获得和积聚更多维度的用户信息,如民政、社保、公安等数据,在搭建大数据平台的基础上,更加精准地进行用户群体画像;通过精准化的信息服务搭建全县(区)的强关系平台,为内容生产提供科学依据;也可进一步实现基层虚拟网络空间综合治理,形成基层治理的有效抓手。

另一方面,要加强对辖区资源的利用,生产有地域特色的融媒产品。"内容为王"永不过时,优质内容永远是"硬通货"。在激烈的市场化竞争情况下,融媒体中心想要"杀出一条血路",就必须深耕本土资源,同时挖掘辖区单位原有的基础用户,不断延伸融媒触角,做有地域特色的新媒体产品。

互联网经济强调"集聚效应",用户规模越大,产品对用户的价值就越大,就越能够得到用户的关注。"所在即所得",区级融媒体中心需要不断深化跨部门合作,借助传统优势接驳辖区内自带流量的"宝藏单位"。一方面,不断地积累基础用户,促进平台用户数量不断增加,甚至达到"临界规模";另一方面,获取更多有价值、有吸引力的"第一手信息",将独占性公共信息与服务转移到互联网平台上,同时差异化内容供给,增加用户的黏性,为扩大用户规模、提高知名度、打造品牌形象创造有利条件,更好地提升区融媒体中心的传播力、影响力。[①]

(四)天河区融媒体中心在"互联网+"时代下的媒体融合

融媒体是基于媒介融合这一理念而提出的,是由美国伊契尔于1983年提

---

① 孙钥.党报建设县区融媒体中心路径思考[J].中国报业,2022(7):68-69.

出的,主要是指将各种媒体用一种集体的形态进行展示,并实现功能和表现方式的多样化。在促进媒体融合的过程中,应加大跨界整合的认识和力度,以推动融合的速度和质量。

新媒体的发展日新月异,给传统媒体的发展带来了很大挑战。如报纸、期刊、图书,甚至传统的广播电视媒体都受到新媒体的影响,很多报纸印量大幅度地萎缩,很多杂志发行量越来越少,很多图书销量大幅下降,一些地方广播电视节目的收视率也出现了不同程度的下降。这几年来,已经出现了一些报社倒闭的情况,还有的报纸已经取消纸质印刷。主要原因是电子书刊、网上阅读、手机阅读等新的阅读介质或阅读方式吸引了人们的注意力,特别是"90后""00后"等新一代青年人,他们一直生长在信息时代,更多地选择了新媒体的阅读方式。传统媒体要想获得新的发展机会,就必须转变发展理念,调整经营策略,制造新媒体产品,适应时代的需要,才能重铸辉煌。

天河区融媒体中心要想在"互联网+"时代下完善媒体融合就必须整合电视台、电台、报纸、微博、微信等现有媒体,构建全媒体矩阵。需要大力完善各项基础设施建设、技术平台建设、设备购置等工作。规划设置融媒体指挥中心、采编中心、制作中心,构建应用软件客户端。重大新闻统一发声,破除传统媒体与新媒体之间在策划、采访、编辑、播发等环节的壁垒,再造"采编发"流程。搭建"媒体+政务""媒体+服务"工作平台,实现新闻"一次采集、多元生成、多端发布、全媒体传播"的工作格局,巩固壮大主流思想舆论,更好地服务经济发展,打通服务群众"最后一公里"。

一是做好顶层设计。推动媒体融合发展,必须做好顶层设计,明确"往哪儿融合"与"如何融合"。必须坚持正确的政治方向、舆论导向、价值取向,必须旗帜鲜明坚持党管宣传、党管意识形态、党管媒体,以党的政治建设为统领,坚决杜绝互联网成为"法外之地""舆论飞地""法治盲区"。必须坚持一体化发展方向,在纵向层面实现信息内容、技术运用、平台终端、管理手段共融互通,在横向层面实现流程优化、平台再造、资源整合、要素优化相辅相成。必须坚持以先进技术为支撑、以内容建设为根本,构建起资源集约、结构合理、差异发展、协同高效的全媒体传播体系。

二是实现"融为一体、合而为一"的转变。融媒体的发展关键要实现从"简单嫁接"到"融为一体、合而为一"的转变,实现媒体融合从物理反应、化学反应到生物反应的跨越。在信息内容方面,融合发展必须坚持以内容为根本。在技术应用方面,坚持移动优先策略,主动顺应万物皆媒体、一切皆平台的网络多元化、宽带化、综合化、智能化发展趋势,积极抢占技术传播的制高点;适应大数据、云计算、智能化带来的新闻生产的革命性变革,探索将人工智能运用到新闻生产的全流程。在管理手段方面,直面技术前进一小步,管理难度增加一大步的严峻挑战,坚持一手抓融合,一手抓管理。依法管理使用网络,努力提高技术水平,充分利用网络资源,确保网络安全。

三是多方共促共存。天河区融媒体中心的媒体融合应以传统媒体为基础,实现产品多种形式的开发、多种渠道的投放、多种市场的营销。注重人才培养,尤其是融媒体技术人才;要重视培养一专多能的技术人才队伍,确保人尽其才;注重发挥团队作用,打破传统媒体技术的瓶颈。把社会效益放在首位,实现经济效益与社会效益相统一。要充分挖掘传统媒体的优势,增强权威性,提高存在感,扩大影响力。要学习先进的成功经验,结合自身优势和地域特点,发挥自己的长处,为融媒体所用。只要扬长避短,因地制宜,一定会闯出适合天河区融媒体发展的路子。

四是加大跨界整合,以打通产业价值链。互联网具有较为强大的连接功能,不仅在一定程度上打破了传统运作模式下的时间和空间限制,而且在加速提高各个行业或企业信息资源共享水平和效果。在互联网+的时代背景下,为推动媒体融合,需要加大跨界整合的力度,打通产业价值链。为此,应主要做到以下几点:其一,在媒体融合的过程中,采用开放式的态度,与其他行业进行融合。同时,在结合自身优势的基础上,积极吸取其他行业的优势,以实现优势的融合。例如,传统媒体可以借鉴新媒体中的网络平台优势以及信息技术优势等,展现传统媒体的内容,进而促使传统媒体获得更为长远的发展。

五是将内容作为核心,提升服务和产品创新水平。新时代背景下,互联网技术具有诸多优势。其中,与时俱进是最大的优势。传统媒体在互联网时代并没有实现健康、长远的发展，因而如何不断提高服务水平和产品创新水平就显得非常重要。天河区融媒体中心要加快媒体融合，必须以内容为核心，并在此基础上不断提高创新能力和水平。为此，应做到以下几点：其一，应不断加强新媒体与传统媒体之间的合作和交流，以扩展传播的渠道。其二，传统媒体的相关人员应该看到新媒体的诸多优势，不断学习新媒体知识，不断提高媒体整合能力。如利用新媒体等方式推广传统媒体的内容，增强传统媒体的影响力。其三，注重大数据技术以及云计算技术等的作用，促使传统媒体获得更大的发展。

六是重视资本运转，加强商业模式的创新。首先，应该意识到资本运转的意义。其主要指的是资本公司和传统媒体进行合作，经过资本自身的灵活性运转，促使资金的流动性增强，进而使得传统媒体企业在经营活动上得到有效盘活，并且能够提升传统媒体企业的社会效益和经济效益。更需要注意的是，在"互联网+"的时代，除了扩充渠道并且加强与资本公司合作，还需要遵循我国相应的法律条款，为传统媒体的资本运转提供一个良好的环境。在有效实现资本运转的基础上，有必要将传统媒体的商业模式进行创新。在"互联网+"时代，可以加强互联网与传统行业的融合，促使线上和线下紧密连接，把传统媒体内容的入口与场景的入口连接起来，进而有效地增强传统媒体的商业价值。[①]

在区级融媒体中心的建设实践中，由于经济发展水平较高，广深两地的区级融媒体中心均已形成较完整的新媒体传播矩阵，拥有多样化的融媒体平台。然而，由于区情与资源基础大不相同，各区的融媒体中心发展极不平衡，主要体现为组织形态上的差异——老城区融媒体中心更偏向于政府机构，新城区融媒体中心属于新闻机构，这导致传播力、引导力、影响力等各项指标差异较大。

总之，融媒体时代创新才能创造生命力，创新意味着变化万千，创新意味着推陈出新。我们应从节目研发、技术支撑、内容分发、媒资共享等方面为融媒体进行全方位赋能，助力融媒体形成渠道丰富、覆盖广泛、传播有效、可管可控的移动传播矩阵，并实现信息内容、技术应用、平台终端、管理手段的共融互通。将媒体与政务、服务等业务相结合，把融媒体建成主流舆论阵地、综合服务平台

[①] 甄娟.县区级融媒体中心技术应用与发展趋势[J].中国传媒科技,2021(10):78-80.

和社区信息枢纽。新闻报道要准确及时,充分发挥融媒体的优势,丰富版面形式及内容,增加与受众的互动,提升服务质量,扩大服务面,延伸服务领域。充分利用大数据和人工智能等现代化技术手段,进行实时数据采集与分析,对融媒体的覆盖率及宣传效果进行分析、评估、监测,更好地完善融媒体的发展方略。积极探索应用新技术,抓住5G发展的战略机遇,从媒体发展理念、产品生产流程、先进技术设备等方面进行总体设计,让党的声音方便快捷地进入各类用户终端,更加高效地服务于广大人民群众。

五、天河区融媒体中心建设发展前景

未来,天河区融媒体中心建设将逐渐从遍地开花向提质增优转型,通过打造多级联动的传播矩阵和技术驱动的一体化组织架构进入融媒体中心建设的快车道,并以此为契机加快探索融媒体中心从建设到长期发展的道路。①

首先,从建设到生存方面:天河区融媒体中心将逐渐从建设热潮转向理性思考,探索从建设到生存的出路。

天河区融媒体中心应对接上级平台,深挖本地数据并带动区域经济和产业发展,以此提升基层服务能力。如江苏省江宁区搭建"1+5"智慧融媒平台,打造具有县域特色的"江宁经验",并成为县、区级融媒优秀样板。

天河区融媒体中心应建立舆情中心拓展舆情服务,通过打造媒体智库健全本地社会风险长效机制,为政府和第三方平台提供县域舆情监测分析服务,实现社会效益和经济效益的双赢。如邳州银杏融媒一方面成立舆情中心,通过汇集社情民意进行舆情监测、分析和研判,为党委、政府、人民群众提供沟通协调的平台,并协同政府进行基层社会治理;另一方面打造问政节目和问政平台,畅通社情民意表达,作为社会安全阀消解社会矛盾和风险。

其次,打造多级联动立体化传播矩阵:党中央提出要秉承一省一平台原则,完善中央级、省级、地、市级、县、区级媒体四级融合发展布局,打造全媒体时代

---

① 罗昕,蔡雨婷.县区级融媒体参与基层治理的资源依赖研究[J].现代出版,2021(5):68-73.

多级联动的传播格局。当下,省级搭建平台,县、区级媒体入驻,是县、区级融媒体中心建设的主要模式之一,全省采用统一建设方案和标准建立开放的技术平台,打造集内容策划、内容生产、内容分发于一体的融合体系,为打造信息枢纽、舆论阵地和综合服务平台提供支撑,实现全省信息服务共享的格局,进而提升媒体竞争力和可持续发展力。如甘肃升级省级平台"新甘肃云"并启动二期项目,拓展数据中台建设等七项功能,对接省、市、县三级媒体并打造互联互通的区域媒体生态系统,目前全省84个县、区级融媒体中心已全部入驻。又如湖北长江云平台"政务大厅"实现省、市、县三级媒体信息共享,入驻2220个党政部门,接入120个客户端,并逐渐探索平台由2.0向3.0发展。

最后,建立技术驱动一体化组织架构:当下,技术已成为事关媒体未来发展的核心竞争力,建立适应全媒体传播的一体化组织架构,构建高效的新闻采编流程和内容生产体系是县、区级媒体未来发力点。5G技术成为媒体融合发展风口,中央广播电视总台上线的新媒体平台"央视频"积极尝试"5G+4K/8K+AI"运用,县、区级融媒体中心应在"头雁效应"带动下运用5G等技术创新生产和传播,同时应引进和更新融媒系统、云平台和广电设备以夯实硬件基础。如浙江"中国蓝云"为本省县、区级融媒体中心统一提供报道、指挥、制作、研发等多项服务;湖南广电上线5G智慧电台项目,助力县、区级融媒体中心加强并完善内容、技术和平台等方面建设,构建5G技术下全新广播事业产业链,截至目前,全国20多个省市、157家广电单位及融媒体中心上线5G智慧电台,未来将依托"千县千频"战略覆盖全国1000家电台。

总之,县、区级融媒体中心建设只有进行时,没有完成时。县、区级融媒体中心不仅要紧随中央的顶层设计落实规范要求,不断完善技术、内容、平台、人才、体制机制等资源配置,坚持内容为王和移动优先战略,还要创新发展模式以提升造血能力,因地制宜以提高基层服务能力;同时改革体制机制并强化人才队伍建设,加强多维度评估考核和监督检查,及时发现建设过程中存在的问题,从而调整发展策略并实现县、区级融媒体中心可持续发展。

深度融合:区域融媒体建设的"白云经验"
——广州市白云区融媒体中心融媒实践调研报告

宋昀昊　梁婕郗　张灵敏*

摘要: 广州白云区融媒体中心自2019年成立以来,积极响应习近平总书记的号召,落实推进媒体融合,建设全媒体传播矩阵,扎实抓好区域融媒体中心建设,更好引导群众、服务群众,打通服务群众的"最后一公里"。白云区融媒体中心深入贯彻"一次采集、多种生成、多元发布、全媒传播"的融媒发展思路,在内容生产上充分体现"新闻+"特色与"融合"特色,并着力打造"一专多能"型全媒人才队伍,逐渐探索出了一条立足区域发展、服务民众的融合之路。其在平台内容之"融"、生产机制之"融"、人员职能之"融"以及数字技术之"融"上都积累了宝贵的"白云经验",逐渐成为区域全媒体传播体系建设的重要阵地。当然,转型的同时也免不了阵痛,目前仍然存在一些制约着白云区融媒体中心发展的障碍,本文也提出了一些针对性的建议,期望助其走出困境,从而能更好地为基层社会治理提供助力。

关键词: 白云区;融媒体中心;媒体融合;融合实践

2018年11月,中央全面深化改革委员会第五次会议审议通过《关于加强县级融媒体中心建设的意见》。基于该文件的发布,2019年5月,广州市白云区将媒体融合改革纳入全区改革重大事项,成立由时任区委书记任组长、时任区长任第一副组长的融媒体中心建设领导小组。2019年9月29日,白云区融媒体

---

* 宋昀昊(共同一作),广州大学新闻与传播学院硕士研究生;梁婕郗(共同一作),广州大学新闻与传播学院本科生;张灵敏,广州大学新闻与传播学院副教授,博士,硕士生导师,主要研究方向为传播与社会发展、健康传播。

中心正式成立,对"融合生产"的探索正式拉开帷幕。2020年,白云区融媒体中心入选全国融媒创新示范案例;2022年,白云区融媒体中心入选"N视频年度十大政务号",这意味着白云区融媒体中心对融媒体生产的探索取得一定成效。

本报告将回顾广州市白云区融媒体中心如何响应国家建立区域融媒体中心的号召,在实践中探索出"统一策划、一次采集、多种生成、多元传播、科学评价、有效应用"的内容生产模式,形成以"融"为核心的区域融媒体中心内容生产"白云经验"(下文简称"白云经验")。本报告将梳理与归纳"白云经验"的具体内容、实施路径以及宝贵经验总结,以期丰富和拓展区域融媒体中心建设和发展的基层实践。报告具体回答了以下四个方面的研究问题:

(1)白云区融媒体中心生产的内容具有什么特点?这些内容如何实现为群众服务,为区域助力?融媒体中心如何进行内容生产?

(2)在融合转型过程中,白云区融媒体中心如何快速调整组织架构,以满足融媒体内容生产的需要?

(3)白云区融媒体中心在融媒体建设发展中取得了哪些成效?"白云经验"的核心特征是什么?

(4)白云区融媒体中心在实践中遭遇的障碍有哪些?如何利用现有资源或者借鉴其他地区融媒体中心的经验使其能够更好地发展?

报告主要采用访谈法和观察法对广州市白云区融媒体中心进行调研。2023年9月27日,项目团队参观了广州市白云区融媒体中心,与白云区融媒体中心主任刘海裕、副主任林梅芳、副总编辑罗盛光、综合部部长袁晋展开一对一深度访谈。后续进行多次在线访谈,收集近六万字访谈文本资料,二手文本资料与图片若干。另外,报告采用内容分析法,对白云区融媒体中心主要矩阵平台发布的新闻报道、视频和直播进行系统的、量化的内容分析。

一、白云区融媒体中心的基本情况和发展脉络

白云区融媒体中心于2019年9月29日获得广州市编办批复,同日挂牌成

立,为白云区委直属公益一类事业单位,副处级,归区委宣传部领导。中心整合了广州市白云通讯社(公益一类事业单位)和白云有线电视新闻中心(公益三类事业单位),设有4个内设机构,分别为:新闻采访部、编辑制作部、综合部、技术部,核定事业编制人员18名,政府雇员47名。目前实际在岗人员59人,其中,行政管理岗5人,采编业务岗53人,运维技术岗1人;新闻采编资格证持证人数23人,记者证持证人数0人。

(一)雏形阶段:白云区融媒体中心的前身

白云区融媒体中心的前身分为广州市白云有线电视新闻中心和广州市白云通讯社。

白云有线电视的历史可以追溯到20世纪80年代,广州市郊区广播电视局更名为白云区广播电视局。1992年,白云有线电视网开始建设,次年6月《白云新闻》开播。1999年,白云有线电视新闻中心成立。在白云区融媒体中心成立前,该电视台缺少广播电视播出许可,一直以插播的形式在翡翠台、本港台进行节目播出。该阶段的白云有线电视属于三类事业单位,可以自收自支。2018年,白云有线电视由模拟信号转为数字信号,同时中心的拍摄、制作、播出设备升级为高清,白云有线电视进入新阶段。

2007年11月8日,广州市白云通讯社和羊城晚报合作的《白云时事》创刊。此时,《白云时事》作为《民营经济报》的子刊发行,逢周二周五出版,每期八版。2010年,广州白云通讯社和羊城晚报结束合作关系,《白云时事》开始由白云通讯社独立办刊。《白云时事》由中共广州市白云区委宣传部主管主办,取得了广东省连续出版物准印证,为内部资料出版物。

"广州白云发布"公众号创办于2016年。从2016年至2019年年底,公众号都由网信舆情中心独立运营,直到广州市白云区融媒体中心成立。从2020年开始,"广州白云发布"的运营转由白云区融媒体中心负责。

表1 白云区融媒体中心的发展历程

时间	机 构		
	白云有线电视	《白云时事》	"广州白云发布"
20世纪80年代至1999年	20世纪80年代,广州市郊区广播电视局更名为白云区广播电视局。1992年,白云有线电视网开始建设,次年6月《白云新闻》开播。1999年,白云有线电视新闻中心成立。	-	-
2000年至2010年	2003年7月,《白云大地》《白云要闻》开播。2010年,《白云大地》栏目改为《城市观察》;《白云要闻》栏目改为《白云新闻》。	2007年11月8日,和羊城晚报合作《白云时事》创刊。2008年,开创"主流媒体+地方党委、政府"合作办刊模式,受到省委宣传部和市委宣传部肯定。2010年10月,由中共广州市白云区委宣传部主管主办,取得了广东省连续出版物准印证。	-
2011年至2015年	-	2012年11月,《白云时事》电子报移动媒体终端App上线运行。2015年9月,获评广州市连续性内部资料出版物"十佳出版单位"。	2012年12月,"广州白云发布"微博账号上线。
2016年至2017年	-	2016年,"白云时事"公众号正式上线运行;同年12月,微信公众号诞生首条15万+推文。2017年11月8日,创刊十周年出版纪念特刊。	2016年3月,"广州白云发布"微信公众号开通;2017年6月,"广州白云发布"南方号开通。
2018年至2019年8月	2018年6月,白云有线电视由模拟信号整转为数字信号。2018年9月,中心的拍摄、制作、播出设备升级为高清,"白云有线"公众号正式上线运行。	2018年3月,今日头条号诞生首条80万+推文,"云山诗意"专栏获评白云区2017年优秀文化项目。2019年3月,抖音号诞生首条140万+短视频。	2018年1月,获"2017年度政务微信传播优秀案例"。2019年1月,获"2018年度最具公信力奖""2018年度政务微信影响力新锐奖""2018年广东政务新媒体年度权威发布奖"。
2019年9月至今	白云区融媒体中心挂牌成立,同时,微信公众号等账号合并为"广州白云发布"。		

(二)起步阶段:白云区融媒体中心成立

2019年3月,在广州市委的统一部署下,广州市委宣传部提出建立区级融媒体中心。2019年5月,白云区将媒体融合改革纳入全区改革重大事项,因此成立由时任区委书记任组长、时任区长任第一副组长的融媒体中心建设领导小组。在白云区融媒体中心成立前,由市委宣传部牵头的筹备小组前往广东江门开平、北京朝阳、北京顺义等地的区域融媒体中心进行走访调研,决定融媒体中心的建设要完全按照融合的架构进行,但这并不意味着是简单、机械的相加,"真正的融合,应该做到有效推动内部体制机制改革,以技术为支撑优化全媒体采编流程,有效整合资源搭建平台,融媒体的建设才能真正实现融为一体,合而为一"①。2019年9月,经过内部人员的整合、组织架构的调整、机制体制的理顺和广州市编办的批复,白云区融媒体中心正式挂牌成立。

(三)发展阶段:白云区融媒体中心的探索实践

白云区融媒体中心成立后,以"集约、高效"为深度融合发展思路,对平台运营和产品进行大刀阔斧的改革升级。2020年,为了响应中央提出的"移动优先"理念,中心正式上线客户端"广州白云"。以此为契机,《白云时事》在2021年从准日报转为一周两期的周二刊;在微信公众号方面,中心在2020年将"白云有线电视""白云时事"和"广州白云发布"三号合一,形成现在的"广州白云发布"公众号,并做专、做大、做强。自成立以来,白云区融媒体中心坚持用互联网思维办媒体、抓融合、促发展,把更多优质内容、先进技术、专业人才、项目资金向互联网主阵地汇集。目前,白云区融媒体中心的全媒体矩阵包括今日头条、抖音、学习强国等逾二十个平台账号,全网粉丝近200万人。

为多维度贯彻"融合"理念、实现"融合报道",白云融媒体中心的领导层与业务团队不遗余力地在实践中探索区域融媒体建设的发展路径。经过多年的积累沉淀,白云区融媒体中心逐渐形成了基于区域发展特色、区域群众需求的

---

① 资料来源于2023年11月16日对林梅芳副主任的线上访谈。

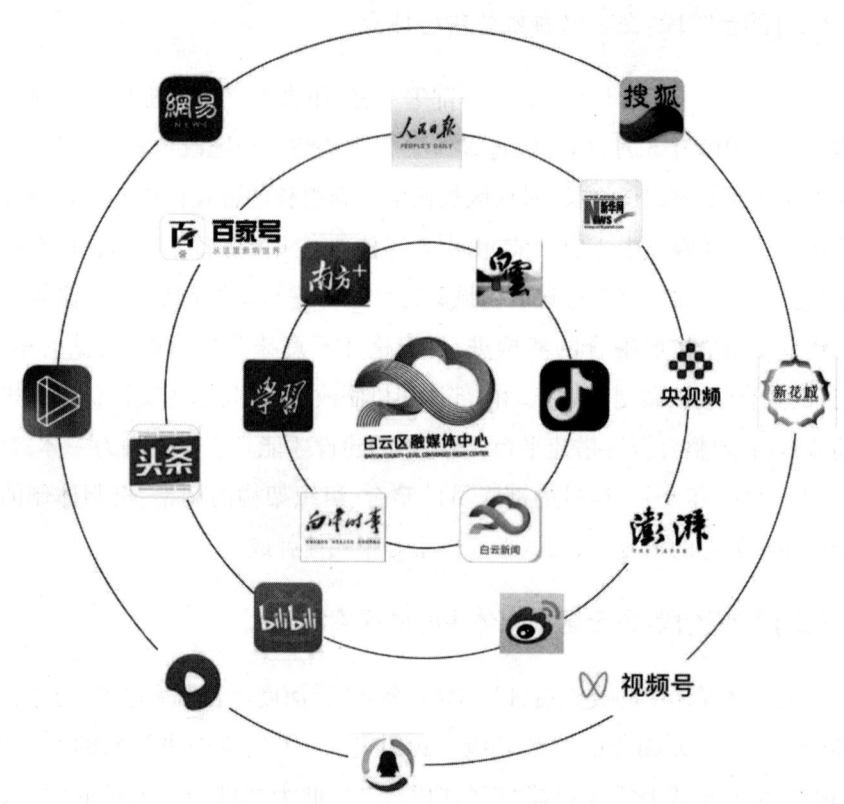

图1　白云区融媒体中心的全媒体矩阵

融媒体内容生产模式。接下来报告将深入"白云经验"内部,通过四个部分的内容来重点剖析和展示:(1)白云区融媒体中心的内容及生产特点;(2)白云区融媒体中心落实"融合生产"的组织架构调整;(3)白云区融媒体中心的融合成效与"白云经验";(4)白云区融媒体中心发展的困境与应对建议。

二、白云区融媒体中心的内容生产

(一)内容设置与发布的基本情况

在白云区融媒体中心的全媒体矩阵中,微信公众号"广州白云发布"和同名视频号为新媒体端主要内容发布账号。

1."广州白云发布"公众号

截至2023年10月30日,"广州白云发布"公众号已发出8,263篇推文,其中,原创推文6,336篇,平均每日更新5篇推文。2020年1月1日,白云区融媒体中心独立运营发出第一篇推文。公众号内设置的板块分为:"云办事""我爱白云"和"看视频"。

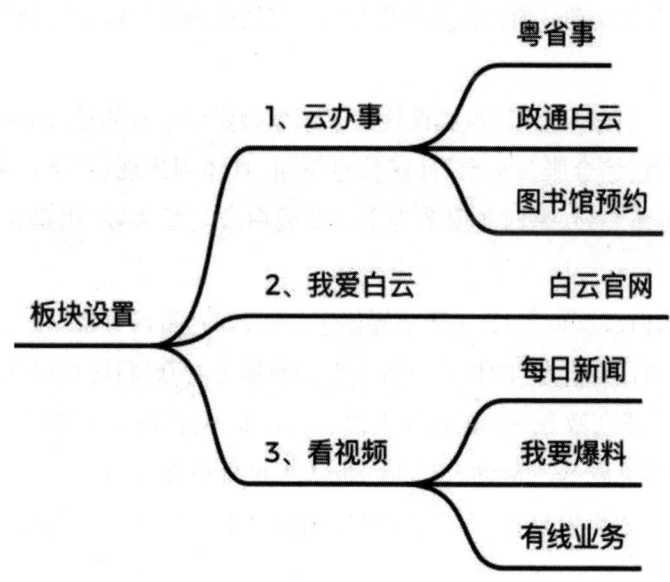

图2 广州白云发布公众号板块设置情况

"云办事"下设"粤省事""政通白云""图书馆预约"三个小模块。"粤省事"是广东省"数字政府"改革建设的重要成果,市民可通过该小程序在省内任意地区办理事务,内容包括但不限于：社保、公积金、医保、税务的缴纳情况,养老退休,志愿服务报名,法律服务,调解仲裁,心理疏导,社会救助,生育登记；"政通白云"直通白云区市民服务小程序平台,为白云区居民提供便民服务,居民可在小程序上进行本社区的办事预约、咨询以及缴费；"图书馆预约"模块提供白云区图书馆线上预约服务。

"我爱白云"下设白云区人民政府官网链接,官网包含白云区的要闻动态、政务公开专栏、政务服务、互动交流、营商环境和白云概况介绍,方便用户从多角度了解白云资讯。

"看视频"下设"每日新闻""我要爆料""有线业务"三个小模块。"每日新闻"可跳转至"广州白云"的每日电视新闻页面,页面包含的视频均用粤语播报；"我要爆料"为白云市民提供了相应的爆料渠道和教程,增强了融媒中心与普通群众之间的信息互动；"有线业务"可为白云有线电视用户解决问题,提供联系方式。

可见,"广州白云发布"板块设置基于区域融媒体中心的建设方向,即建成主流舆论阵地、综合服务平台、社区信息枢纽,具体则体现在"新闻+政务+服务"上："云办事"板块是政务服务为主,"我爱白云""看视频"则是新闻信息服务为主。

将"广州白云发布"与番禺区融媒体中心运营的"番禺日报"公众号进行对比发现："广州白云发布"的板块设置主要注重服务群众,将区域民众在日常生活中的民生需求与政务资源链接起来；"番禺日报"的板块设置则更加突出服务群众与城区形象展示,"活动""直播"板块下设模块都与该区活动宣传相关。"番禺日报"板块设置较多,宣传性明显,相较之下,"广州白云发布"板块设置简洁,实用性强。

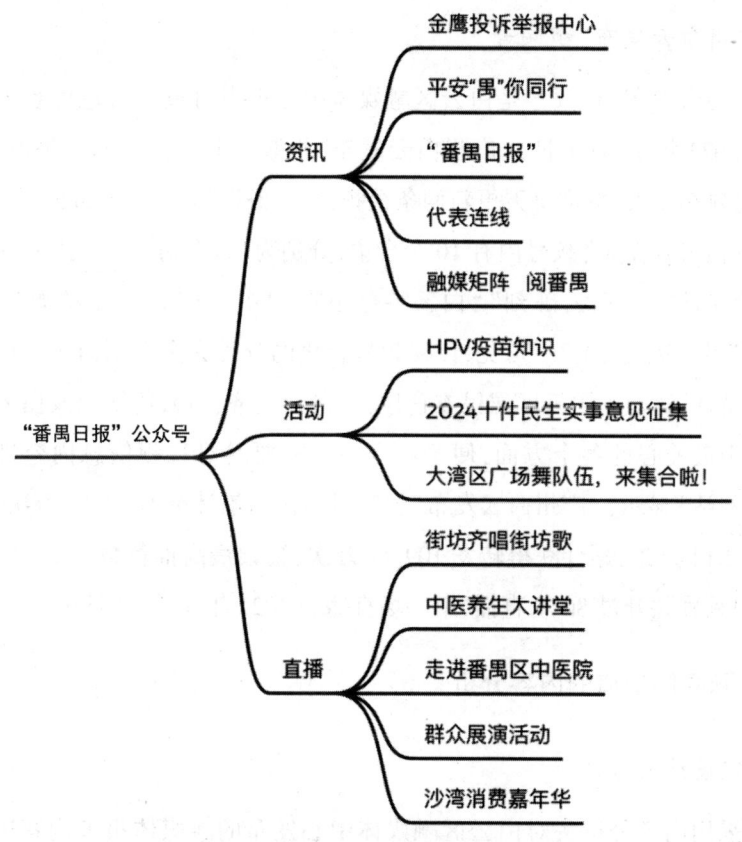

图3 "番禺日报"公众号板块设置情况

采用软件wcplusPro采集公众号数据①统计后可得知,"广州白云发布"的推文中有264篇阅读量超十万。这些推文的发布时间都在2021—2022年期间,推文主题为疫情期间的形势通报、出行政策、核酸检测点情况和核酸检测情况,主要响应重大公共卫生事件期间区域民众的重要民生需求。公众号所有推文的阅读量中位数为3,943,点赞量最高可达到5,906次,在看最多可达到2,842,单篇评论最多可达1,590条。

---

① 在wcplusPro软件中选择"广州白云发布"链接,在爬取该公众号全部文章的链接后,选择爬取"广州白云发布"2020年1月1日至2023年10月30日的所有文章,就会得到统计数据结果。

2."广州白云发布"视频号

"广州白云发布"视频号是白云区融媒体中心重点打造的特色内容生产阵地。截至2023年11月1日,"广州白云发布"视频号共发出2,883条视频,其中,原创视频616条,平均每天更新两条视频,第一条视频发布于2020年3月9日。"广州白云发布"视频号内有10个合集,分别为"云企访谈""飞'阅'白云""交通安全小课堂""白云碑刻""白云特色小吃""中医疗法""云游派""老字号""节气"和"微光人生"。可见,该视频号合集的分类完全根据白云区居民的需求进行设置,涵盖了白云区居民衣食住行、白云经济、白云传统以及白云居民日常生活中最关心的各个方面,便于民众在有需要时对视频信息内容进行查找。新视网站①显示,"广州白云发布"视频号的作品累计推荐34.41万次,累计获得评论2.14万条,累计获得转发109.77万次,视频最高推荐数为2.13万次。此外,该视频号共开过80场直播,第一场直播于2022年4月22日进行。

(二)融媒体报道的内容分析

1.研究设计与方法

本文采用内容分析法对白云区融媒体中心发布的融媒体报道内容进行量化分析,探索其如何在内容创作中体现融合的特征。

(1)分析框架

关于融媒体的定义和融媒体新闻特点,学者从不同角度提出自己的观点。张艳华提出融媒体的定义:充分利用媒介载体,把广播、电视、报纸等既有共同点,又存在互补性的不同媒体,在人力、内容、宣传等方面进行全面整合,实现资源通融、内容兼融、宣传互融、利益共融的新型媒体传播理念。② 张亦筑认为,融媒体是指在信息时代背景下,多种传统和数字媒体形式融合互动,构成全新的

---

① 新视网站是视频号数据分析工具,对外发布公众权威的视频号垂类榜单,可提供视频号及动态的搜索查找,还可提供视频号的发布情况和相关数据。
② 张艳华.融媒体语境下电视新闻采编的演变与创新[J].西部广播电视,2023,44(15):219-221.

传播格局和生产模式,并提出融媒体新闻具有以下特点:多平台传播、交互互动、多终端传播、即时性和即刻性、多媒体融合。① 许涛、骆丹在《多点联动 资源共享 融合传播——现代融媒体新闻传播环境的新特点与建设路径》中将融媒体新闻环境的特点归纳为:多点联动、双线融合、直观立体、集约传播。②

综合以上文献,我们将融合新闻特性的评估标准分为以下几个指标:融媒体信息的交互性、实时性、协同性、集成性和个性化定制程度。①融媒体信息的交互性,即信息传播者和接受者之间的信息传递、控制和编辑,由于融媒体时代下多种媒体形式共存,不仅能让使用者可按照自己的意愿解决问题,同时还可借助这种沟通方式来提高工作效率。这一特点是传统广电媒体所不具备的。②融媒体信息的实时性,指受众可通过即时新闻、直播等形式,实时接收新闻事件的发生和报道的过程,随时了解最新的资讯。③融媒体信息的协同性,指由于各种媒体的传播、发展都具有各自的规律,若要实现多种媒体之间保持协调一致,则需保证各个媒体实现有机配合。融媒体技术融合了多种媒体传播技术,可在空间、时间等方面实现多种媒体之间的逐渐协调,由此保证了所有的融媒体信息传播协同性的实现。④融媒体消息的集成性,即消息能否实现多种媒体的多种集成,提供更加直观丰富的消息,满足受众的多样化需求。⑤融媒体消息的个性化定制,是指根据用户的特定需求和喜好,对媒体内容、功能、界面等进行个性化的设置和调整,从而提高用户的使用体验和满足个性化需求。

(2)分析对象的界定与抽样

为了了解白云区融媒体中心的内容创作风格以及这些内容是如何体现出"融合报道"的特点的,本文选取"广州白云发布"公众号从2020年1月1日至2023年10月30日发布的8,263篇推文,视频号从2020年3月9日至2023年11月1日发布的2,883条视频作为分析对象,采取分层抽样和等距抽样的方法从总体中抽取300个样本进行内容分析。首先,按照推文数和视频数在总体中

---

① 张亦筑.融媒体背景下新闻生产方式创新路径探讨[J].科学咨询(教育科研),2023(9):1-3.
② 许涛,骆丹.多点联动 资源共享 融合传播——现代融媒体新闻传播环境的新特点与建设路径[J].中国传媒科技,2023(10):126-129.

的比例,确定300个分析样本中包含推文222篇和视频78个;其次,对2020年1月1日至2023年10月30日的8,263篇推文按照时间顺序排序编号,用随机数表的方法抽取首个样本,抽样距离K=37,等距抽取222篇推文;最后,使用同样的方法从2883个视频中抽取78个视频。

(3)编码表的制订

内容分析的编码表包含四个部分,分别是基本资料、报道形式、新闻主题、融合新闻特性,每个部分都有相应的题项来对推文/视频进行编码。其基本结果是:

①基本资料:作品标题、发布日期、推文阅读量、推文点赞量、视频热度、视频转发量、视频评论量、视频时长等。

②报道形式:报道类型、推文的配图情况、视频的配音情况、作品的消息来源。报道类型分为消息、通讯、新闻特写和深度报道四个主要类别,具体定义如下:

消息——用简明扼要的语言报道新近发生的事件,或者对同一类事物进行多侧面的归纳综合报道。

通讯——纪实体通讯、新闻故事、访问记和散文体通讯。

新闻特写——一种再现新闻事实、人物或场景的形象化报道。

深度报道——包括侧重说明新闻事实因果与事件发展趋势的展望的报道和评述性报道。

③新闻主题:该部分设置了红色/政治学习、经济发展、政策/知识普及、文旅宣传、环境保护、民生建设、自然灾害和科技进步8个大的分析类目,每个大类目下又细分若干个小类目,具体类目将在下文分析中具体呈现。

④融合新闻特性:融媒体信息的交互性、实时性、协同性、集成性和个性化定制,具体定义如下:

融媒体信息的交互性——受众通过社交媒体、评论区等形式参与到信息传播中来,如发表自己的观点、评论、分享,与媒体机构进行互动交流,在H5、横版长视频等界面中进行点击、滑动、旋转和语音等操作。

融媒体信息的实时性——融媒体通过即时新闻、直播等形式,将新闻事件的发生和报道的过程实时地呈现给受众。

融媒体信息的协同性——消息通过多个平台进行传播,包括传统媒体(广播、报纸等)、网络媒体(微博、抖音等)、社交媒体(微信等)等。

融媒体信息的集成性——消息完全覆盖了图像、图形、文本、音频、视频等多种媒体信息,通过多种媒体形式的有机融合,可以更好地满足受众的多样化需求。

融媒体信息的个性化定制——信息能根据读者特点进行版面、功能和内容的定制,例如,读者可以根据个人需求调整阅读版面,改变阅读字体和图标。

(4)试编码与信度检验

本研究样本由1位硕士生和1位本科生分别编码录入,两位编码员均接受了统一的编码培训。在正式编码开始前,由 Excel 随机函数抽取十个样本让编码员进行试编码,并随机抽取五个类目进行信度检验。编码员间的一致性(大于0.9)与 Ir 信度系数(大于0.87)的统计结果显示本研究编码数据具有良好的信度。

2.融媒报道的基本情况

推文与视频的新闻体裁。在公众号推文与视频号中,新闻通讯与消息是占比最高的两类体裁,可见白云区融媒体的内容生产以快速的资讯发布与相对生动、立体的区域人物、事件报道为主。

表2 不同融媒体报道的报道体裁分布

	消息	通讯	深度报道	合计
推文	46.8%	49.1%	4.1%	100%
视频	48.7%	48.7%	2.6%	100%

推文与视频的新闻主题。如图4所示,"民生建设""政策/知识普及""经济发展""文旅宣传"是"广州白云发布"公众号和视频号报道内容的四大主题,涵盖了政治、经济、文化与民生四大领域。其中,推文以资讯发布的报道形式承担了上情下达、满足群众民生需求的社会职能,而视频以其丰富的声画效果向区域内外传播白云区在民生建设、经济发展与文化宣传方面的积极形象。

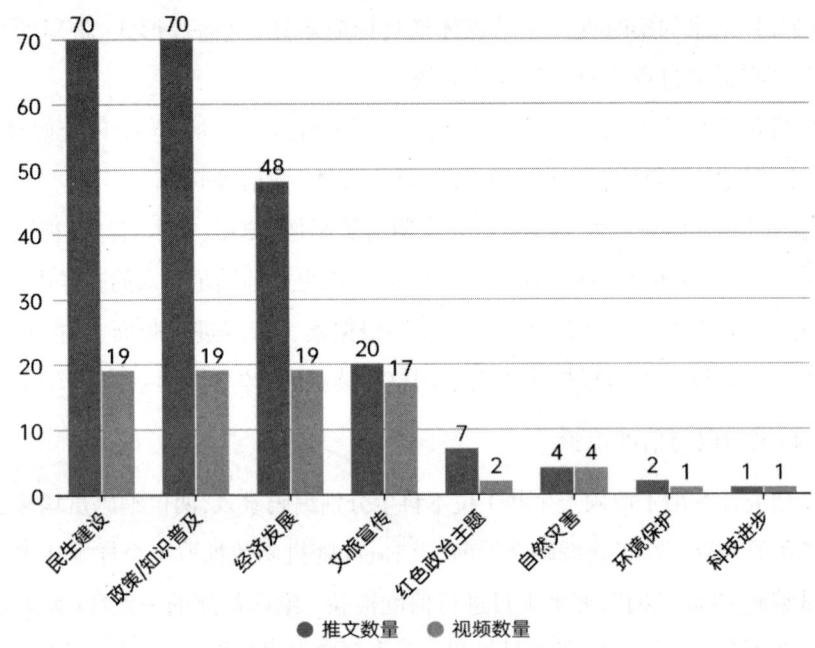

图 4 推文和视频的新闻主题分布

3.融媒报道的"新闻+"特色

(1) 新闻+政务 行使上情下达的政务传播职能

在"政策/知识普及"主题的报道中,"生活/便民"类相关政策/知识的报道比重最高,可见白云区融媒体在对政策/政务知识的解释、传播方面起到了重要的桥梁作用,较强地发挥了上情下达的政务传播职能。发布于2020年12月17日的《"拟实施差别化入户!广州这7个区符合条件者可申请→"》向群众介绍差别化入户、差别化入户申请的具体要求和注意事项,及时向本区外来居民传达最新政策解读,实现便民服务。

表 3 政策/知识普及(推文)类目分析

类别	交通	市场	医疗	生活/便民
篇数	6	1	19	44

(2)新闻+经济　构建积极的区域经济形象

推文中,"经济发展"主题位列第三,其中,与"城市规划"相关的推文数最多,展示了白云区蓬勃发展、积极向上的区容区貌,向区域内外传播了正面的经济发展形象。与"高新产业建设"相关的推文数次之。在"高新产业建设"部分,介绍美妆产业、时尚产业的主题较多,介绍白云区新兴的科技产业的主题次之。例如,2020 年 6 月 9 日发出的《白云区与拼多多达成战略合作!首个美妆优品馆落户设计之都》对外展现出白云区在美妆产业方面的优势,以及本地优势产业在与企业合作后更上一层楼的面貌。

白云区融媒体中心会发布与优势产业相关的企业访谈视频和活动视频,比如《广州市白云区本土快时尚品牌——UR》,在为本土企业宣传的同时,也对外展示了白云区经济稳中向好的发展趋势和白云区产业的巨大潜力,吸引更多优质企业落地白云区,推动白云区的经济发展。

表 4　经济发展(推文)类报道的类目分析

类别	高新产业建设	白云制造	云聚英才	经济创新	城市规划	乡村振兴	整体情况
篇数	12	4	1	3	25	1	3

(3)新闻+民生　打通服务群众的"最后一公里"

推文中,以"民生建设"为主题的推文,占总样本的 31.5%。

此外,有 34 场直播围绕民生需求和社区活动开展,大部分直播的主题为疫情形势的报道和相关政策的发布解读,可见,白云区融媒体中心的内容生产以服务民生为主题。

表 5　民生建设(推文)类报道的类目分析

类别	教育	就业	医疗	住房	社区服务	交通	旧地改造	民意调查	来穗	安全
篇数	6	2	2	4	5	1	11	1	1	1

(4)新闻+文旅 擦亮"美丽白云"文化名片

白云区融媒体中心以图文、视频等多媒体形式对区域的文旅发展进行了报道,相较于推文的图文形式,视频这种报道形式在呈现区域文化景象方面发挥了重要的作用。在分析样本中,首先是"文旅宣传"主题下的"中华传统文化"相关作品数量最多,其次是区域"旅游推广"与本土岭南文化的报道。"中华传统文化"主题作品包括对春节、端午节等节假日的介绍和白云区内活动现场的报道与综合呈现;"旅游推广"主题作品主要对白云区内的帽峰山、卧云庐、钟落潭黄皮种植果园等自然景点进行介绍,为居民周末出行提供有针对性的"旅行清单";"本土岭南文化"主题作品主要呈现白云区内非遗项目的保护和发展情况,对外推广宣传本土特色,如白云醒狮。

表6 文旅宣传类报道的类目分析①

类别	文娱比赛	文化活动	中国传统文化	岭南传统文化	旅游推广	微光人生
推文	4	2	5	3	7	-
视频	0	0	8	3	4	4
合计	4	2	13	6	11	4

视频《11月18日,广州市白云区三元里街在原创手工皮具皮艺街启动第二届跨界手工集市,汇聚各地手工匠人,向市民展示各式手工制作技艺》宣传了白云区在中华传统文化和技艺方面所做出的努力,展现白云区在传统文化和传统技艺的保护与宣传方面的正面形象。视频《#粤菜 厨艺哪家强?#白云十大名厨评选出炉啦!速看现场!#广州白云》从色、香、味、形四个角度呈现出粤菜的博、精、鲜、润,突出了白云区对传统粤菜文化的传承与推广,对传播岭南传统文化起到了助力作用。推文《粉了!帽峰山2000株樱花争相绽放》向当地居民分享日常好去处,对外带动本地旅游业的发展。

4.报道内容的融合特性

本研究从报道的集成性、时效性、互动性、协同性和个性化定制五个方面探

---

① 由于一篇文旅报道有可能报道多个面向的内容,所以此题的编码是一个多项选择题。

索白云区融媒出品内容的"融合"特性。

集成性高,多样化报道满足群众的不同喜好。内容分析结果表明,白云发布中99.5%的报道都采用了图像、图形、文本、视频等至少两种的多媒体形式,甚至同一个选题会创作多个媒体形式的作品。比如,2023年1月11日发布的视频《提醒:1月,请重点防范7种病!》,其内容可与当日公众号发布的推文《新冠遇上其他呼吸道传染病,如何减少合并感染风险?省疾控专家解答→》对应。

除了常用的视频和图文,白云区融媒体中心还运用条漫和SVG形式进行报道。比如,《谁将会是下一个顶流?》采用SVG这种非线性、强互动的动态传播形式,吸引读者注意力,提高内容的传播力。

时效性强,采用直播及时向群众发布消息。在时效性方面,公众号发布的内容时效性较强,在样本中有75%的推文为即时新闻。除了推文形式,"广州白云发布"采用直播形式及时向群众发布最新消息和最新政策。

互动性强,转发量和推荐量较高。样本中64%的推文交互性程度较高,有97.4%的视频具有交互性,视频的推荐数最高可达到2.3万+。在推文中,"广州白云发布"会根据题材需要采用SVG的形式进行新媒体创作,以增强推文互动性。同时,由于推文或视频的主题具有极强的在地接近性,用户倾向于将内容分享或推荐至朋友圈或者亲友群聊中,实现融媒内容的二次传播,甚至多次传播。公众号下设的"我要爆料"板块,便于用户对民生情况进行爆料和问题反映,融媒中心接收爆料以后,及时展开跟进处理,或反馈给上级部门,或直接转给所辖镇街进行解决,如果有适合作为新闻线索的,会安排采编人员开展报道。

协同性强,多平台传播提高自身影响力。根据统计,54.9%的推文内容通过多平台、多渠道发布,比如,《人民日报》客户端、澎湃新闻、搜狐网、南方+客户端、学习强国等平台,其余推文内容主要在社交媒体上发布;有97.4%的视频在至少两个平台或渠道上发布,比如,抖音、微信视频号、央视频等。比如,《"投票啦!广州湾区中央法务区及白云中心区专属形象标识你来定!"》在"广州白云发布"公众号、人民号、南方号、网易等多个平台上发布,有利于投票活动的宣传,扩大受众面。多平台发布作品一方面可以扩大信息传播范围,让群众通过更多渠道、有更高概率接收到消息,另一方面有助于提高账号的自身影响力。

个性化定制,便于发布的内容紧密围绕群众的切身利益。"广州白云发布"公众号和视频号的个性化定制程度高,作品主要围绕白云区居民的衣、食、住、行展开。比如,文旅主题的视频《【云游派】舌尖上的黄皮!》向居民介绍了本地黄皮这一食物的种植、品相、味道等,根据当下时节有针对性地向居民宣传本地特产,为居民提供周末闲暇时的好去处,也在第一时间向本地居民提供了生活资讯。

推文《@白云街坊,新一轮住户调查大样本轮换启动!关系每个人的生活……》提前通知大家"住户调查"活动的开展,并通过调查员的工作视频,用亲切的语言介绍"住户调查",对大家可能会产生的疑惑进行有针对性的解答,为更好地满足群众的需求而实现白云区内容生产的个性化定制。

缩短视频时长,争夺受众注意力。在76条视频样本中,视频时长在五分钟以上的仅有2条,时长在2~5分钟以内的有7条,时长在1~2分钟的有16条,时长低于1分钟的有51条。由于短视频的盛行,缩短视频时长成为"广州白云发布"吸引受众注意力的方式之一,也符合大众当下的视频观看习惯,便于大众在空闲时用较短时间及时了解近期周边的新鲜事。

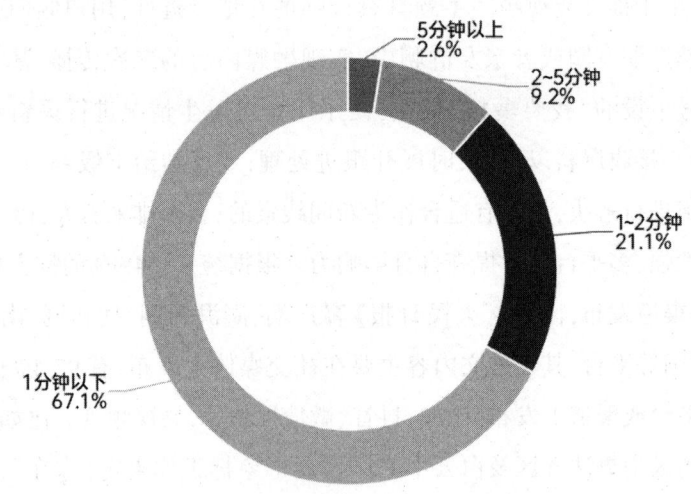

图5 抽取视频号视频的时长分布情况

综上所述,"广州白云发布"公众号、视频号实践"新闻+"的融媒内容创作思路,高度发挥融合的创作特色,多渠道、多平台发布强实用性与功能性的便民资讯,满足白云区民众在政务与民生方面的信息需求,将"服务群众"作为融媒内容生产的"初心"贯彻始终。另外,白云区融媒体着重通过视频这种具有直观性、冲击力的融媒体生产方式构建白云区城市建设和高新产业发展的正面形象,传播富有魅力的"大美白云"自然人文景观,服务且推动区域的经济与文化发展。白云区在运营账号的过程中擅长使用多种媒体形式,充分利用不同的媒介载体对同一选题进行多样化报道,在生产过程中实现融合。

(三)融媒内容生产模式:机制完善,融合高效

经过多年的融媒体实践探索,白云区融媒体中心积累了宝贵的经验,逐渐打磨出一套成熟的内容生产模式,形成了一套机制完善、融合高效的融媒内容生产路径,即"统一策划、一次采集、多种生成、多元传播、科学评价、有效应用"[①]。图6呈现了白云区融媒体中心融媒内容生产的大致流程。

2019年1月,国家广播电视总局发布了《县级融媒体中心省级技术平台规范要求》,为省级技术平台的设计、建设、运维提出了方向指引。据此,全国各省的融媒体中心省级技术平台建设工作全面启动。2019年,广州市委宣传部牵头,广报集团和《人民日报》联合开发了一个集约化的融媒生产服务平台,即广州融媒云平台。在白云区融媒体中心的融媒生产流程中,选题报送、选题认领与素材采集、三次内容把关,以及多次分发与科学评估都依托于该平台。林梅芳副主任说道:"以前没有广州融媒云平台,每天总会担心选题是不是有漏的或者冲突的,现在有了这个平台后,可以直接把选题报上去,每个人都能在线上看到,这大幅提高了工作效率。"

1.选题报送

白云区融媒体中心的日常内容生产流程从确定选题开始,选题确定通常有两

---

① 资料来源于2023年9月27日对林梅芳副主任的访谈。

个渠道:一是记者通过自己负责的线口和镇街收集线索并自行决定是否上报选题;另一个是编委会为记者预设选题方向,一般是结合区域发展重大主题,或在重要节假日或重大、突发事件发生时,白云区融媒体中心会召开专门的选题策划会,确定选题角度,落实报道的每一步,并安排好项目团队成员的具体职责。

2.选题认领与素材采集

选题上交后,白云区融媒体中心内部召开编前会对上报选题进行审核和确认,通过的选题会在内部办公系统中发布,记者可以在融媒云平台上认领自己想要报道的选题。接着,记者根据需求进行文字素材、图片和视频资料的收集,争取一次采集满足该篇报道的所有需求,并将所有原始素材上传云平台。

3.三次内容把关

记者收集的原始素材需要经过第一把关人的审核,如果通过,素材则会根据其风格调性在系统内分发给相应的平台负责人(公众号、视频号、内部报纸或有线电视)或者由负责人自己认领,同一素材可以分发给多个融媒云平台进行创作;如果不通过,素材会被打回并需要记者进行二次采集。

合格的素材则进入不同平台的加工和整合流程,融媒体编辑会对加工后的产品内容进行第二次审核,即对内容文字的第二次把关。通过严格的文字审核后,产品正式生成,融媒云平台若想发布该产品,还需经过该平台的总把关人对当天预备发送的产品进行三审三校,确保准确无误后在融媒云平台发布。

4.多次分发与科学评估

作品发布后,负责融媒分发的工作人员根据作品的选题与内容特点,利用融媒中心的新媒体矩阵进行多渠道传播,实现一次采集、多次生成以及多渠道传播,扩大融媒作品的传播影响力。最后,白云区融媒体中心会针对融媒作品生产的不同环节的质量进行多主体评分,该评分与采编人员的绩效挂钩,以鼓励生产者在融媒创作过程中继续挖掘选题、提供优质内容,继而形成融媒内容生产流程的闭环。

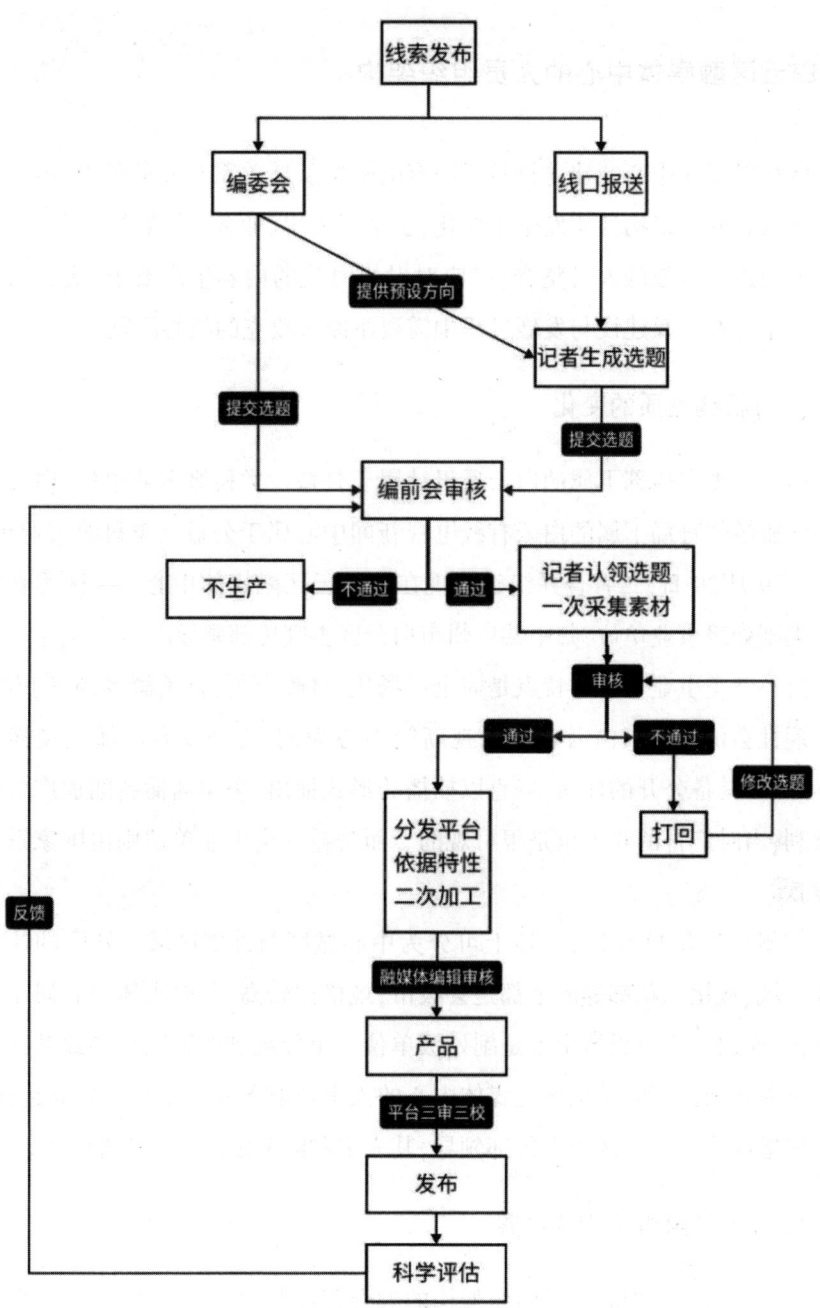

图 6　白云区融媒体中心融媒内容生产流程图

三、白云区融媒体中心的人员组织架构

区域融媒体中心的建立打破了旧有的机构从属关系和业务范围,组织架构的重组与合并使机构性质发生了变化,引发了人事、业务、绩效等方面的现实问题。如何进行有效的人员整合,以应对融媒时代的内容生产要求,成为白云区融媒体中心在融媒建设与发展过程中需要不断去攻克的核心问题。

(一)机构性质的变化

白云区委宣传部下属的白云通讯社属于公益一类科级事业单位,白云区文化广电旅游体育局下属的白云有线电视新闻中心属于公益三类科级事业单位,2019年9月29日,二者合并组建成现在的白云区融媒体中心——区委直属公益一类副处级事业单位,归中共广州市白云区委宣传部领导。

公益三类事业单位的特点是完全市场化,自收自支,自负盈亏,通过市场竞争实现社会价值。以白云有线电视新闻中心为例,它并没有广播电视播出许可,因此不具备公开的性质,一直以插播的形式播出,采用插播新闻加广告的模式营利,当时广告的收入也是很可观的。而公益一类事业单位则由国家财政全额拨款。

广州总共有11个区,大体上可分为中心城区与外围区域。外围的这些区域如增城、从化和花都等原来都是县级市,规格比较高,其融媒体中心属于正处级单位,而白云区融媒体中心是副处级单位。单位级别的不同会导致其在自主性上有所不同,比如,番禺区融媒体中心的人事与财务完全由自己独立运作,而白云区融媒体中心由区委宣传部领导,其人事和财务由区委宣传部掌管。

(二)人员组织架构的调整

白云区融媒体中心人员组织架构的融合程度非常高。在成立之初,白云区融媒体中心就开始实行扁平化管理,分设了新闻采访部、编辑制作部、综合部与

技术部四个部门,总共在岗 59 人,其中,行政管理岗 5 人,运维技术岗 1 人,采编业务岗 53 人(图 7)。这一管理方式促进了采编人员迅速融合,确保了指挥调度的有效运作。随着白云区融媒体中心内部融合不断深化,为适应新的形势和要求,2022 年,白云区融媒体中心探索组建了跨部门的采编小组,包括专题组、融媒创新实验室、融媒编辑组、播音主持组、视频制作组等,通过优化团队管理,持续提升采编质量水平。

融合新闻采访和报道需要高素质的采编人员,这就要求融媒人必须同时掌握拍摄、采访和写作等基本工作技能,白云区融媒体中心自成立以来也一直在着力打造"一专多能"的"融媒特种兵"。比如,新闻采访部里的全媒体记者是由白云区融媒体中心成立前的报纸记者与电视记者组成的,该中心成立以后他们不再只局限于自己的一亩三分地,而是不断地去接触新的领域、学习新的知识,真正做到能运用多种媒体形式(如文字、图片、音频、视频等)进行融合新闻报道。白云区融媒体中心鼓励每个岗位的人员努力突破传统媒体界限,适应融合媒体岗位的流通与互动,把自己打造为集采、写、摄、录、编、网络技能运用及现代设备操作等多种能力于一身的复合型人才。

(三)人员架构融合的特色与经验

白云区融媒体中心的特点是"小而全",团队规模在广州市 11 区中并不算大,但各种类型的媒体产品均在生产:从图文新闻到深度报道,从短视频到专题大片,从传统媒体到新媒体产品,从新闻业务跨界到活动策划传播。白云区融媒体中心用勤奋与实力说话,争做区级融媒体中心的"六边形战士"。

白云区融媒体中心在短时间内完成了挂牌成立。从场地的装修、组织架构的调整到内部体制机制的理顺,整个过程能够顺利、快速地推进,并且以"小规模采编团队"完成"大体量融媒内容生产",得益于领导小组的正确决策部署,并打造了一支能力强、肯奉献、能吃苦的团队。白云区融媒体中心在人员整合与培养方面具有一些值得学习借鉴的宝贵经验。

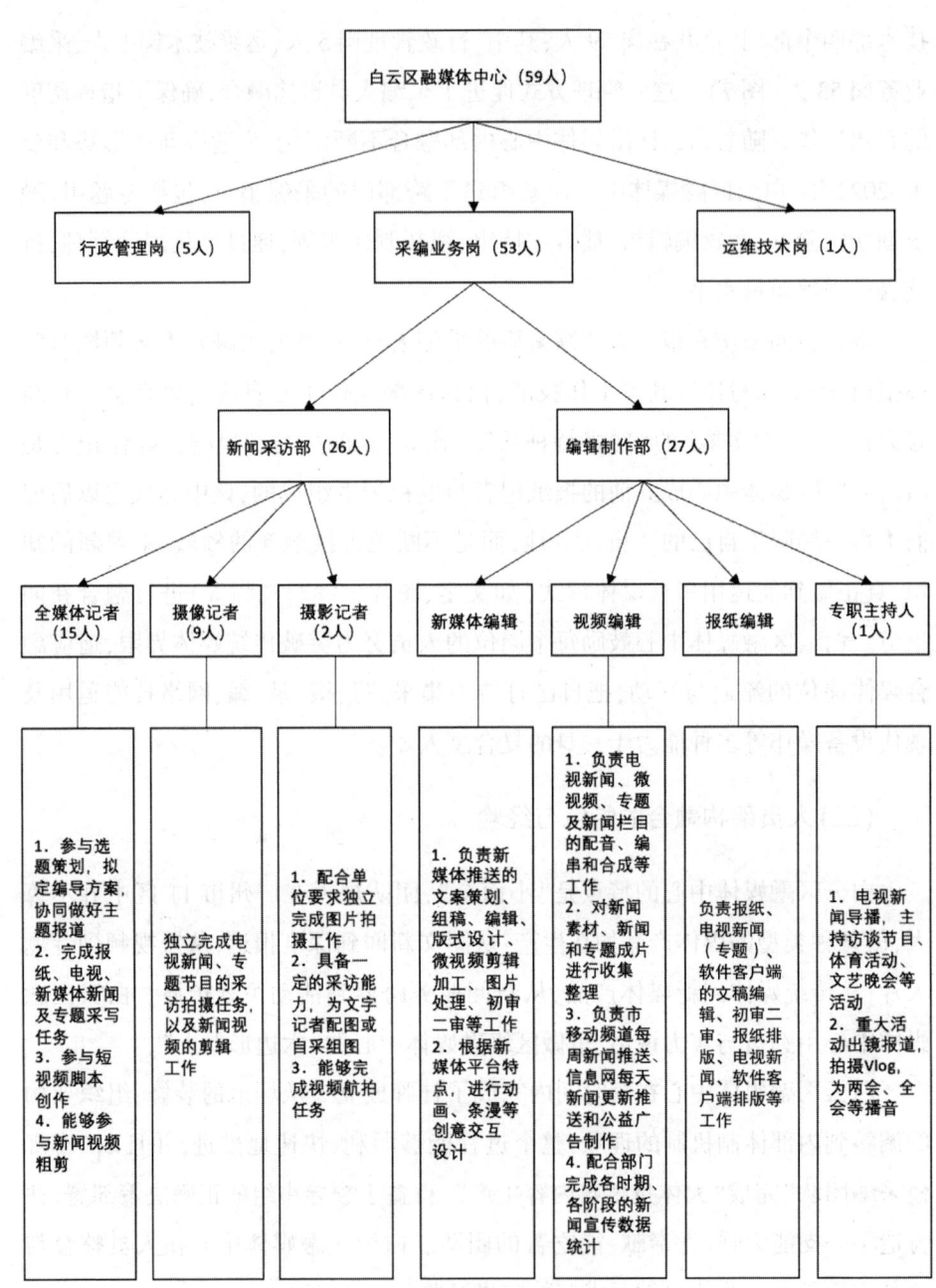

图7　白云区融媒体中心人员组织架构图

1.充分的调研学习,坚定"融合"的决心

在白云区融媒体中心成立之前,领导小组成员与工作人员前往全国各地融媒体中心做了大量调研工作,并反复研读、学习中央关于融媒体中心建设的文件,最终一致决定做真正意义上的融合。白云区融媒体中心在成立之初就完全按照融合的模式来整合人员,"以记者为例,所有记者都统一安排在新闻采访部,原来做报纸的记者要学会写电视新闻的稿子,原来在电视台工作的记者要学着写纸媒的稿子,这对记者们来说是一次全新的尝试和挑战,而白云区融媒体中心以极快的速度完成了人员整合。摄影摄像也在转型:摄影原来只拍图片,融合后需要学习拍航拍视频,同时还要兼具策划的思维;而摄像原来只是单纯的拍视频,现在把视频拍好后,也会学着去做剪辑,同时要具备编导的思维"①。

2.积极开展数字化转型,培养复合型人才

在融媒时代,传统媒体和媒体人只有实现业务能力与职业身份的转型,才能满足区域发展与群众生活日益增长的需要,白云区融媒体中心也为此进行了有益的探索。首先,积极开展数字化转型。具体措施包括整合在线平台、社交媒体和其他数字工具,以拓展信息传播的渠道,充分体现新时代的"融"。其次,培养复合型人才。针对传统媒体人,白云区融媒体中心提供了相关的技能培训,包括数字媒体制作、社交媒体管理、数据分析等,以提升其适应新媒体环境的能力。最后,建立融媒体团队。该团队由具备多种技能的人员组成,包括文字编辑、摄影摄像、视频剪辑、社交媒体管理等人员,以更好地应对多样化的媒体需求。

3.打造科学、完善的绩效考核机制

转型必然会带来阵痛和不适,新的模式、新的技术以及新的环境都需要媒体人不断地学习和调整。"我们认为管理也是'大文章',如何在考核中实现'一碗水端平',是我们经常在考虑的事情。"②因此,白云区融媒体中心打磨出

---

① 资料来源于2023年9月27日对林梅芳副主任的访谈。
② 资料来源于2023年11月16日对罗盛光副总编辑的访谈。

了一套完善、翔实的绩效考核机制,极大地调动了工作人员的"融合"积极性,使其工作量与收入相匹配。其一,按质量为每一篇稿件评分。白云区融媒体中心按照稿件的质量而非字数去打分,并且多由业务负责人或者资深员工进行打分,以显示更高的公平性与公正性。其二,考核工种分类细。以报纸为例,白云区融媒体中心会对一个作品的文稿撰写、文稿编辑、排版、图片制作等细分工种分别给予评价,更好地评估融合团队成员对作品的贡献。其三,评分标准明确。白云区融媒体中心将稿件的质量分为ABCD四个大的等级,每个大的等级下面又细分出多个小的等级,总共设有十多个评分等级,每一个等级都具有对应的、明确的评判标准供要打分的评价者参考。其四,完善监督机制。打分时先由负责该产品的责任编辑第一次打分,再由中心的考评小组对该分数进行监督和审核,确保无误。

4.组建优秀的团队与创造良好的工作氛围

白云区融媒体中心的采编人员规模虽不占优势,但迸发出了极大的能量,顺利开展各项融媒工作。副主任林梅芳说:"我们从来没有提过要达到什么样的目标,拿到什么层次的荣誉,只是鼓励每一个同事走出自己的舒适区,去做更多的尝试。可能是这样一种团队的氛围,让我们发现了每个同事身上的闪光点。"[①]第一,因人设岗。白云区融媒体中心领导小组充分发掘与尊重业务人员的个人优势,最大限度地保证每一位媒体人能够在融媒进程中找寻到适合自己的岗位和发展空间,使整个团队成员较快地适应"融合"节奏,"我们追求均衡发展,让每个岗位的同事都有发挥才华的平台与空间"。第二,重视同伴交流。白云区融媒体中心会在每周五的采编例会上设置一个分享环节,创造了同伴之间交流融创经验的自由空间。"在每周五的采编例会上,原来做电视的和原来做报纸的成员之间经常互相学习与交流,写文字稿的记者向拍摄视频的工作人员去取经、学习,而以前拍摄视频的工作人员也会聆听策划人员的分享,大家会积极探讨在融合的道路上遇到的问题,以及怎样能更好地去解决这些问题。这些

---

① 资料来源于2023年11月16日对林梅芳副主任的线上访谈。

交流对彼此的融媒身份转型都有很大帮助。"①第三,建立专题项目组。在完成日常采编任务的基础上,不同岗位的团队成员基于某些共同的关注或者兴趣,会机动地形成专题项目组,自发策划特别的融媒选题,比如,"广州白云发布"公众号里的"云游派""微光人生""云企访谈"等系列都是通过这种项目组的形式孵化出来的,取得了较好的社会影响,极大地激发了团队成员的融媒创作热情。

四、融合成效与"白云经验"

白云区融媒体中心专注融媒内容质量与融媒传播,发挥自身在全媒体采编方面的优势,着力打造融媒内容精品。在坚持正确政治方向、舆论导向、价值取向的前提下,白云区融媒体中心团队进一步提升融媒产品的及时性、权威性、准确性和思想性,取得了卓越的融合成效,且积累了本地化的融媒发展经验。

(一)融合成效

1.区域内外传播力显著提升

经过4年的融媒转型探索,白云区融媒体中心构建了覆盖广、多样态的新媒体传播矩阵。目前,全矩阵粉丝数量由合并前的20多万,跃升至近200万,其中,"广州白云发布"官微的粉丝数量由3万多增长至近90万,2023年8月至10月,蝉联广州市各区政务微信影响力排行榜第一名。

白云区融媒体中心通过新闻+特色的融媒内容创作,策划了多个专题报道与宣导活动。"法安白云直播平台"上线两年多,发布普法直播(视频)超过150场次,累计观看达200万人次,成为白云区重要的普法阵地。白云区融媒体中心秉承服务区域发展的初心,围绕区委、区政府中心工作及时事热点,每年推出重大系列通讯报道不少于20个,如"生态白云人文之城""非凡十年白云答卷""奋进2022""奋楫2023"等一批重大主题宣传获得广泛关注,每年获得中央、

---

① 资料来源于2023年9月27日对林梅芳副主任的访谈。

省、市主流媒体转载报道不少于3000条(次),上级主流媒体关于白云区的正面报道中,超过80%来自白云区融媒体中心供稿。

白云区融媒体中心在组织应对社会重大公共危机方面发挥了重要的信息支持作用。该中心联合属地街道策划并大力宣传"湖北农副产品进白云"活动,获得央视关注,在全国率先掀起"为湖北拼单"热潮。白云区融媒体中心摄制的涉外视频获得外交部、新华社、中国国际电视台采用。

2. 创新内容生产,融媒专业化程度高

在内容生产方面,白云区融媒体中心采用团队协作、全媒体协同的生产方式,从策划到执行将"融"一贯到底。在选题上,重点打造"新闻+政务+经济+民生+文旅",真正做到"讲老百姓想了解的,说老百姓所关心的"。在展现形式上,以图文、音视频、创意海报、条漫、SVG交互等多种形式联合呈现,让原创内容更贴近受众需求,诞生了众多千万级、百万级阅读量的融媒产品。

源源不断的优质内容输出让白云区融媒体中心屡获殊荣:抗疫报道入选由《人民日报》、《新闻战线》、中国人民大学新闻学院联合评选的2020年"全国县级融媒齐心战疫"优秀案例;2021年,登上新华号年度最具影响力榜单;新闻摄影作品获2022年国际摄影"奥赛"特别专题组(中国组)第一名,获中国首届古树名木保护摄影大赛一等奖;先后入选2022年广东政务视频号影响力榜单、"广州市政务微信TOP5"榜单、"N视频年度十大政务号"。2021年以来,白云区融媒体中心在"学习强国"平台累计签发稿件总数量位居全市各区首位,多个作品获总台首屏推荐;2022年,开通N视频账号以来,长期位居N视频原创榜单前列(周榜、月榜);2023年,策划的"白云智造"系列深度报道,获得《南方日报》《广州日报》转载,多篇报道登上《南方日报》《广州日报》主报。"广州白云发布"微信公众号于2023年8月至10月期间,连续位列各区政务新媒体榜单第一名,其视频号、抖音号均登上全市政务新媒体榜单。

(二)区域融媒体建设的"白云经验"

白云区融媒体中心融合成效显著,在平台内容之"融"、生产机制之"融"、人员职能之"融"、数字技术之"融"等方面贡献出了宝贵的"白云经验"。

1. 平台内容之"融"

白云区着力构建区域开放型、融合型媒体平台。白云区融媒体中心通过全媒体矩阵，拓展"新闻+政务+服务"业务，将融媒内容生产、服务区域发展与群众生活结合起来，探索出了一条具有地方活力的媒体融合运作模式。

白云区融媒体中心联合政务、城管、公安等部门，服务政务工作，打造"指尖上的政务服务中心"，将多种政务服务与民生服务融为一体，使区域内民众可在"广州白云发布"微信公众号及"广州白云"客户端上直接跳转至"白云区市民服务平台"，实现一次跳转，全面覆盖。考虑到不同群体的生活状况与需求，白云区融媒体中心在现有主平台的基础上，依托"广州白云"客户端融合开发多个专项服务平台，提供职业培训、普法、亲子教育、防疫等方面的支持，履行了融媒平台服务群众、惠及群众的社会职能。另外，白云区融媒体中心还实现了与各政务单位、辖内镇街的平台融合，打造"区融媒体中心+基层工作站"模式，建立上下贯通、左右联动、多维高效的全域融媒矩阵。

2. 生产机制之"融"

在国家政策和既往经验的指导下，白云区融媒体中心彻底改变了过去以报纸电视为中心的、相对独立的新闻生产模式、工作流程和组织架构，逐步形成了一套适合融媒内容创作的生产机制，即"一次采集，多种生成""一个作品，多平台分发"的融合模式，媒体传播平台也由原来的报纸电视"1+1"，发展壮大为"报网屏端微"全媒体传播矩阵。故此，白云区融媒体中心在融媒中心发展之初，并非只是将原有的相关业务部门进行物理、机械的合并，而是通过精简机构、打破部门壁垒、强化沟通的方式来实现生产机制之"融"。只有组织架构实现了融合，才能真正完成内容生产机制的"融合"。

3. 人员职能之"融"

白云区融媒体中心打破媒体平台界限，鼓励内部人员互相学习，每周五全体人员参加采编例会，让全体人员在会议中互提意见，提升自我业务技能，实现人员、业务的高度融合。

在采访中,林梅芳副主任说道:"比如原来负责电视制作的罗主任就会教我们如何做电视的稿件,怎么配合摄像去做编导;同样的,原来做报纸的刘主任就会教做电视的同事如何写好报纸的稿件,它的导语怎么写,它的框架和电视新闻的区别。我们会从每个人的单独指导慢慢发展成大家一起开采编例会,互提意见,互相学习。主播也会在会上给我们的稿件提建议,分享他作为输出端时自己的体会。"[1]此外,在融媒内容生产的过程中,白云区融媒体中心鼓励内部人员在实践中尝试成为"多面手",实现每个人都能在融媒业务上具有"多技之长"。人员职能的高度融合,使白云区媒体中心即便在人员规模较小的情况下,仍能保证每日多平台、多形式、大体量地正常产出。

4. 数字技术之"融"

自2019年成立以来,白云区融媒体中心开始使用广州融媒云平台作为专用的采编系统,该系统可显示融媒报道从线索到选题再到成品的全流程,林梅芳主任在访谈中提道:"我们已经有两万多条稿子在这个平台上。"[2]

数字技术打破时空限制,确保内容及时分发、及时跟进。系统中的生产流程全公开,让内容生产每一环节都有明确的责任人,减少了传统媒体内容生产时常出现的多种低效行为。除了报纸内容需要专门排版以外,其他所有类型的融媒内容生产都可以在平台上完成。技术平台的使用也打破了不同工种之间的藩篱,使人员职能间的融合成为可能。所有创作人员,不论什么工种,都可在平台上同步获取素材进行二次加工整合,生产多样媒介形式的产品,大大提高了融媒内容生产的效率。

最后,区级媒体融合不只是区属媒体之间的融合,还可以通过资源的整合,推动形成更大范围的区域媒体融合,包括但不限于镇街、部门的政务新媒体,以及所在区域的自媒体。[3] 在融合的道路上,白云区融媒体中心还会持续不断地探索。

---

[1] 资料来源于2023年9月27日对林梅芳副主任的访谈。
[2] 资料来源于2023年9月27日对林梅芳副主任的访谈。
[3] 资料来源于2023年11月16日对林梅芳副主任的线上访谈。

五、区域融媒建设面临的困境

(一)证照空缺,媒体身份缺乏合法性

区域融媒体中心建设需要满足一系列国家关于融媒体中心的建设规范,包括接受省委宣传部的验收,取得省委网信办和省广电局颁发的特定许可证。

截至 2023 年,广东省未对广州县(区)级融媒体中心开展验收工作,因此,白云区融媒体中心成立以来一直属于非正式媒体单位,无法取得相关许可证明,并且原有报纸(内部资料出版物,2007 年创刊)与有线电视(20 世纪 90 年代开办,插播新闻)均不具备新闻单位资质。这是目前制约白云区融媒体中心继续发展壮大最根本的问题。

"融媒中心不具备新闻机构属性,在人员评职称、作品评奖、节目播出等方面都有很大的阻碍。"[①]首先,团队成员无法获得媒体人身份。融媒中心不具备新闻机构属性,导致工作人员无法参与全国广播电视编辑记者、播音员主持人资格考试,意味着他们无法获得合法的媒体人身份。由于无"互联网新闻信息服务许可","广州白云"客户端无法实现在应用市场全面上架。因无"电视播出许可","白云新闻"电视频道停播,每日电视新闻节目改在广东公共频道分时段插播。其次,团队成员无法评职称。缺乏合法性认证也会导致融媒体中心的员工晋升困难,限制他们的职业发展机会,造成人才的流失。最后,影响机构的未来发展。缺少合法身份的问题也将进一步影响融媒体中心的声誉和融媒运营,限制了其与外部合作伙伴、媒体机构和政府部门的互动。

(二)经费紧张,市场化生存能力不足

白云区融媒体中心现有办公场地 3 处,场地分散,技术用房不足,且主要办公场地均位于老旧居民楼内,停水、停电、断网问题时有发生,影响了正常的融

---

① 资料来源于 2023 年 11 月 16 日对刘海裕主任的访谈。

媒工作的开展。设备方面,如摄影、摄像器材老化,视频剪辑设备不足,4K超高清摄制设备缺乏。而白云区融媒体中心所依赖的财政拨款仅能维持基本运作,其在设备购置、更新升级、运行维护、人才培养等方面存在较大的资金需求,面临着经费不足的困境。

此外,《政府购买服务管理办法》中明确规定:公益一类事业单位、使用事业编制且由财政拨款保障的群团组织,不作为政府购买服务的购买主体和承接主体。白云区融媒体中心作为全额保障的公益一类事业单位,依赖政府全额拨款来维持运营,不能从事市场经营活动,但政府提供的财政保障不足以覆盖其不断发展的资金需要。这一限制导致白云区融媒体中心在经费紧张的情况下无法"自身造血",成为制约白云区融媒体中心经营发展的重要因素。

经费不足所带来的严重后果也不容忽视。首先,白云区融媒体中心无法进一步提升员工薪酬福利,可能导致员工士气下降和人才流失,从而影响融媒中心的融媒工作质量。其次,由于经费不足,融媒体中心可能无法及时更新和维护设备和技术设施,这将直接影响到新闻报道和信息传播的质量。最后,融媒中心因为资金不足可能无法扩大其社区服务和公益活动的开展,无法最大限度地发挥服务区域发展与民生需求的社会职能。

(三)机制不活,自主性不足且人才招聘受限

白云区融媒体中心面临着自主性欠缺、不够灵活以及后备人才严重不足的困境。与新闻单位不同,区级融媒体中心大多仍按机关单位管理体制运作,在自主性和灵活性方面有所欠缺。此外,白云区融媒体中心事业编制人员年龄结构老化,在编人员平均年龄超过42岁,无30岁以下的年轻干部,35岁以下的仅1人,后备人才严重不足。

一方面,日常事务烦琐。日常工作中面临诸多机关单位的事务性工作,包括文件管理、会议安排、报告撰写等。这些事务性工作需要消耗大量时间和精力,工作人员要两头兼顾,难以完全专注于融媒内容的生产工作。另一方面,人才招聘受限。以白云区融媒体中心的人员招聘为例,严格按照政府雇员招聘要

求,学历、年龄、职称等均有相关条件限制,难以灵活招聘到合适的、优秀的人才。此外,因平台及待遇所限,所培养的优秀人才大多参与考公考编,人才逐年流失,通过市场亦较难招聘到适应媒体融合发展的优秀采编人才和资深技术人才。

六、未来发展的建议

(一)完善优化内容创作,深入推进融合创作

第一,提升融媒内容互动性。融媒体中心可在创作的融媒内容中增加更多互动元素,如在线投票、问答环节、社交媒体互动等,积极促进创作团队与受众之间的双向沟通。通过开设线上社群,激发用户参与,分享意见和建议,形成更加活跃的社群氛围。此外,及时回应观众的评论和反馈,建立与受众之间的互动沟通机制。通过增强内容的互动性来提高用户黏性,加深用户对融媒体中心的参与度和信任感。

第二,增强融媒内容的时效性。首先,推动即时报道,鼓励记者采用直播等方式实时传递信息。其次,发布活动预告。对于一些重大活动,如白云区美妆周开幕式等,可以提前一周发布预告,让用户有充足的时间获取信息、了解信息,做出参与决策。最后,建立迅速反馈机制。通过评论、社交媒体互动等方式收集反馈。根据受众反馈,调整报道方向和深度,实现信息的及时修正和更新。

第三,加强评论运维。"广州白云发布"公众号发布的内容下的评论较少,传播者与受众的交流不足,应通过精选热门评论、设置评论互动奖励机制,提升用户参与度,鼓励用户参与内容讨论和内容的二次生产。

第四,强化白云特色。在融媒内容创作过程中继续强化白云区的区域特色,塑造鲜明的白云品牌。深度挖掘本地的经济资源和文化资源,与本地政府部门、企业加强联动,以创新的主题策划、独家报道、媒介表达方式等手段,将白云特色深植人心,同时也建立起白云区融媒体中心在区域发展中连接各方的重要平台角色。

(二)继续加强技术赋能,深化数字化转型

第一,不断加强技术赋能。在数字时代,新兴技术如人工智能、虚拟现实和大数据分析已成为媒体产业的重要组成部分。白云区融媒体中心可以考虑引入先进的技术工具,如将自然语言处理技术用于内容分析,以提高信息处理效率;将虚拟现实技术用于创新性的内容制作,以增强用户体验;将大数据分析用于深入了解受众需求,优化内容策略。①

第二,深化数字化转型。全面推动线上线下资源整合,建设更强大的数字平台,实现信息传播更多元、更快速。此外,还需要不断优化移动端应用和响应式网站,以适应不同设备的用户日益增长的需求,提升用户体验。数字化转型还涉及提升内部流程的数字化水平,从而提高工作效率,例如采用项目管理软件、数字编辑工具等。②

第三,积极推动跨界合作,寻求外部技术支持。白云区融媒体中心可以与科技公司、创新机构等积极建立合作关系,共享技术资源,从而加速融媒体中心的数字化转型。合作伙伴关系可以涉及技术创新、内容制作、平台开发等层面,共同推动整个融媒行业的进步。

(三)挖掘市场经营潜力,推进"新闻+商务"模式创新

第一,加强新闻商业化思维。在政策允许的范围内,融媒体中心可以将新闻与商业有机结合,挖掘新的商业模式。通过深入了解受众需求,为广告主提供定制化的品牌内容,将新闻转化为有商业价值的产品。同时,开发付费新闻、会员制度等模式,提高新闻内容的商业变现能力。③

---

① 王楠,陈敏.试论新闻制播系统创新的途径:以番禺融媒体中心为例[J].韶关学院学报,2021,42(10):82-86.
② 刘思贤,陈彦旸.融媒体改革对网络青年工作的启示:以广州市、区融媒体中心转型为例[J].西部广播电视,2021,42(7):204-206.
③ 曾妮.区县融媒协同治理的现实路径:以广州市黄埔区"融媒孵化器"为例[J].新闻战线,2022(7):113-115.

第二,构建新闻商务平台。建议融媒体中心构建一个专门的新闻商务平台,以整合各种商业资源和新闻内容。这个平台可以成为广告主、商家、投资者等寻找商机的重要场所。通过平台,不仅能够推动商业信息的传播,还能够提供数据分析和市场洞察服务,为商务决策提供有力支持。[①]

第三,强化创新商业形态。在推进"新闻+商务"模式的同时,融媒体中心需保持创新性,不断尝试新的商业模式和合作方式,例如线上线下的活动、电商推广、品牌孵化等。通过创新商业模式,融媒体中心可以更好地满足受众和商业伙伴的需求,推动经济效益的提升。

(四)加强与高校的合作关系,建立灵活用工制度

第一,与高校合作共建实习基地。在人才缺乏且招聘通道不畅的情况下,融媒中心可以尝试与新闻传播类院校建立合作关系,共建实习基地,实现融媒人才的共培共用。

第二,入驻高校融媒生产课程。媒体融合与融媒体创作是目前新闻传播类院校新开设的课程之一,高校往往面临专业教师缺乏实战经验的现实问题,因此,融媒中心可以考虑与高校建立联系,以融媒课程或融媒创作项目组的方式参与人才的培养,同时也能适度解决目前存在的人才储备不足的问题。

第三,建立灵活的用工制度。在政策条件的允许下,尝试建立短期的、非编制内的用工形式,加大绩效鼓励,重视融媒培训,灵活解决目前人才不足的问题。

第四,加大现有团队成员的能力提升空间。在现有条件暂时无法得到改善的情况下,为团队成员提供更大的能力提升空间,实施"走出去"战略,与高校、媒体、研究机构等建立员工培训合作机制,增强团队成员的被重视感与信任感。

---

① 李雪枝.专精特新:打造融媒中心"黄埔样本"——广州市黄埔区融媒体中心"破圈"创新实践[J].中国记者,2021(6):114-116.

推动媒体融合发展，创新协同治理模式

——广州市黄埔区融媒体中心融媒实践调研报告

刘　涛　廖雯禧　周子寒*

摘要： 随着媒体融合进入深度发展阶段，推动四级媒体融合成为当下融合转型、探索数字化进程的重要路径。广州市黄埔区融媒体中心作为区县级融媒体创新实践的标杆，在履行媒体社会责任的同时，深度赋能基层社会治理，通过打造媒体矩阵、完善基层服务信息、加强政府与群众的互动等方式，构建了政府、媒体、企业与群众等多元主体共同参与的创新协同治理模式。

关键词： 媒体融合；县级融媒体；基层社会治理

2020年9月，中共中央办公厅、国务院办公厅印发的《关于加快推进媒体深度融合发展的意见》指出，"完善中央媒体、省级媒体、市级媒体和县级融媒体中心四级融合发展布局"。随着媒体融合进入深度发展阶段，推动四级媒体融合成为各级媒体融合转型、探索数字化进程的重要路径，也是适应媒体格局变化、扩大主流媒体舆论声量、巩固思想文化阵地的必然选择。

县级融媒体中心是基层政府传播信息、连接群众的重要渠道，是贴近群众的"最后一公里"，近年来获得了政策的大力支持。诸多区县围绕县级融媒体中心建设纷纷开展多元实践。凭借地域下沉与群众接近，县级融媒体中心成为区县进行基层社会治理、提升治理效能的好帮手，在维护基层社会稳定、推进基层治理现代化方面具有重要作用。县级融媒体中心能够传递政策信息、普及法律法规知识、提供公共服务信息、打造舆论监督平台、打破信息孤岛，能够加强政

---

* 刘涛，广州大学新闻与传播学院讲师，传媒经济学博士研究生，研究方向为媒体融合、传媒产业；廖雯禧，广州大学新闻与传播学院硕士研究生；周子寒，广州大学新闻与传播学院硕士研究生。

府与居民之间的沟通与互动,推动社会治理的协同与创新。县级融媒体中心可以及时传递政府的政策法规、重要文件内容以及各类公共服务信息给居民,通过多种媒介渠道,如新闻报道、微博、微信、客户端平台等,向广大居民宣传政府的政策决策,提高政策的知晓率和理解度,促使居民参与到社会治理中。县级融媒体中心还可以发布公共服务信息,如社区活动预告、交通事故通告、疫情防控措施等,提供居民所需的实用信息,切实解决辖区内居民生活所需。作为连接基层群众的"最后一公里",县级融媒体中心可以作为舆论和监督的重要平台,关注社区和基层治理的热点问题,通过报道和评论引导公众关注社会问题,推动基层社会治理。不同部门、社区和居民可以通过县级融媒体平台,了解彼此的需求和资源,推动社区居民、社会组织与政府之间的互动及合作,实现协同参与社会治理的目标。

黄埔区融媒体中心于2019年8月挂牌成立,是广州市首批成立的区级融媒体中心。目前,黄埔区融媒体中心已形成了涵盖报、刊、网、端、微、屏等三十余个传媒网络平台的融合宣传立体矩阵,并形成全媒体宣传布局,以进一步增强自身媒体的宣传力和知名度,已经获得较为丰厚的建设成果,矩阵内的新媒体平台均位居全省区县级平台头部。[①] 在基层社会治理方面,黄埔区融媒体中心孵化出12个媒体矩阵,发挥区级融媒协同治理机制,嫁接黄埔融媒的"平台+技术+人才+用户"优势,让社会化治理水平在基层得以不断提升。由此,本文将着重从黄埔区融媒体中心助力基层社会治理等方面入手,分析探讨区县级融媒体在媒体融合背景下与基层的连接耦合。

一、黄埔区融媒体中心的发展历程

黄埔区融媒体中心的发展历程,贯穿着浓厚的新媒体基因。

2015年12月,黄埔区官方微信公众号"广州黄埔发布"创办,标志着黄埔

---

① 李雪枝.专精特新:打造融媒中心"黄埔样本"——广州市黄埔区融媒体中心"破圈"创新实践[J].中国记者,2021(6):114-116.

区正式进入网上新媒体信息发布行列。

2018年,黄埔区新闻中心成立。同年7月,在短视频平台兴起之时,"广州黄埔发布"抖音号上线,成为全广州市最早开通的区级政务抖音号,该抖音号自创办以来,粉丝量超100万,产品播放量超1亿次,年平均播放量达到5亿次以上,居全省区县级融媒体榜首。2018年10月,《黄埔新时代》创刊,标志着黄埔区在新时代、新使命、新气象的格局下,进一步开创发展的新局面。

2020年,广州市首个区级融媒客户端"到黄埔去"正式上线运营,下载量超45万,位居广州各区第一。同年5月,黄埔区在全国优先创立新闻发布品牌"黄埔半月谈",举办全市首场抗疫一线新闻通气会。据统计,2020年黄埔区新闻中心举办的新闻发布会数量位居全市各区第一。同年9月,黄埔区融媒体中心孵化了全省首个区县政法融媒体中心,首次发布"黄埔平安指数",推动区县治理方式从事后处理向事前防范转变。作为黄埔区融媒体中心内部创设的虚拟机构,"黄埔新媒体实验室"开辟了AR/VR、动画、微视频、长图生产线,是全市区级融媒体首个新媒体专业机构。同年12月,首份以湾区命名的全国公开发行报纸《湾区时报》在融媒体中心创刊。《湾区时报》立足黄埔,聚焦广州,面向湾区,走向全国,为创新喝彩,为全面深化改革、全面扩大开放发声。

2021年2月,人民日报全国党媒平台首个县级工作室与黄埔区融媒体中心签约挂牌。

2023年2月16日,黄埔融媒学院揭牌成立,黄埔区委宣传部、黄埔融媒体中心与暨南大学合作共建的"暨南大学融媒体研究与实践黄埔基地"揭牌运行。2月23日,中共中央宣传部舆情信息局调研组到黄埔区融媒体中心调研,对黄埔区融媒体中心发展及相关工作给予了肯定。

至此,黄埔区融媒体中心历经多年沉淀发展,终于打造了属于自己的融媒体矩阵,创办了属于自己的刊物,在区县级融媒发展阵营中稳扎稳打,为同类融媒体中心的发展提供了绝佳的样本,发挥了区县级融媒体中心的职能,在发布信息、引导舆论、社会责任履行方面均有所成。

二、打造区县级融媒体协同治理模式

(一)积极推进融合转型,发挥媒体一体化效能

县级融媒体作为县域重要的信息枢纽和内容平台,不仅是基层传播的网络新单元,也是基层社会治理的有效抓手,肩负着巩固基层思想文化阵地和创新基层社会治理模式的重要使命。① 随着媒体融合发展向纵深推进,县级融媒体中心也应当增强自身的传播力和引导力,充分发挥在基层社会中的信息传播功能、价值引领功能和凝聚共识功能,发挥资源整合作用、组织动员作用以及协调沟通作用,打造集数字化功能与智慧服务功能于一体的新型媒介平台。县级融媒体与基层社会治理相融合,是媒介深度融合背景下的时代要求和发展机遇。县级融媒体可以通过建设综合平台、创新技术应用、建设多样化的内容形式、引导用户参与等方面推进媒体融合,提升媒体的整体效益,优化用户体验,为社会治理提供更加便捷、多元和有效的媒体支持。

黄埔区融媒体中心并不满足于将自身定位为单一的内容生产型区县级融媒体,而是希望带着政府和群众的信任,深度参与社会生活,成为社会治理的一分子。这不仅仅需要发挥媒体的社会功能,还需要媒体具有强大的社会责任感、同理心和同情心。黄埔区融媒体中心作为广州市一类公益事业单位,在发挥好媒体基本功能的同时,承担起社会责任,通过搭建"融媒孵化器",探索黄埔"融媒+社会治理"的协同治理模式。在协同治理模式之下,黄埔区融媒体中心以传播力和影响力为基础,打造"融媒孵化器"作为区融媒体中心的特色。"融媒孵化器"也是广东省内区县级融媒的首创,其理念基于区级职能部门的"痛点"提出,希望通过借助区县级媒体渠道、内容策划理念以及大数据平台,整合各个职能部门的社会治理相关模块,孵化出"黄埔政法融媒""黄埔平安指数"

---

① 常凌翀.县级融媒体提升基层社会治理效能的逻辑理路与实践向度[J].新闻爱好者,2022(4):20-25.

等融媒产品。在新华社举办的"第三届市县融媒体中心建设发展论坛"中，黄埔"融媒孵化器"案例从全国各地融媒体中心190多个调研案例中脱颖而出，入选年度"全国融媒体中心能力建设十佳典型事例"。通过拓展"黄埔融媒帮"等系列服务功能，黄埔区融媒体中心的信息数据库也持续扩大，并结合全区职能部门需求开拓新媒体服务产品，致力于为市民提供更加高效便捷的服务。

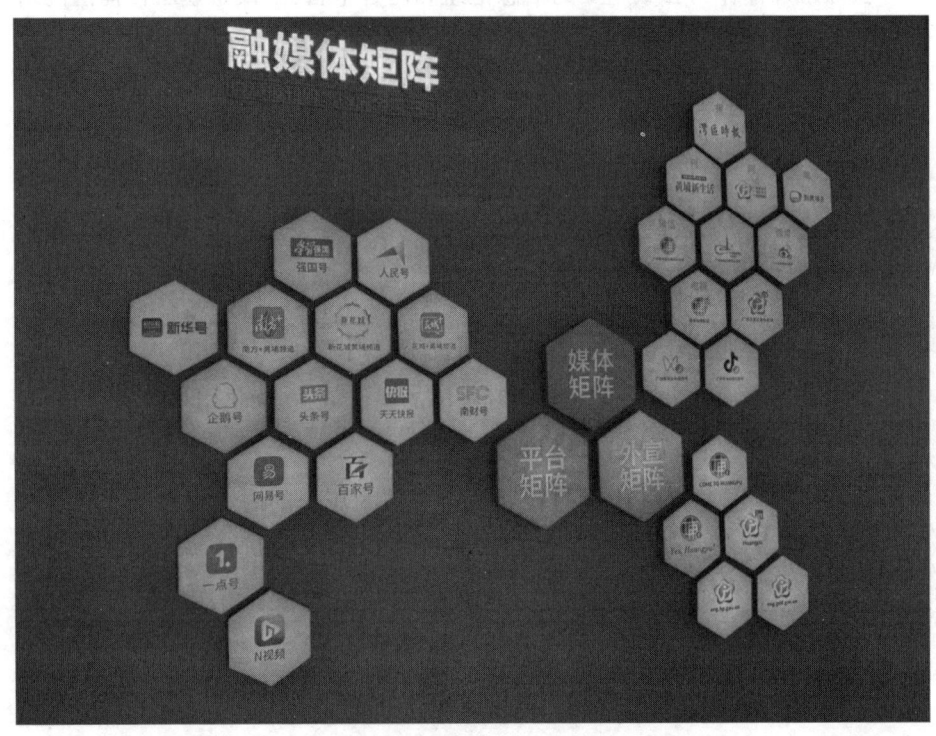

图1 黄埔区融媒体中心的融媒体矩阵

(二)探索"融媒+社会治理"模式，发挥媒体纽带作用

提升社会治理水平，保证社会公平，将会大大推动社会秩序和谐发展。在这个过程中，媒体的加入是推进协同治理的重要一环，媒体的社会职能也从传统的"传媒化管理型协同"向"传媒化协同治理"模式转变。这一模式具备以下

特点:在协同治理方面,区融媒体中心的作用发挥并非依赖自上而下的权力赋予,而是通过平级合作的赋能机制;不是依靠行政职权的定向转移,而是依靠治理资源的优势互补;不是依靠单个主体集中做大,而是依靠多元主体良性互动、同频共振。[①] 协同治理模式的展开,能够充分发挥区县级融媒体贴近群众的突出优势,更了解本地情况,更容易深入社区,更有可能实现资源整合和社会共治的目标,使区县级融媒体在推动协同治理时发挥关键的作用。

黄埔区融媒体中心积极构建县级融媒体中心深度参与基层社会治理的新模式。在机制上,建立起公开信息的机制、利益表达机制、多元调解机制;在主体上,不断形成多样化主体网格联动,匹配供需相应的资源;在功能上,不断发挥融媒体中心宣传服务、社会动员方面的作用;在方法上,通过传播、连接、组织的方式畅通社会共治的各个环节。[②]

1.信息传达:多样化传递黄埔资讯,回应民生多元需求

学者周华认为,新闻发言人制度通过向社会传达政府拥有的权威信息,使公众及时了解事实真相,避免虚假信息的传播,有助于实现政府维护社会稳定的职能。[③] 同时,新闻发言人制度也向公众介绍了政府当下即将颁布实施的政策,表明政府就某些问题所持的立场和应对措施,向公众公开政府信息,将权力的运作置于公众视野之下。自挂牌以来,黄埔区融媒体中心充分发挥其采编力量、平台资源和场地优势,以两周一次以上的频率召开新闻发布会。截至2020年,黄埔区已经成功举办了58场新闻发布会,在广州市各区中居首位。为建立全区的新闻发布体制机制,黄埔区不遗余力地打造了由"政府+企业+专家"三支新闻发言人队伍组成的完善系统。从"有人听、没人

[①] 曾妮.区县融媒协同治理的现实路径:以广州市黄埔区"融媒孵化器"为例[J].新闻战线,2022(7):113-115.

[②] 刘鹏.引导+服务:县级融媒体参与基层社会治理的创新模式——基于吉林省M市融媒体中心的调研[J].长白学刊,2022(5):78-85.

[③] 周华.我国新闻发言人制度的积极意义、存在的问题及对策[J].甘肃行政学院学报,2004(2):21-23.

讲",到"有人听、有人讲"。①

在"谁来说"方面,黄埔区新闻发布会采用多层次的发言人队伍,确保信息发布的多元性和权威性。首先,由区领导和区属各单位主要负责同志构成第一支新闻发言人队伍,进行常态性的信息发布。其次,由区内重点企业主要负责人组成第二支新闻发言人队伍,结合区内重大项目建设和主导产业发展,进行重点信息发布。最后,由各领域知名专家组成第三支新闻发言人队伍,负责权威性信息的发布。自2020年以来,区内共有120多名党政干部参与新闻发布,引入了中国工程院院士钟南山、中国科学院院士施一公、王晓东、赵宇亮等多位院士科学家,以及30多位企业专家,以提升新闻发布的权威性和可信度。

在"讲什么"方面,黄埔区融媒体中心通过发布具有权威性的言论,主动强化议题设置,全面回应社会关切,以防止一些混淆视听的不实信息对社会秩序产生负面影响。尤其是在"信息爆炸"的新冠疫情期间,公众对社会环境抱有不安感,容易在信息洪流的冲刷下失去理性和判断力,从而被不实信息迷惑。新闻发言人制度的推行能够有效缓解公众紧张焦虑情绪,有力维护社会秩序稳定。黄埔区建立了"重大政务发布、重大主题发布、重大活动发布、热点敏感事件发布"四位一体的新闻立体发布体系。通过不断强化顶层设计,规划发布流程,制订详细的发布方案,包括时间地点、发布主题、工作分工等,实施一系列有序、分批的发布计划。在沟通方式上,黄埔区融媒体中心创新采用多元发布形式,打造出更为立体丰富的发布方式,使发布会能够超越传统的发布形式。例如,2020年2月,广州首场抗疫一线新闻通气会在黄埔区举办,有力地传递出企业复工复产的信心;2021年5月,以"我为群众办实事"为主题的采访在全新升级的黄埔公园进行,30多家中央、省、市主流媒体亲临现场,实地探访了群众家门口的美景,生动地展现了黄埔区在解决民生大事上的用心之处。

另外,打造创新的传播渠道,让黄埔区新闻发布更加快速、便捷。黄埔区新闻发布一直秉持全媒体平台传播原则,并贯彻移动优先的策略,在新媒体环境

---

① 中国日报网.广州黄埔全力打造"半月谈"新闻发布品牌[EB/OL].(2021-06-02)[2024-09-05].https://baijiahao.baidu.com/s? id=1701440394953588362&wfr=spider&for=pc.

下进行资源整合,以提高协同传播的效率。这一系列措施旨在确保信息传递更为高效,同时遵循移动媒体的发展趋势,提升新闻发布的整体效能。与此同时,融媒体中心还率先创建了融媒头部流量矩阵,通过与多个新媒体平台联动传播,其中包括政法、消防等区级融媒分中心等100多个新媒体平台,覆盖用户超过400万,形成了广泛的用户基础,有助于提升融媒体中心的影响力、拓展受众群体、增强互动性,建立更广泛的合作网络,并适应多元化的传播趋势。

除了传递政策资讯,黄埔区融媒体中心也打造了"黄埔讲古堂"等文化品牌。"粤语讲古"在广州已经有相当悠久的历史,充分反映了广州的风土人情,承载着广州的历史文化信息。黄埔区融媒体中心打造"黄埔讲古堂",体现了传承历史文化的社会责任感,通过讲古的方式,活化利用黄埔丰富的史志资源,邀请史志专家、学者、非遗传承人面向群众分享黄埔区、广州开发区的历史典故、发展故事、改革新篇,传扬岭南文化,延续黄埔历史文脉。在传播形式方面,"黄埔讲古堂"充分发挥融媒体中心的传播优势,通过"线上+线下"渠道互动,打造了"活力史志话广州"这一文化品牌,充分利用黄埔区内的公共场所,借助"到黄埔去"等新媒体线上平台,共同传承历史文化,发挥媒体的社会化功能。①

为了能够使"黄埔讲古堂"更加专业化,黄埔区还特意打造了一支"讲古人"队伍,队伍成员涵盖历史专家、讲古文化家、讲古工作者、企业家、能人雅士等。除区级队伍外,"讲古人"还下沉基层,相继打造村社、学校、企业"讲古人"队伍,保证每个辖区或村落至少有一名"讲古人",每个学校至少有两名"讲古人"。"黄埔讲古堂"活动自开展以来,已举办了7期区级层面的讲古课堂,举办了近50期镇街、村、社的讲古活动,还延伸举办了"喜迎二十大 史志颂中华"黄埔讲古大赛,掀起了全民讲古热潮,全年现场参与人数达数千人,线上直播观看人数达数十万人。"活力史志话广州"让"黄埔讲古堂"成为讲好黄埔故事、传播黄埔声音的文化品牌,也成为宣传黄埔区、广州开发区的重要窗口。

---

① 中国高新网.黄埔讲古堂第十三期开讲:党建"红色助推器"再创广州开发区新优势[EB/OL].(2021-06-02)[2024-09-05].http://www.chinahightech.com/html/yuanqu/djzgx/2023/0717/5680808.html.

图 2　黄埔区融媒体中心"半月谈"发布场所

2.群众反馈：多种渠道反映民生问题，共同参与社会治理

基层融媒体可以及时准确地传递各类信息，包括政策宣传、社会热点、公共安全等。通过发挥信息传递的功能，基层融媒体能够帮助居民及时了解、理解并参与社会事务，居民能够通过基层融媒体表达建议和诉求。通过开展调查问卷、征集意见、报道民生热点等方式，基层融媒体能帮助公众发声、参与对话，并为政府和社会组织提供决策参考。

县级融媒体要尽到连接基层和政府的社会责任，积极发挥媒体的社会功能。以往群众向媒体反映的问题，由于缺乏转办系统，黄埔区融媒体中心仅能通过记者、编辑与相关部门通讯员"私下对接"，既难以追踪问题解决成效，也难以确保问题处置效率。长此以往，不仅损害基层融媒的公信力，也不利于基层治理工作的开展。为此，在黄埔区委宣传部指导下，黄埔区融媒体中心积极探索，以媒体融合协同基层社会治理，深度对接黄埔区"令行禁止、有呼必应"指挥中心，打造引导群众、服务群众的基层治理的新平台"黄埔融媒帮"。

"黄埔融媒帮"是黄埔区在全市率先打造的创新型媒体社会治理平台，于2022年10月上线，拥有"靠埔帮""都在问""秀黄埔"三大板块和提问、核实、受理、转办、反馈等功能。一般而言，媒体平台大多注重提供消息资讯，经常忽略与群众互动、获得回应和反馈的重要性。"黄埔融媒帮"开创群众线上问询和问题反馈模式，群众可在"融媒帮"小程序中的各个板块反映民生问题。

在"靠埔帮"板块中，"限时办结、限时反馈"是该板块的承诺。在处理系统后台中，"办理进度"一栏十分显眼——处置时限、系统内流转总耗时、剩余时限、流转环节一目了然。居民在平台提交诉求后，由区融媒体中心将诉求转办给黄埔区"令行禁止、有呼必应"指挥中心，再流转至区内各职能部门和街镇社区网格员解决。后台工作人员会通过图文详情，或致电投诉人核实情况，而后形成工单，分派给受理人员跟进解决。常见问题有交通违停、环境整治、物业管理等，与居民群众生活息息相关。受理人员根据投诉内容进行分类，再提取整合信息分发至相关职能部门处理。例如，有群众于2023年10月27日反映"黄埔区广卫路出黄埔东路路口黄埔大桥底下人车抢道严重"的问题，要求尽快加设红绿灯，而后，"黄埔融媒"引用黄埔区住房城乡建设局的回应答复道："新开标的广江路升级改造工程处有规划增设人行信号灯，但该项目由于征迁原因暂时未实施"。2023年10月13日，有群众发布"黄埔区科丰路辅路左转进科林路全是违停车辆，希望交警部门管管"，而后"黄埔融媒"向黄埔区交警大队反映，黄埔区交警大队六中支队便立即开始整治，在相关路段处罚机动车乱停放25宗，解决了该路段违停扰民的问题。

除此之外，群众也可以在"黄埔融媒帮"小程序上的"都在问"板块，问询切身相关的民生问题，问题会由区融媒体中心记者对接相关部门在平台进行详细解答。例如，有群众在该板块上发布提问"'波罗诞'千年庙会如何预约和出行"，"黄埔融媒帮"便在评论区回复了详细的预约流程以及出行指南，节省了群众自行搜索相关信息的时间。目前，"黄埔融媒帮"小程序已对接"到黄埔去"客户端和"广州黄埔发布""广州高新区发布"微信公众号等数十个黄埔融媒旗下的

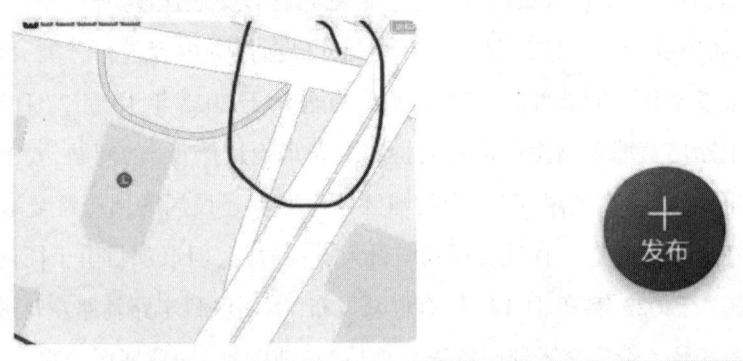

图3 "黄埔融媒帮"小程序中"靠谱帮"板块内容截图

新媒体平台,覆盖全区120多万用户,实现了对群众身边的民生问题线上多渠道收集、线下多方联动解决。

推出"黄埔融媒帮"的初衷,是发挥基层融媒体中心的"民心桥"作用,在引导群众、服务群众中融通党心民心。"融媒帮"上线至今,共解决民生疑难问题超过1.3万件,办结率达95%。通过回应民生之问,解答民生之惑,引导群众且服务群众,黄埔区融媒体中心搭建起了政府连接基层的桥梁,不仅能够满足群

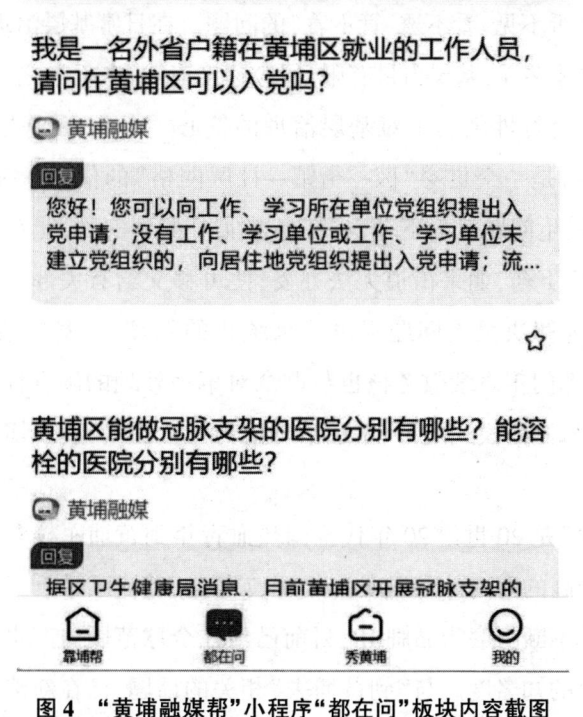

图 4 "黄埔融媒帮"小程序"都在问"板块内容截图

众信息需求,还有助于增强互动和参与感,建立信任和公信力,引导社会舆论,服务社区发展,加强政府与民众之间的沟通。

"黄埔融媒帮"是黄埔区融媒体中心参与基层社会治理的特色举措之一。该平台的推出,体现了县级新闻媒体深度融入社会治理和参与,具有相当的引领性和启示性意义,同时,也体现出黄埔区融媒体中心整合社会信息资源,探索体制机制的努力。县级融媒体中心承担着为民服务的重要职责,要持续"下沉"一线,转变思维方式,创新角色定位,这样有助于更好地贴近基层实际,解决地方性问题,创新服务方式,强化社会责任感,提高亲和力和信任度;同时,能够更好地满足地方社区的需求,为当地社会治理提供有力支持。"黄埔融媒帮"的推出,表明黄埔区融媒体中心已成功践行参与社会治理,也显示出县级融媒的功能正发生转变。

"令行禁止,有呼必应"平台中心是黄埔区专设的基层治理改革平台,旨在解决基层矛盾"听不见、看不透、管不着"的问题。在日常基层治理中,百姓的诉求多元,发声主体多元,基层力量有限,回应速度有限,久而久之,问题便积压下来,一定程度上使百姓削弱了对基层治理的信心。由此,在基层治理改革中,"有呼必应"平台是一个贯穿"区—街镇—社区网格"的信息指挥平台,能够针对百姓提交的民生问题对症下药,将任务落实分配到实处,能在街镇解决的问题就在街道对症下药,如果街道无法办妥,便可移交给有关部门进行解决。这套机制和流程为解决民生问题提供了系统化的保障,让基层治理更加顺畅。"有呼必应"的部门年终绩效考核也与群众对事项处理的满意程度挂钩。在这种类似"倒逼"机制的模式之下,基层治理能力大大提高,真真切切地为老百姓办实事。

"到黄埔去"是20世纪20年代全国热血青年到黄埔军校参军报效祖国的流行语,拥有较高的海内外辨识度。自2017年起,黄埔区赋予"到黄埔去"新的时代内涵,将其不断打磨为品牌IP,目前已经在全球范围内产生了广泛的影响力,建立了一定的知名度。与"到黄埔去"相关的话题,已在新浪微博上累积了3.2亿的阅读量,同时在抖音上也取得了超过1.7亿的阅读量,成为热搜榜上的亮点。为进一步巩固这一品牌形象,黄埔区融媒体中心以"到黄埔去"为命名基础打造自建平台客户端。该客户端是面向黄埔辖区群众、企事业单位的"新闻+服务+互动"的平台,拥有"新闻""黄埔号""服务""社区"四个板块,分别对应不同内容提供资讯。其中,"黄埔号"板块下包含了黄埔区内各个官方微信账号的内容,如"广州黄埔发布""广州高新区发布""广州黄埔教育"等,使用户可在一个客户端平台上浏览众多公众号发布的信息,是全区政务新媒体、企业自媒体汇集的综合大平台。客户端联动区内各单位主体,推动区内政务、民生、企业、学校等"黄埔号"入驻,开放融合生产,形成多圈层内容矩阵,探索党媒新生态。例如,在中考前夕,"黄埔号"升级改版,辖区内8所高中的学生及家长便成了新上线"问答"功能的第一批种子用户,学生想报考哪所高中,可以直接在学校的"黄埔号"里留言提问,各学校会有专人负责解答。另外,"社区"板块充分发挥了 UGC 社区的优势,提倡用户自主生产内容,社区群众在平台上发布自己拍摄到的照片,记录日常生活,成为发信息、秀绝活、微吐槽的阵地。辖区推动全民共创内容,充分激发了媒体融合环境下用户平台互动的活力,有助于用户参与社区生活。通过全民共创内容,融媒体平台可以让更多的用户参与内容创作,从而提高基层群众对媒体平台的参与感和归属感,这种参与感和归属感有助于拉近媒体与用户的距离,建立更紧密的互动关系。此外,通过全民共创内容,平台可以收集到更丰富、更多样的社区信息,这些信息来自居民的创意、观点、经验等,有助于丰富社区内的信息内容,使媒体平台更好地反映社区的多样性。总体而言,县级融媒体推动全民共创内容,不仅可以提高用户的参与感和归属感,增强社区凝聚力,丰富社区信息,提高平台活跃度和用户体验,还能促进社区建设,为社区发展提供有力的支持。

在打造"到黄埔去"客户端时,黄埔区融媒体希望将其打造成一个聚焦于"用户想看什么"的综合性服务平台,希望通过放低媒体姿态,以用户思维更好地融入基层群众。目前,"到黄埔去"客户端已经突破 100 万下载量,覆盖了全区 85%的人口,在做强新闻主业的基础上,构建"融媒+政务、服务、商务"模式,集成全区智慧政务服务超过 30 项。该客户端不断追求更新创新,不断上线新服务满足辖区内群众需求,激发群众参与基层社会治理活力。在 2.0 版本中,"到黄埔去"客户端更新了"学党史"频道,依托黄埔区的红色资源,全面聚合各类党史学习教育内容以及全区各部门、街道的学习动态,为广大用户提供具有黄埔特色的红色学习资源,打造百年党史宣传平台;它吸引了多个政务小程序入驻,用户可以在客户端中查询消防救援知识学习平台、人才评定服务、入户服务、购房补贴申请服务、金融超市服务、企业线上展览等。3.0 版本则在 2.0 版本的基础上升级,例如,引进头部平台"广州黄埔发布""广州高新区发布"微信公众号,以及"广州黄埔发布"抖音号等一键触达新媒体传播矩阵。除了"线上"的一键触达,"线下"服务也时刻联动,为了加强构建新时代文明实践"十五分钟服务圈",3.0版本上线了"新时代文明实践地图",为用户精准"导航",用户只需要打开地图便可以精准查找并导航到黄埔区各个新时代文明实践所,在合适的地点参与活动和享受服务。而随着全媒体时代的到来,数媒技术的运用也充分赋能了平台功能的更新,客户端依托 5G+8K 和全景 VR 技术,打造了"云"游黄埔的线上服务平台,用户可以在客户端中实现足不出户的黄埔旅游体验,在 VR 全景主题中,用户可游览包含黄埔军校、黄埔古迹等在内的景点,在慢直播主题中可以一览黄埔风光,随时随地沉浸式"云"游。

  黄埔区作为全国首个"中小企业能办大事"创新示范区,辖区内聚集了约4.8万家中小企业,而企业同样是基层社会治理中不可或缺的一环。为了解决政府和企业之间沟通信息不对等的问题,黄埔区融媒体中心提升区县级融媒体的社会治理效能,以自身为桥梁,搭建政企联动互动的对接服务平台"解忧咖啡馆",构建"融媒搭桥、政企聚力、共建提质"的新机制。"解忧咖啡馆"是以实景代入式情景微综艺为载体,以真实案例为基础,通过生动有趣的环节设计、鲜明亲和的人设定位、年轻网感的视听语言,生动展现了黄埔区为企业纾难解困的责任担当,突出了黄埔"一切为了企业,一切为了投资者"的营商理念。"解忧咖啡馆"不仅是一个理念,一部情景微综艺,更是一个货真价实的咖啡馆,一个政企线下沟通的良好平台。为了拍摄这档实景代入式情景微综艺,黄埔融媒将媒体中心楼下的咖啡馆"粒子空间"从营商理念到经营环境进行了全方位的改造,为企业营造更好的营商环境注入媒体之力。在政企联动的实践中,黄埔融媒发挥着牵线搭桥的中介作用,联通政企,为企业赋能。例如,黄埔区内的凌度智能研发生产的高空幕墙清洗机器人产品为业内首创,在第 133 届中国进出口商品交易会上深受国际采购商青睐,由于该产品在国内没有相关的质量认证体系,在出口等方面存在障碍。经区融媒体中心牵线搭桥,这一问题得以妥善解决,为该企业带来了近千万美金的订单。又如,一村科技研发的洗衣凝珠类产品接到了国际大型企业的大订单,但因生产场地受限,无法大规模扩展产能。黄埔区融媒体中心了解情况之后,积极对接,最终解决了该企业的用地难题。基层企业参与社会治理的实践中,借助传统媒体和新媒体同向发力、海内外媒体同频共振,共同唱响"中小企业能办大事"的主流好声音。

(三)推动融媒体基层协同治理,做好舆论风险把控

1.对内及时传播主流声音,夺回话语主动权

及时传播主流声音对于县级融媒体来说具有重要的意义。它不仅能够提供准确权威的信息,维护社会稳定,纠正谣言误导,还可以增强社会凝聚力和认同感,推动社会的健康发展。主流声音通常来自权威机构、专家学者、政府部门等,具有较高的可信度和权威性。及时传播主流声音能够帮助受众获取准确、权威的信息,避免被不实或偏激的信息误导,有助于维护社会的稳定和秩序,可以引导受众树立正确的价值观和立场,避免盲从和极端情绪的蔓延。县级融媒体传播主流声音可以加强社会的凝聚力和认同感,主流声音通常代表着社会的共识和主流价值观,通过传播主流声音,可以帮助受众形成认同和价值共识,促进社会的团结与和谐。

在创建"广州黄埔发布"微信公众号前,微信公众号平台上已存在若干个声量较大的黄埔区信息发布账号,如"黄埔观察"等,这类账号并非官方运营,而是民众自创的自媒体。"广州黄埔发布"创建后,自媒体声量大于官方媒体声量的局面才逐渐扭转。该公众号主要以发布黄埔区内信息为主,目前公众号粉丝量达64万,连续两年进入全省县级政务新媒体前十。"广州黄埔发布"微信公众号致力于及时准确传达权威的政府声音、最新的政务资讯,提供便捷有效的民生服务信息和分享多姿多彩的黄埔风土人情,致力于做一个"有温度"的官方媒体。"广州黄埔发布"微信公众号分为"新黄埔""便民巷"和"微互动"三个板块。群众可以在"新黄埔"栏目中了解黄埔区的历史沿革、概况及发展定位、愿景,也可以通过公众号的链接直接进入黄埔区政务微博、区直部门和街镇的政务微博、微信公众号。在"便民巷"板块中,群众能够通过"网上办事"栏目链接直达黄埔区政务中心办事大厅,了解黄埔政务服务中心窗口分布指引、办事指南;通过"民生政策",群众能够了解区最低生活保障、劳动就业、医疗教育、社会保障、新农村合作医疗、民政优抚等方面的相关政策;通过"我要坐车",方便查

询黄埔区内的公交、地铁线路。

黄埔区积极开展探索多元化、立体化的宣传方式,用人民群众喜闻乐见的方式把党的理论深入基层。多元立体化的宣传方式能够更好地吸引当地群众的注意力,使信息更容易被接受和记住,能够提升宣传效果,覆盖更广泛的传播渠道,适应不同人群的需求和媒介习惯,还能够引起受众的共鸣,增强信息的感染力和传播力。总体而言,积极开展多元化、立体化的宣传方式,并使用人民群众喜闻乐见的方式,有助于提升宣传效果,拓展传播渠道,提升信息亲和度,深入基层社区,激发群众兴趣,促进文化融合,增进党群关系。这是在新时代宣传工作中的一种更为灵活、适应性更强的策略。2023年1月,黄埔区打造了主题为党的二十大精神的学习宣讲大篷车,在黄埔萝岗香雪公园首发启动,开展以"深入学习宣传贯彻党的二十大精神——以中国式现代化全面推进中华民族伟大复兴"为主题的系列巡展首场"七进"活动。首发仪式启动后,大篷车将成为流动的宣传车,带着多样化的宣传内容开进黄埔区各个街道、社区、企业等单位,让党的二十大精神在基层落地生根。再如,2023年11月,黄埔区融媒体中心将"大篷车"开入了生命健康城,开展了"百县千镇万村高质量发展工程"融媒体主题活动,通过一辆大篷车来展现黄埔区经济发展的丰厚成果,吸引了300余名群众参加。活动通过舞蹈、快板、演唱等节目,生动地展示、唱响和讲好黄埔故事。

2.对外推动官方IP出海,生动讲述中国故事

县级融媒体可以通过提升内容质量、开设多样化传播渠道、增强互动与参与、加强合作与交流等方式,做好对外传播工作。这样能够扩大影响力,增强传播效果,提升县级媒体形象和知名度。在对外传播中,县级融媒体应注重提高内容质量,确保发布的信息准确、权威、可信,注意加强事实核实和深度报道,提供有价值的、有深度的信息,以吸引受众的关注和信任。要充分利用各种传播渠道,包括电视、广播、互联网、社交媒体等,以满足不同受众的需求,通过各种渠道的整合和互联互通,将信息传播到更广泛的受众中去。针对不同受众的需求和特点,县级融媒体应制订相应的传播策略。深入了解目标受众的喜好和习惯,选择合适的语言、形式和媒介,以更好地传递信息,提升传播效果。而县级融媒体要想讲好中国故事,需要深入挖掘本地资源,关注社会民生问题,引入国际视野,创新形式和媒介。通过生动有趣的叙事和多样化的内容呈现,将中国的声音传递给世界,让更多人了解和认识真实的中国。县级融媒体深耕基层,各个区各个县都有独特的历史、文化、自然景观和人文风情,通过深入挖掘和传播,可以讲好自己的中国故事。县级融媒体可以以文化遗产、传统手工艺、民俗活动等为切入点,通过文字、图片、视频等形式,生动地展示中国丰富多样的文化和风土人情。此外,还可以关注和记录本地社会民生中的关键问题,通过报道一线故事以及人民群众的生活变化和需求,突出人民群众的福祉和幸福感,让世界看到中国社会的进步和发展。在讲述中国故事时,县级融媒体还要增强国际视野,多对比多联系,充分展现中国社会在全球化背景下的发展和变化。县级融媒体也可以通过报道国际交流和合作的案例,展示中国积极融入世界的形象和努力,通过创新的形式和媒介来讲好中国故事。例如,采用微电影、短视频、虚拟现实等方式,增强故事的感染力和趣味性。同时,县级融媒体还能够通过社交媒体平台和移动应用程序等新媒体手段,扩大故事的传播范围和影响力。

在对外传播方面,黄埔区融媒体中心也积极主动融入国家大外宣格局,加强与国家高端智库媒体合作,以战略性、全局性、前瞻性思维,围绕黄埔区新形象、新表达,形成黄埔"开创者"文化的品牌构建与传播规划。黄埔区融媒体中心高度重视海外传播体系建设,孵化出了一批有传播力、影响力的海外宣传平台:"Yes,Huangpu!"脸书账号粉丝总量突破22万,全省各区县第一;"到黄埔去"品牌IP,系列形象宣传片登上美国纽约时代广场大屏,在新浪微博,"到黄埔去"的话题累计4.1亿阅读量。此外,黄埔区融媒体中心还曾荣获新华社全国县融"优秀海外传播奖",2021年度全国区县级海外传播平台优秀奖。

2021年7月起,黄埔区融媒体中心推出的国际化、高水准的国际传播渠道"Yes,Huangpu!"账号,通过对外展示黄埔的产业规划、企业动态、科技创新、重要活动、人文文化、国际交流等丰富多彩的整体形象,为宣传推介、招商引资、招才引智等提供了更广阔的平台。该账号凭借精心策划的优质内容向全球海外受众展示了黄埔风采,策划推出了"繁荣黄埔""宜居黄埔""美味黄埔"等系列文章。账号建立以来,共讲述了 600 余个黄埔故事,内容获 60 万多次的曝光,收获了超过 30 万来自世界各地朋友的关注,成为黄埔区参与对外传播战略不可或缺的重要渠道。黄埔区对外传播账号与新华社外宣账号持续进行互动,也达到了外宣格局同频共振的效果。

除了渠道建设以外,内容生产也是对外传播收获效益的重要一环。通过精心策划和制作内容,媒体平台可以更好地塑造形象、传递信息、建立权威,促进互动和参与,拓展受众范围,增加关注和转化率,提高传播效益,从而实现对外传播的目标。黄埔区融媒体中心带着黄埔故事,通过外宣渠道走出国门,走向世界,加强了国际传播的传播力和影响力。黄埔区的宣传片引起了《人民日报》、新华社、《中国日报》等中央和省、市主流媒体的广泛关注。此外,全球通讯社以 6 种语言在 40 多个国家推介,得到了 500 多家国外主流媒体和网站的转载报道。在社交媒体上,"广州黄埔发布"微信公众号的推送浏览量仅 8 小时就产生了 10 万+的"爆款"效应,收获了海内外用户的一致点赞,并称赞该片"温馨、温暖、温情,充满情怀,极富激情"。

三、多元一体,优化县级融媒体内容生产

(一)内容为王:创新产品形式,打造精品内容

在媒体融合发展的过程中,始终坚持"内容为王"的理念具有重要的意义。媒体坚持"内容为王"能够起到吸引受众、提升传播力和影响力、牢固建立品牌形象等作用。优质的内容是媒体吸引受众的核心,尤其在媒体深度融合发展的时代,内容质量的好坏很大程度上决定着一家媒体的竞争力,内容质量越好,越能够吸引受众,提升传播影响力。此外,媒体想要在激烈的市场竞争环境中存活,必须具备提供独特的、高质量的内容的能力,以此树立品牌形象,保持品牌的一致性和稳定性,获得受众的信任,提高受众的忠诚度,形成稳定的受众群

体。另外,优质的内容还是媒体进行技术融合的基础。媒体运用新技术传播,根本上都是为了提升内容的质量,更好地服务内容,而内容形式的多变,也有助于打造多样化的传播渠道,实现媒体内容跨平台传播。在提升社会责任感方面,媒体提供有深度、有价值的内容有利于其履行社会责任,推动社会进步与发展。因此,媒体融合发展中的"内容为王"理念需不断坚持,以确保媒体独特性和可持续性。

黄埔区融媒体不断创新产品形式,打造精品内容,满足受众的多样化需求。融媒体中心制作了各式各样的媒体内容产品,如短视频《黄埔之夜》《红色印记》,原创动画《红色家书》《黄埔相册》《黄埔知乎者也》《文明社会,共建共享》,原创漫画《黄埔高质量城区内卷实录》,微纪录片《春晓》,VLOG作品《黄埔嘻游记》,H5作品《黄埔有轨电车1号线》等。融合报道《与古人一席谈,治好了我的精神内耗》、系列报道《古韵新声 幸福黄埔》均获得广东新闻奖三等奖,先后摘得学习强国县级融媒双月赛和季度赛优秀作品等80多项荣誉。

(二)多元主体:激活社会力量,打造"全员媒体"

黄埔区融媒体中心注重人才运用,注重人才优势发挥,希望通过多元主体参与新闻生产,打造"全员媒体"的全民参与治理格局。"全员媒体"意味着在媒介生产的整个过程中,每个成员都能够参与到媒介产品内容的创作中。打造"全员媒体",能让参与媒体生产的每个成员积极创作,实现广泛参与,汇聚更多智慧,丰富内容的多样性,引入不同的背景和专业领域内容,满足不同受众的内容需要。此外,"全员媒体"的生产格局还能够实现传播信息的共享,增强品牌价值,从而让媒体更好地适应激烈竞争的市场环境。要想推动"全员媒体",需要通过数字化转型、加强媒介培训、激励创造性参与等方式来实现。媒介技术的迅猛发展意味着数字化转型时代的到来,而人员也是转型的重要一环,所以要培养媒体人才,鼓励社会化生产,鼓励用户参与,通过强大的在线平台,实现共同生产,构建开放互动的媒体环境。

黄埔区融媒体中心在政府政策的支持下,动员社会力量,组建"四支队伍",

盘活基层生产能力。"四支队伍"包括"海外新闻官""社区新闻官""幸福黄埔体验官""黄埔融媒小记者"网格。打造"海外新闻官"队伍旨在促进县级融媒体中心积极融入"大外宣"格局。"社区新闻官"则由全区17个街道(镇)、200多个社区和100家重点企业的新时代通讯员组成队伍,通过挖掘社区好人好事,把党的主流舆论阵地建强在基层、建强在网格。"幸福黄埔体验官"队伍则吸纳了网红、KOL、在穗大学生等,借助短视频平台,用年轻人的话语传播新时代正能量。"黄埔融媒小记者"在全区30多所中小学校挂牌成立融媒小记者站,通过培育"黄埔融媒小记者",用孩子的歌声唱响新时代主旋律,让党的创新理论飞入寻常百姓家。

"海外新闻官"吸纳了黄埔区优秀的外籍人员,包括全球招商总监贺励平(德)、外籍研究员安娜(俄)、在华留学生柯林(美)等,通过策划推出《外眼看黄埔》品牌栏目,借助海外社交平台,用黄埔案例讲好中国故事,其中,《在大湾区,见证中国发展》以及《让更多人听到精彩的中国故事》被《人民日报》整版报道。

"社区新闻官"是县级融媒体与基层网格治理相呼应的重要举措,因此黄埔融媒体中心设置社区新闻队伍时便构建起了"条块结合"的矩阵,主要职责包括分发通知、汇集舆情、进行新闻通讯以及协调处置等工作。全区的主要职能部门、各街道(镇)、较大的社区以及负有社会管理职责的事业单位都设有专人,组成了"融媒网格员"队伍。此外,注重引入多元化力量,使"融媒网格员"队伍更加多元,参与主体更加广泛,使治理触角深入基层社会治理的各个方面,促进治理下沉到社区层面,为协同治理提供了坚实基础。

"幸福黄埔体验官"是在黄埔区委宣传部的牵头之下,黄埔区融媒体中心联合广州日报报业集团举办的"古韵新声·幸福黄埔体验官"评选活动。该活动评选了十名来自广州地区多所高校的大学生,作为"幸福黄埔体验官"!黄埔融媒中心鼓励体验官们用大学生的视角探索黄埔、记录黄埔,体会黄埔丰富多彩的传统文化。黄埔融媒中心还推出了以十位体验官为主角的创意城市宣传片《这!就是黄埔》。该片采取了"戏中戏"的剧情样式:圆桌之上,一场关于拍摄《这,就是黄埔》的创意头脑风暴大会即将开始,体验官们各抒己见,与创意相对应的剧情也随之上演。"科幻大片"、久别重逢的"都市爱情片"、棋逢对手的"古风武侠片""碟中谍"式样的"高科技冒险片"以及邂逅花样年华的"民国片",不同题材不同风格的短片从各个角度为观众展现了独具魅力的黄埔画卷。除了招募高校"幸福黄埔体验官"以外,黄埔融媒还开启了"星火新传播"计划,这是创新"媒体+高校"产学研融合模式的一种新时代融媒人才培育计划。该计划旨在促进融媒与高校的深度合作,探索联合培养融媒人才、推动成果转化的联动路径,在技术赋能、社会治理、人才培养等方面开展专题研究与合作,探索"融媒+社会治理"新路径,并共建黄埔融媒实习实训基地。同时,以带薪上岗的方式,面向全球高校招募实习生,开展新闻策划采写编辑、出镜主持、融媒体产品制作、城市品牌活动宣传等新闻实践活动,并为实习生量身定制开辟《外眼看黄埔》《走读黄埔》《读懂黄埔》等专栏,用年轻人的视角讲述黄埔故事、广州故事和中国故事。该培育计划目前已经与暨南大学、广东外语外贸大学等知名高校的新闻传播学院共建融媒体研究与实践黄埔基地、黄埔融媒学院。该培育计划还将对接中央级媒体资源,定期举办高水平专题讲座,全面提升黄埔融媒实习生的策划生产能力和"融媒+社会治理"水平。

"黄埔融媒小记者"则是黄埔融媒中心面向区内中小学生开展的融媒主题采访实践活动。自2022年6月启动以来,通过建立"黄埔融媒小记者"活动基地、构建"一中心一基地多记者站"的布局,建设了覆盖全区30多所学校的小记者站。通过开展常规征稿、主题大赛、线下培训和采写实践活动,为广大学生搭建了展现自我、参与社会实践的平台,真正地把课堂知识和课外活动"融"起来,丰富了学生的课内课外文化知识,为学生的素质教育发挥了媒体平台的力量;此外,培养了一批"能写会说善表演"的融媒小记者,推动了主流舆论进校园、进家庭,得到了各学校以及家长们的高度认可。除此之外,黄埔融媒积极团结社会力量,激活学生群体的自主能动性,真正意义上做到了让融媒教育"从娃娃抓起"。

(三)专精技术:技术赋能转型,打造"智慧融媒"

媒体深度融合发展离不开技术的支持,专精技术有利于提高媒体生产效率,创新内容生产形式,推动媒体数字化转型,而且技术在媒体融合转型中扮演着至关重要的角色,能够推动业务创新和提升用户体验。技术的创新能够提高内容自动化生产和发布的效率,降低生产成本,让媒体机构更具备竞争力。同时,技术能够让媒体同时在不同的平台进行内容创造和传播,让媒体更好地适应多元化传播渠道,实现多元化分发。而打造"智慧媒体"是适应信息社会发展的必然选择,它能更好地满足用户的需求,实现信息的个性化定制,提供更符合用户期望的内容,更好地适应数字化时代的需求,通过数字化、网络化的手段更灵活地传播信息。利用自动化和智能化技术,可以提高内容的生成、编辑、发布效率,缩短信息传播的时间,更及时地响应新闻事件,提高媒体的效能和竞争力,同时促进媒体与科技的深度融合。

黄埔区融媒体中心大楼总面积5700平方米,以广东领先、国内一流的标准打造面积达1500平方米的融媒功能用房。融媒体中心充分利用5G、4K、AI等技术,将高新技术转化为生产力,支持县级融媒体中心的内容制作。该中心首次推出的"8K+5G"移动直播技术,让用户可以通过手机实时了解"云监工"旧村改造和回迁房建设的进展,实现更广泛的参与基层社会治理。黄埔区作为广东省首个面向5G技术的物联网和智慧城市示范区,持续推进5G应用的广度与深度。此外,黄埔区充分结合高新科技发展和城市更新,借助"8K+5G"直播监控系统,实现了智能制造的目标。这套系统被称为"黄埔智造",是全国首个由民营企业博冠光电自主研发的"8K+5G"直播系统。其中,包括8K+5G超高清安防摄像机、8K超高清视频平台服务器和软件,而8K播放终端"到黄埔去"App则成为黄埔区融媒体中心的移动端"主阵地",共同构建了"黄埔智造"品牌。黄埔区融媒体中心致力于构建"智慧融媒",以技术推动媒体的融合,促使转型,大大提升了生产效率和传播效果。

(四)合作借力:共建湾区传播基地,打造"融媒标杆"

打造粤港澳大湾区传播基地,需要建设全媒体平台,加强合作与交流,提升专业团队和技术水平,打造品牌影响力和特色内容,加强社会责任和公益服务。

图 5 黄埔区融媒体中心展演大屏

这些措施可推动大湾区的发展和融合,提升传播基地的竞争力和影响力。媒体可以通过与外界合作借力,扩大影响力、丰富内容、提升用户体验和创新能力。黄埔区融媒体中心通过与其他媒体、行业机构、社交媒体平台等的合作,可以共享资源和优势,实现互利共赢,提升媒体竞争力和发展潜力。黄埔区融媒体中心通过与其他媒体进行合作,充分发挥媒体资源整合优势,如与中央和省、市权威党媒合作,打造黄埔特色"湾区+传播"模式:成立了人民日报全国党媒平台黄埔工作室、人民日报"麻辣财经"黄埔基地;打造"黄埔潮"品牌栏目,全面提升黄埔融媒策划生产水平;挂牌"经济日报全国调研点",这是全国经济开发区唯一调研点;与《广州日报》合作,推动《湾区时报》立足黄埔、深耕广州、聚焦湾区、放眼全国、走向全球。由此,黄埔区融媒体积极与外界合作借力,共建湾区传播基地。

黄埔融媒与暨南大学、广东外语外贸大学等高校联手打造了黄埔融媒学院，开启了以培育专业的全媒体人才为目标的"星火计划"，还成立了"暨南大学融媒体研究与实践黄埔基地"。"强媒+高校"的双赢合作有利于高校进一步了解媒体前沿动态，也有利于推动县融媒理论建设和业务水平迈上新台阶。黄埔融媒学院既是推动媒体深度融合的开放式、综合性"研究+培训+实践"平台，也是在暨南大学新闻与传播学院等"传媒大脑"的智力支持下建立的全省重量级县级融媒智库。黄埔区融媒体中心将与高校继续展开深度合作、共同策划，在创新宣传实务、培养专业人才、提升基层新闻宣传水平等方面探索新模式、积累新经验，在理论高度上探讨融媒体中心实现社会治理创新的经验举措，在实践维度上把课堂设在媒体融合发展的第一线，创作更多优秀的融媒体产品，推动、提升主流媒体的传播力和影响力。

四、困境与对策

（一）黄埔区融媒体中心面临的困境

黄埔区融媒体中心自创立以来，面临着不少发展困境。

一是人员流动性大、队伍素质参差不齐等问题。目前大多数县级融媒体中心由县级电视台以及报业等传统媒体的原班人马打散重组而成，存在着队伍老化的问题。虽然黄埔区融媒体中心的队伍整体偏年轻化，但面临着"人才不足、人才难留"的问题，人才基数小、队伍流动性大、不稳定性高，而媒体竞争的核心因素就是人才优势。因此，如何引进人才、培养人才、留住人才成了黄埔区融媒体中心亟须解决的问题。

二是事业开展经费需求较大、自身造血能力不足的可持续发展问题。黄埔区融媒体中心属于公益一类事业单位，这使其天然地把社会效益放在经济效益之前，财政支出主要靠政府部门拨款，而拨款也仅能够满足日常运转和工作人员工资的支付，只能保障其日常运行，不能满足升级软硬件、聘请高水平人才等活动的经费要求。黄埔区融媒体中心长期处于行政庇护之下虽然有效减免了其创收压力,但也使其相对远离市场,对市场变化的嗅觉不够敏锐。融媒体中心的投资和运营对于经费的需求极大,这也需要黄埔融媒体中心探索"造血"渠道,提升"造血"能力。

三是技术赋能程度不高等问题。县级融媒体中心的技术资金投入远远比不上省级媒体单位,即使是搭上省级融媒技术平台的端口,也要进一步提升自身的技术水平,所谓"中央批了户口,地方给了锅灶,寻找粮草要靠自己"。因此,如何在有限的技术资源配置下尽可能地提高技术赋能程度,也是黄埔区融媒体中心需要重点攻克的难题。

(二)黄埔区融媒体中心发展的对策

针对目前黄埔区融媒体中心面临的发展问题,要做到培养人才与引进人才相结合,打造强悍的"黄埔铁军"人才队伍。其中,借助"黄埔融媒学院"与"暨南大学融媒体研究与实践黄埔基地"这两个与高校联手打造的平台,开展校企联合培养计划,在实践中培养大量既懂新闻规律、又懂新媒体运营的复合型高学历专业人才,解决"人才不足"的问题。此外,打造学习型组织是保持行业前沿竞争力的基本前提,黄埔区融媒体中心应当积极开展员工持续性学习等相关工作,利用社会资源,全面培养员工的专业素养,例如将员工轮番外送至互联网公司培训、邀请高校教授来开讲座、内部开展小组专题研学讨论前沿理论等。

针对"人才难留"的问题,黄埔区融媒体中心应该按照实际需求合理布置管理层岗位,通过社会招聘、网络招聘等方式精准引进高层次人才。为了留住人才,避免人才被挖走,黄埔区融媒体中心必须出台相关的住房政策、晋升政策等;建立起"互信互爱"的工作关系,营造轻松和谐的工作环境;关注人才提出的需求、提交的反馈以及搭建提升员工能力的平台。从薪酬待遇和工作环境这两个方面出发,将人才牢牢留住。

单纯的传媒已经难以具备足够的自我造血能力,即不能实现良性的自我运转,需要借助其他优势资源来拓展产业边界,通过其他收入来源来反哺传媒。

传媒业的实践也已经充分证明,单纯定位为传媒的市场化媒体已经难以为继。①黄埔区融媒体中心应当与市场建立起密切关系,既能担任起经济活动的宣传职责,又能直接参与到市场竞争中去,从市场中获得利润,利用县级融媒体中心的空间优势,立足本地发挥本土化优势融入市场之中。此外,想要提高经济利润,必须调动员工的工作积极性。黄埔融媒体中心应当遵循"优工优酬"的原则,逐步建立起合理的薪酬体系,解决薪资固化导致的员工积极性减弱的问题,让员工的贡献度和绩效成正比。避免"干多干少一个样、干与不干一个样,干多错多"此类现象的出现,只有激发员工的主动性、创造性,才能拥抱要求多元化的市场。

  黄埔区融媒体中心由于历史包袱轻、建设时间晚,基础设施较为完善,软硬件配置也走在行业前沿,没有过于突出的技术缺陷,因此,黄埔区融媒体中心可充分利用新媒体技术,打造"互联网+"产品。例如,基于融媒体背景,采取包括VR全景新闻和可视化新闻在内的传播方式,增强新闻的在场感传播②;还可接通各方媒体部门,将全区范围内民众的声音加以搜集整合,全面分析民间思想动态、深入了解网络舆论、全面了解社会心态;打造大数据融合智库平台,实现数据自动聚合,拓宽业务范围。与此同时,黄埔区融媒体中心可以充分借助人工智能技术,在采、编、发过程中引入智能化技术,进一步减少记者、编辑的工作负荷,提升生产效率,提供智能化编务辅助决策支撑。

---

① 王智丽.中国县域治理现代化进程中的媒体角色与功能:对县级融媒体中心建设的考察[J].社科纵横,2020,35(5):73-78.
② 张莉爽.移动互联时代县级融媒体中心的建设研究[D].西安:西北大学,2019.

向下扎根，专注民生
——广州市花都区融媒体中心融媒实践调研报告

朴文玲*

摘要：花都区融媒体中心作为公益二类融媒体中心，在媒体融合方面的表现引人瞩目。在主流舆论阵地建设上，该中心的公众号和视频号作为媒体矩阵的核心组成，展现出了在本地市场上无可比拟的流量优势和用户黏性，进一步巩固了其作为主流媒体的定位。在推动"新闻+政务+服务+商业"多元化发展的道路上，花都区融媒体中心展现出了积极的创新姿态。通过打造电商直播平台，实施本地电商网红计划，以及创新运营创收模式，可以看出其市场机制融合过程正逐渐步入正轨。这些举措不仅赋予了花都区融媒体中心新的发展活力，也为其他融媒体中心提供了可借鉴的实践经验。此外，花都区融媒体中心的创新策略也表明，它们正充分利用新媒体平台的特点和优势，积极发掘新的商业模式，以推动本地经济的发展。这种以创新为驱动的发展策略，无疑将使花都区融媒体中心在未来的发展中，继续保持在媒体融合方面的领先地位。

关键词：花都区；融媒体中心；运营创新；视频号；公众号

从地理位置来看，花都区位于广州市的北部，素有广州市"北大门"之称。它东邻从化区，南接白云区，西连佛山市的三水区和南海区，北邻清远市的清城区。由于优越的地理位置，花都区成为广州市对外交通的重要枢纽。在经济方面，花都区是广东省重要的经济增长区之一。这里的经济以先进的制造业、现代农业以及旅游业为主导。从自然风光来看，花都区拥有得天独厚的自然环境。这里山清水秀，风光旖旎，具有丰富的自然旅游资源。在文化底蕴方面，花

---

* 朴文玲，广州大学新闻与传播学院讲师，博士，主要研究方向为城市传播、新媒体传播。

都区是广府文化和客家文化的交汇之地。这里既有广府文化的精致细腻，又有客家文化的淳朴热情。这种文化的交融为花都区增添了深厚的文化底蕴和独特的文化魅力。

花都区的发展历史可以追溯到汉朝，当时属番禺县辖。隋朝时期，花都区属南海县辖。宋代以后，花都区由番禺、南海分辖。清康熙二十五年（公元1686年），朝廷划出南海、番禺两县部分区域置县，因县城地处花山，取新县名为"花"，隶属广州府。民国时期，花县（今花都区）的行政归属屡次变更。1949年后，花县于1949年10月13日解放，先后划属江北专区、珠江专区。1952年和1956年，花县先后改属粤北行政区和佛山专区。

在后续的发展中，花都区经历了多次行政区划的调整。1960年4月20日，花县划归广州市属县。1993年6月18日，经国务院批准，花县撤县设市，定名"花都市"（县级），由广东省直辖，委托广州市代管。2000年5月21日，花都市撤市设区，设立广州市花都区，行政区划不变。①

一、花都区融媒体中心：历史沿革与发展战略

花都区融媒体中心于2019年9月正式挂牌成立，其前身为花都新闻中心与花都区广播电视台两个单位。花都区新闻中心作为公益一类单位，主要承担《今日花都》这一内部刊物的出版工作，人员规模控制在二三十人左右，运营资金全额来源于财政拨款。由于具有内刊性质，该中心还下设了一家托管国企，以推进部分专题活动和实现创收。同时，花都撤市设区的历史变革，为其媒介融合奠定了良好的媒体基础。合并前，花都区广播电视台已稳健运营有线电视和数字电视业务多年，其综合广播自1985年8月15日起便深受当地群众喜爱，体现出极高的用户黏性。合并后，两个机构的优势资源得以汇聚，共同构成了融媒体中心的中坚力量。

---

① 广州市花都区人民政府网站.花都概况[EB/OL].(2023-11-03)[2024-09-05].https://www.huadu.gov.cn/zjhd/hdgs/hdgl/content/post_9299899.html.

经过一系列深度的改革与实践探索,花都区融媒体中心逐渐崭露头角。目前,该中心已组建了一支高效、专业的团队,积聚了强大的宣传势能与社会影响力。除了肩负日常的新闻报道与舆论引导使命外,该中心还主动出击,开展了一系列社会教育活动,为花都区的经济社会发展注入了新活力。

然而,作为定位为公益二类的事业单位,花都区融媒体中心在媒体融合的大背景下,也不可避免地面临着更为严峻的创收挑战。为了维持正常的运营与发展,花都区融媒体中心必须在新的体制机制下,积极寻求多元化的收入来源。

因此,花都区融媒体中心的发展目标已然超越了单一的融媒体部门的范畴,致力于打造一个集"事业+产业"双核驱动、双平台共振的事业单位与媒体公司。这一战略定位不仅有助于花都区融媒体中心高效整合内外部资源,提升整体创收能力,以应对人员工资、运营等多重压力,更有助于其充分发挥自身功能,推动自身实现更高层次的发展与进步。

二、花都区融媒体中心的融合创新过程

(一) 创新机制体制,实现事企分离

花都新闻中心和花都区广播电视台两个机构人员规模庞大。在人员构成上,花都新闻中心只有少部分在编人员,大部分为编外聘用人员,这部分人员的工资需通过创收来补贴,因为财政拨款可能不足。而花都区广播电视台的人员构成错综复杂,囊括了公益一类、公益二类、企业编制及聘用人员等多重身份人员。这种复杂的人员构成导致了诸多历史遗留问题,其中最为突出的是工资架构和人员架构等方面的问题。

这种复杂性也增加了管理的难度,尤其在机构融合后遭遇疫情的影响下,对花都区融媒体中心的创收造成了较大影响,进而也影响了其发展。在花都区融媒体中心,公益一类的人员由财政全额拨款,而公益二类的人员则因财政拨款有限,大部分人力成本都需要花都区由融媒体中心的创收来填补。这导致花

都区融媒体中心每年的运营成本高昂,如果经营创收不能达到一定水平,就无法维持其正常运营和发展。

因此,为了更好地激活机制体制,稳定人才队伍,花都区融媒体中心在2020年12月进行了一次重大改革,将数字电视公司与融媒体中心分开。这种改革要求数字电视公司独立经营、自负盈亏,花都区融媒体中心则回归公益二类的属性。在这个过程中,花都区融媒体中心进行了人员的分割,数字电视部分的人员被分到了花都广电网络有限公司,宣传人员则回到了花都区融媒体中心。目前,花都区融媒体中心的聘用人员达到110人,加上公益一类和公益二类的人员,总共约160人。

花都区融媒体中心的事企分开是为了更好地聚焦主业,服务群众,并理顺经营管理体制。通过将有线电视经营业务剥离,推进有线电视网络的企业化、市场化改革,该中心已经取得了显著的成果。

在过去的两年多来,花都广电网络有限公司在花都区融媒体中心的有力指导下,认真贯彻落实改革要求,进行了一系列规范操作,包括重组架构、建章立制、队伍建设、经营创收和优质服务等方面。这些举措使花都广电网络有限公司在连续两年中超额完成了经营指标,展示了该公司对改革要求的积极响应和高效执行。

(二)再造流程,激发新闻生产力

花都区融媒体中心成立后,通过一系列创新措施,全面优化了策采编发评流程,实现了在全媒体传播体系下的"一次采集——多次开发——多渠道发布"的新闻流程升级。

首先,花都区融媒体中心重新规划为十二个职能科室,分为三大中心:新闻资讯策采编播发中心、营运中心、行政保障中心。其中,新闻资讯策采编播发中心下设全媒体记者部、视频编辑部、音频编辑部、新媒体编辑部和图文编辑部。全媒体记者部主要负责新闻的采访和收集,视频编辑部负责视频内容的编辑和制作,音频编辑部负责音频内容的编辑和制作,新媒体编辑部负责花都区融媒体中心社交媒体矩阵平台的内容发布和运营,图文编辑部则负责图文内容的编辑和制作。通过这样的规划,花都区融媒体中心可以实现管理组织体系的重塑和再造,更好地适应全媒体时代的发展需求。同时,强化新闻生产的核心职能,推动主力军挺进主战场,可以进一步提升融媒体中心的新闻质量和影响力。

其次,建立全媒体传播矩阵,实现多种渠道发布。初步建成集客户端、微信、微博、抖音、快手、视频号、电视、广播、报纸、网站等于一体的全媒体矩阵,截至目前,花都区融媒体中心的传播矩阵用户超150万,入驻了人民号、南方号、头条号、触电号、澎湃新闻、搜狐号、网易号、新花城客户端等多个主流媒体平台。全媒体宣传大格局带来的流量"裂变"效果明显。

最后,强化技术支持,以技术升级引领融合改革。"花都+"客户端是由花都区融媒体中心打造的区域化"新闻+政务+服务"的融合媒体平台,旨在挖掘花都区的本地新闻,展现花都区的形象,服务花都区的群众。"花都+"客户端提供丰富的新闻资讯,包括花都区的本地新闻、政务动态、热点时事、文化旅游等,用户可以随时随地了解花都区的最新动态。此外,客户端还提供政务服务功能,用户可以在线办理相关业务,如社保查询、预约挂号、交通违法查询等,方便快捷地解决政务问题。同时,"花都+"客户端还致力于打造社交互动平台,用户可以在这里结交朋友、交流心得、分享生活点滴。客户端还提供各类便民服务,如公共交通查询、商家优惠信息等,让用户的生活更加便捷。"花都+"客户端于2021年10月20日上线,目前下载使用人数近8万人。

在进一步推进平台建设方面,花都区融媒体中心积极开展了微改造工作,其中包括融媒体平台项目、非编及播控系统的高清化升级改造。目前,融媒体平台项目已成功完成终验,标志着该平台具备了更高水平的技术支持和扩展能力。同时,非编及播控系统的高清化升级改造项目也顺利通过了终验,这将大大提升节目的制作和播出质量。

在人力资源培养上,花都区融媒体中心始终重视新型采编人员的技能提升和专业素养培养。为此,花都区融媒体中心精心组织了无人机培训,并派出两名员工外出接受培训,他们均已取得无人机飞手驾照。此外,该中心还引进了一名具备无人机飞手驾照的视频编辑人才,进一步丰富了中心的技术实力。

在单位内部,花都区融媒体中心采用传帮带的形式,培训了三名无人机飞手。这种培训方式不仅实现了技能的传递,也加强了团队成员之间的交流与合作。至此,该中心已经具备了组建一个花都融媒无人机小分队的能力,这个小分队将在未来的工作中发挥重要作用,为融媒体中心的发展注入新的活力。

花都区融媒体中心在进行再造流程时,全面优化了组织结构、传播矩阵和技术支持,以进一步提升其在全媒体时代的运作效能。这一变革不仅注重了内部管理的精细调整,更在人才培养和团队协作方面取得实质性进展,旨在通过激发新闻生产力,使花都区融媒体中心更好地适应并引领当代媒体发展趋势。通过全媒体记者部、视频编辑部、音频编辑部、新媒体编辑部和图文编辑部的精细划分,花都区融媒体中心构建了更为高效专业的团队体系,更有力地推动了融媒体工作的深入开展。这一战略性调整旨在进一步提升新闻质量和影响力,使融媒体中心成为全方位、多渠道传播的引领者。

三、花都区融媒体中心的新闻内容生产特点

(一)关注民生热点 紧跟实时动态

在2022年,"今日花都"视频号共计发布短视频592条,有效且及时地宣传了花都的建设发展成就、重大民生项目进展情况以及市民关注的内容。在这些视频中,阅读量超过10万的短视频有48条,阅读量超过50万的有8条,阅读量超过100万的有5条,阅读量超过200万的有2条,更有一条短视频的阅读量达到了惊人的2000万+。这一系列成果既体现了花都区融媒体中心领导与新媒体编辑部的精心策划和制作能力,也凸显了花都区融媒体中心与市民的紧密联系。

表1　花都区融媒体中心视频号爆款新闻产品(部分)[①]

"花都融媒"抖音号	2020.7.9:《中国第一颗原子弹燃料功臣王明健最后的军礼!》	播放1190万+,点赞81.3万+
"花都融媒"抖音号	2020.7.8:《前一周穿上军装,最后一次给党过生日》	点赞36万+
"今日花都"视频号	2021.7.14:《帅呆！花都4名学生考上空军航空大学》	点赞1.4万

此外,"今日花都"视频号还针对花都区新图书馆与青少年宫的建设进行了深入报道。新图书馆与青少年宫不仅在实用性上满足了广大民众的需求,其超高的颜值也吸引了无数市民前来打卡。在图书馆与青少年宫的建设过程中,"今日花都"视频号进行了全方位的介绍,内容包括硬件设施、软件配置等各个方面的介绍,展现了花都区融媒体中心对社会热点的敏锐捕捉能力和深入解读能力。

同时,视频号的运营也充分展示了花都区的医疗资源发展情况。中山大学附属仁济医院的建设、入驻,尤其是与现有的中山大学附属医院之间的医疗资源互联共通,解决了群众的医疗痛点。"今日花都"通过打造"区图书馆""区青少年宫""中山大学附属仁济医院"的系列视频,展现了区内民生热点动态,每条视频推出后,都受到了市民的高度关注,阅读量均在5万+以上。由此可见,"今日花都"视频号已然成为巩固主流媒体舆论宣传的主阵地,充分展现了在媒体融合中的关键作用。

(二)提供新鲜信息　培养用户黏度

"今日花都"视频号作为一个综合型的视频号,承载着多重属性与功能。它不仅仅是一个简单的上传下达、广而告之的舆论宣传平台,更深入地扮演着为花都区市民服务的便民角色。为了更好地服务本地市民,"今日花都"视频号致力于将区内的特色和亮点以市民喜闻乐见的视频方式呈现。团队精心策划并制作了一系列内容丰富、形式多样的视频,涵盖了美食、旅游、文化、艺术、科技

[①] 数据截至2023年11月。

等各个方面，让市民能够通过视频号感受到花都区的独特魅力和多彩生活。除了呈现区内特色，该视频号还注重为本地市民提供有用信息和实用干货。例如，发布关于交通出行、医疗健康、教育就业等方面的实用信息，帮助市民更好地解决生活中的问题和困惑。此外，视频号还定期推出各类专题报道，关注社会热点、解读政策法规，为市民提供全面、深入的资讯服务。在与市民的互动方面，"今日花都"视频号也积极开拓创新。通过设置留言板、开展线上活动等方式，与市民建立起了紧密的联系和互动，听取市民的意见和建议，不断改进和优化内容，更好地满足市民的需求和期待。

花都区融媒体中心不仅在视频号运营方面展现了显著的流量和传播效果，而且通过公众号的差异化经营策略，成功捕获了多样化的受众群体并实现分众传播。2022年，"今日花都"公众号位列2022全国县级媒体微信号百强第60名，在全国近3000个区、县级行政区中"出圈"。这种综合运营的模式，既体现了融媒体中心在新媒体领域的全面实力，也满足了不同受众群体的信息需求，进一步巩固了其在舆论宣传领域的引领地位。通过对不同平台的精细管理和创新经营，花都区融媒体中心有效地拓宽了传播渠道，提升了传播效能，为区域内的信息传播和社会交流构建了更为立体、多维的网络。对此，花都区融媒体中心从以下方面进行了经验总结。

"今日花都"微信公众号作为权威资讯的及时发布平台，2022年紧密围绕区委、区政府的中心工作，有效传递了区内重大工作的最新动态。无论是"10号工作室·党群连心桥"、空港大道开通、花都招商大会，还是乡村振兴大擂台，公众号都准确地提供了权威资讯，彰显了其在信息传播中的核心地位。

在内容策划上，"今日花都"公众号展现了极高的创新意识。2022年，该公众号围绕"招商大会""非凡十年""花都湖十周年""乡村振兴示范带"等主题，运用图、文、视频、H5等多种形式进行策划报道，内容出新出彩。以《花都空铁金廊，全球邀约》H5创新作品为例，用户点击屏幕上的东风日产小汽车[①]就可以

[①] 东风日产于2000年落户花都，过去二十年与花都协同发展，为花都区域经济做出了贡献，是花都汽车产业的旗舰。

随着缓缓移动的小汽车行走于空铁大道上,一路经过白云机场、广州北站、科创走廊、创智花岛等多个花都区的地标性空间。这种创新形式提升了用户参与感,增加了用户与新闻内容的互动,既传达了空铁大道建成对花都区域经济的重要作用,也展现了花都区经济繁荣发展的成果,增强了传播效果。

在民生新闻报道方面,"今日花都"持续关注并报道与群众生活息息相关的新闻,体现了强烈的民生导向。无论是花都区十件民生实事的进展,还是空铁联运枢纽、中山大学附属仁济医院项目等重大项目的跟踪报道,都展现了公众号对民生新闻的关注和投入。同时,"今日花都"微信公众号通过推出"花都看花""花都全域旅游"等系列专题,大力推荐花都的旅游资源,真正成为花都区群众生活中不可或缺的"百事通"。

图1 《花都空铁金廊,全球邀约》H5创新作品截图

四、花都区融媒体中心的融合成效

花都区融媒体中心自成立以来始终以采编为中心,坚持移动优先战略,致力于打造具有竞争力的新闻信息内容生产模式。花都区融媒体中心注重"准""新""微""快"四个方面,以适应移动传播时代的新趋势。在2023中国广播电视媒体融合发展年会上,花都区融媒体中心荣获五项全国性荣誉,其中包括入围"全国十强:2022—2023年度融合创新全国区县(市)融媒体中心·新媒体传播力"和"全国县级融媒体中心建设优秀案例"。此外,"今日花都"微信公众号也入围了"全国十佳:2022—2023年度县级融媒体中心·微信(视频号)传播力",中心电台节目《花都路路通》入围了"全国十佳:2022—2023年度县级融媒体中心·融媒栏目(产品)",而花都区融媒体中心党委书记、主任胡兴龙同志也入围了"全国融合创新人物"。

在优秀案例方面,融媒体中心拥有超过300个广播电视节目和出版物新闻作品荣获省、市新闻奖。其中,"今日花都"微信公众号分别荣登全国县级媒体微信号2021年度和2022年度百强榜,并获得2022年度南方号新锐奖,而"花都广播电视台"微信公众号也荣登全国县级媒体微信号2021年度百强榜。此外,花都区融媒体中心旗下的"今日花都"视频号在2022年度广东政务视频号影响力区县榜中排名第二。2022年,花都区融媒体中心代运营的"广州花都发布"在全市11区政务新媒体发布号中位居第一,荣获南方号政务公开奖、广州市政务微信优秀传播力奖、广州市政务新媒体年度跃升奖。此外,花都区融媒体中心的《花都湖十年蝶变系列报道》新闻策划项目获得了《广州日报》颁发的2022年度最佳传播策划奖。

在视频创作方面,花都区融媒体中心为"广州花都发布"剪辑选送的视频作品在《南方日报》、"南方+"客户端主办的新媒体爆款大赛中荣获三等奖和优秀奖,而花都区是本次大赛中唯一一个有两个作品获奖的区。此外,在2022年7月,"学习强国花都融媒号"上线,这一举措进一步提升了宣传平台的档次,扩大了宣传矩阵。

值得注意的是，花都区融媒体中心主动适应新型传媒格局，以一个县级融媒体中心的人力、物力打造出了千万点击量以上的视频作品。其中，2019年12月报送的《广州花都：曾经百年石灰窑 如今水清岸绿白鹭成群》被学习强国学习平台总台首页推荐（总阅读量达到1900多万，为当时全省第一）之后，2020年8月7日报送的《广州花都发展现代智慧农业，带动村民增收、乡村振兴》又被"学习强国"学习平台总台首页推荐，总阅读量达到近一千万，为全省被总台首页推荐稿件阅读量排名第三，受到市"学习强国"编辑部领导高度评价。"花都融媒"抖音号的《中国第一颗原子弹燃料功臣王明健最后的军礼！》单条播放量超过1190万，点赞达81.3万次。"今日花都"视频号爆款迭出，上线仅一年即获佳绩，名列2022年广东政务视频号年度影响力排行榜全省区县第二，在全省"出圈"。"今日花都"公众号位居2022全国县级媒体微信号百强榜第60名。党媒的影响力、公信力进一步加强。①

五、花都区融媒体中心的运营创收实践

《关于加快推进媒体深度融合发展的意见》（以下简称《意见》）中，对面向未来的媒体融合做了全面的规划和部署，有很多创新之处。其中明确提出，"要发挥市场机制作用，增强主流媒体的市场竞争意识和能力，探索建立'新闻+政务服务商务'的运营模式，创新媒体投融资政策，增强自我造血机能"。将"商务"明确提出并与其他业务项并列，足见媒体融合发展过程中，仅靠新闻是不行的，仅靠"新闻+政务""新闻+服务"也不能够完全支撑媒体融合发展。媒体融合发展和全媒体建设离不开媒体自我造血机能的打造和完善，市场机制在全媒体建设中扮演着非常重要的角色。

问题在于，作为一个主要以宣传为业务的媒体单位，如何有效地适应市场机制成为一个重要的挑战。要解决这一问题，首先需要深入进行一区一策的具

---

① 以上数据由花都区融媒体中心提供。

体分析,以明确市场需求与融媒体中心的能力之间的对应关系。具体而言,需要探究市场究竟需要什么样的媒体产品和服务,以及融媒体中心应具备哪些资源和能力来满足这些需求。在实际操作过程中,可能会发现其他地区或级别的融媒体中心能够轻松实现某些业务,而花都区融媒体中心在实施时却面临困难。然而,也有可能出现相反的情况,即其他地方无法实现的业务,花都区融媒体中心却能够出色完成。

花都区融媒体中心,作为公益二类的融媒体机构,承载着超过千万元的运营创收目标重任。然而,在面对这一挑战时,并没有现成的答案可循。为了找到适合自身的发展道路,花都区融媒体中心必须依靠全体成员的共同努力和持续摸索,通过上下一体的合作,逐步探索出适合自己的发展模式。

(一)培训+电商+活动,三大板块精细化经营

花都区融媒体中心于2022年启动了传媒电商项目,项目分为三大业务板块,花都广电新媒体直播培训中心、传媒电商板块和企业新媒体及数字化转型服务板块①。其中,花都广电新媒体直播培训中心主要是进行各种电商直播人才的培训,通过融媒体中心配备的各种实操应用设备,向区域经济提供全媒体运营师和网络主播的人才培养与人才输出。与人才培养配套,花都区融媒体中心启动了传媒电商业务直播平台"融媒优选",为广州及大湾区时尚产业搭建平台。花都区融媒体中心还打造了同城电商——"花仟惠",其定位是官媒同城生活圈服务平台,旨在为同城实体商家打开新媒体宣传销售渠道。

通过花都广电新媒体直播培训中心这一平台,花都区融媒体中心致力于推动花都"十百千万"网红工程的实施。② 这一工程旨在培养1万个具备新媒体传媒电商素养的人才,并将他们输送到各个企业就业或提供创业赋能服务。为了

---

① 新媒体和数字化服务的主要业务是为更多的政企提供平面类设计、文案策划、小程序搭建、网页搭建等服务。
② 花都区融媒体中心.花都区融媒体中心传媒电商项目启动 打造"十百千万"网红工程 为花都代言[EB/OL].(2022-09-16)[2024-09-05]. https://www.gz.gov.cn/ysgz/xwdt/ysdt/content/post_8569824.html.

实现这一目标,花都区融媒体中心将利用融媒体直播电商供应链生态系统,重点支持1000家企业成立新媒体部门和直播电商部门。同时,花都区融媒体中心还将在融媒体直播电商基地园区自建100个腰部以上的带货直播间,以孵化出10个肩部头部顶流带货网红。通过这些举措,花都区融媒体中心期望打造一个高效的新媒体电商生态系统,推动花都区的电商产业发展和经济增长,进而提升产品和服务的质量,提升消费者满意度和忠诚度。

花都区融媒体中心除了在电商直播领域参与市场竞争,还积极挖掘区域内的经济潜能和流量资源。通过深入了解市场需求和消费者行为,花都区融媒体中心努力寻找并抓住商机,以促进区域经济的发展。

以融媒体中心多次承办的摇珠分房[①]活动为例,花都区融媒体中心承办的摇珠分房活动,是融媒体中心适应市场机制、创新"融服务"及深入挖掘本地社区资源的杰出典范。与传统的新闻媒体机构不同,花都区融媒体中心凭借卓越的前期策划、流畅的控场能力,营造热烈温馨的活动氛围,真心实意为居民服务,成功在花都区各镇街脱颖而出。每次摇珠分房活动在花都区融媒体中心的精心组织下,确保公正、公开、公平,让每位参与者都享有均等机会,凭自身能力选择理想的房源。这种活动的成功举办,不仅有力地推动了花都区房地产市场的健康发展,而且提升了花都区群众对融媒体中心的信赖与认可。

"线上+线下"营销活动是花都区融媒体中心充分挖掘自身资源优势、积极主动适应市场需求、以产出高质量融媒体产品和营销活动为首要任务的重要运营策略。通过发挥媒体平台的独特优势,花都区融媒体中心除了承办区域内各种活动,还承接了广告、视频拍摄、制作以及各类宣传、演出、庆典等,并与多个单位联合开展专栏。这些举措不仅成功打造出了一批具有强大传播力和深远影响力的融媒体产品,还显著提升了融媒体中心在花都区群众中的可见度,进一步塑造和提升了融媒体中心的品牌形象,实现了社会效益和经济效益的双

---

① 摇珠分房作为一种房屋分配方式,在花都区的城市更新和农村改造项目中发挥着重要作用。改造过程中,原居民的房屋面临拆迁,需要重新入住安置房。为确保安置房的公平公正分配,摇珠分房方式被普遍采纳。摇珠分房通常通过抽签或摇号方式进行,以确保分配过程的公开透明,并最大限度地减少人为因素导致的不公平现象。

赢,为融媒体中心的长远发展奠定了坚实基础。

(二)从"大部制"管理到小组作战,创新"造血"机制

花都区融媒体中心在初创之际,为应对运营创收这一重大挑战,特地设立了专门的创收部门,并采纳"大部制"管理模式,以降低内部消耗,汇聚力量,共同攻克难关。此种组织策略意在通过整合资源,提升运营效率,从而实现收益最大化。然而,尽管策略规划完善,但在实施初期,运营活动仍遭遇了前所未有的困难。这主要归因于几个核心问题尚未得到有效解决。

首先,花都区融媒体中心面临核心业务人员不足的挑战。花都区融媒体中心的内设机构调整之后,运营部门仅有一至两名人才具备宣传片制作能力,严重制约了业务响应能力。尤其在年底宣传任务繁重的时段,花都区融媒体中心的工作负担显著增加,核心业务人员短缺,使工作运行更加艰巨。在薪酬方面,花都区融媒体中心已采用提成制度激励旧体系下的新闻工作者提高业务能力,通过自我开发和自我学习转向新的业务赛道。然而由于员工年龄结构偏高,转型学习新技术的成本较大,其激励效果并不突出。

其次,部门内部的任务分工不明确,导致无法将合适的人员安排到合适的岗位,同时也有部分人员存在直接搭便车的思想。部门的运营创收目标是超过1,000万,最开始在大部制管理体系下,任务没有得到有效的分解和分配,全部压力都集中在总监身上。这种做法使员工缺乏工作压力和动力,搭便车思想比较普遍。

为了打破这种"大锅饭"的工作状况,部门决定将工作任务分解下去,采取按人均分配工作任务的方式,将工作任务平均分配给个人,每人60万。然而,这种平均分配工作任务的方式仍存在"一刀切"的问题。由于部门中的每个人能够做的事情和会做的事情各不相同,因此,在认识到将创收任务平均分配给每个人的不合理之处之后,花都区融媒体中心决定进行更加合理的工作任务分解和分配。

在花都区融媒体中心的主导之下,运营部门专门聘请了深圳一家专业的咨询公司进行合作,并邀请专家一起重新制订组织架构和任务分配方式。通过专家的指导和咨询公司的协助,花都区融媒体中心重新规划了部门结构和工作流程,确保任务能够更加科学和合理地分配给每个员工,从而打破了"大锅饭"的工作模式。

具体而言,花都区融媒体中心将原有的36人规模的运营部重新划分为四个部分。在新的组织结构中,管理层、财务和秘书归为费用中心,而盈利中心则负责业务承接。为了支持业务开展,盈利中心下分设了多个小组,包括新媒体组、策划组、教务组等。这些小组各自承担不同的职责,例如新媒体运营、业务策划、后期制作以及教学培训等。人员配置根据团队需要进行调整,从而形成一定的组织架构。这种组织架构的核心模型就是阿米巴组织架构。阿米巴组织架构是一种基于企业内部市场化的运营管理方式。花都区融媒体中心采用阿米巴组织架构,将人员划分为多个独立运营的阿米巴小组(一个小组最开始只有三个人),每个小组具有一定的经营权和决策权,通过市场竞争和合作机制实现自负盈亏。实践证明,"小组作战"的组织架构有效激发了员工的积极性,提高了企业的灵活性,促进了团队合作,并降低了经营风险。

通过中心的运营管理和阿米巴组织架构的实施,花都区融媒体中心实现了企业化的高效运作和资源的优化配置,进一步提升了竞争力和灵活性。这种组织架构的采用,将为花都区融媒体中心的未来发展奠定坚实的基础。

六、花都区融媒体中心融合发展的问题及策略

(一)体制机制限制,媒体融合难以深入发展

目前,花都区融媒体中心实行的事业单位聘用制度与非事业编制聘用制度并存的模式,这导致了两个主要问题。一方面,对于非事业编制的受聘人员来说,这种管理体制使他们缺乏归属感和忠诚度,造成了严重的人员流失现象。另一方面,对于具有事业编制的受聘人员来说,他们面临着工资有上限的限制,

进而产生了激励缺失的问题。即使某事业编制受聘人员具备很强的个人能力，并在业务谈判中成功获取了项目，也无法获得相应的提成和增量收入，只能领取固定的工资。即使在成功降低成本的情况下，所有的提成也会被全部扣除充公。

为了解决这个问题，花都区融媒体中心还需要进一步探讨如何打破身份限制并引入更灵活的薪酬制度。一些地方已经进行了类似的尝试，如番禺区的不封顶政策。然而，目前中央政策尚未明确是否允许这种打破，因此，在实际操作中仍存在风险和不确定性，也表明基层媒介组织在具体政策落地，对上级文件进行深入解读的过程中，仍然存在着诸多问题和困惑，亟待进一步澄清与解决。

具体而言，打破身份限制并引入更灵活的薪酬制度可以采取以下策略。第一，深化体制改革，对当前的体制进行深入改革，消除身份限制，实现人员身份的市场化管理。这样可以打破事业编制和非事业编制之间的壁垒，让所有人员在同一平台上竞争。第二，实行绩效管理。引入绩效管理机制，以工作绩效为衡量标准，而不仅仅是身份或资历。通过设定明确的绩效指标和评估体系，客观评价员工的工作表现，并以此为依据进行薪酬分配。第三，薪酬与市场接轨。为了使薪酬制度更具灵活性，可以将薪酬水平与市场接轨，参考行业内的薪酬标准，根据员工的技能、经验和绩效调整薪酬水平。这样可以确保优秀的人才得到合理的回报，避免人才流失。第四，建立激励机制。除了基本的薪酬外，还可以设立奖金、提成、股权等激励机制，鼓励员工创新和创造价值。这样的机制可以使员工更加关注工作成果，提高工作积极性。第五，提供职业发展机会。打破身份限制不仅仅体现在薪酬上，还体现在关注员工的职业发展。建立完善的晋升制度，让员工看到自己在企业中的未来，从而增强归属感和忠诚度。第六，加强培训和人才培养。为了提升员工的整体素质，企业还应加强培训和人才培养工作，帮助员工提升技能和知识水平，以适应不断变化的市场需求。

综上，解决事业编制工资上限限制所带来的动力问题，需要从政策层面进行进一步探讨和实践。同时，在组织结构上，可以根据实际需要灵活调整，形成有效的团队协作和激励机制，以推动事业的发展。

(二)专业核心人才缺乏,少数骨干人才过负荷工作

在全媒体转型的背景下,花都区融媒体中心面临着一系列挑战。尽管人员规模庞大,但具备复合型技能的人才却显得尤为稀缺。这类人才需兼备拍摄、剪辑等多项技能,然而目前的情况是,能够承担这些职责的人员负担过重,而不具备这些能力的人员则无法完成任务。这一困境可归因于传统媒体工作者在全媒体转型过程中无法满足新兴媒体发展要求所产生的结构性问题,因而难以得到有效解决。长期以来,传统媒体人员往往仅专注于特定领域的技能,如今却需要他们全面掌握多个领域的技能,这无疑是一个重大的挑战。

在传统媒体向新媒体转型的过程中,所需技能和职责的转变对从业人员提出了很高的要求。从传统的文字写作转向视频拍摄和制作,再到策划、脚本写作和剪辑等多个方面,这种转型需要人员花费时间和精力。网络视频正在成为越来越重要的传播方式,然而对于那些原来专注于电视新闻拍摄的人而言,让他们适应新的需求,创作符合大众和民生需求、具有爆款潜力的视频内容,不仅需要时间,还需要他们具备相应的能力和技能,培养用户思维、产品思维、互动思维等新媒体思维方式。

对于一些传统的报纸媒体人,这种转型可能容易一些,因为他们已经习惯了撰写大量的文字稿件,内容创作能力比较优秀。然而,对于主要负责电视拍摄和剪辑的媒体工作者而言,让他们从电视新闻制作中转型,可能是一项艰巨的任务,需要时间和经验的积累。

因此,融媒体中心所面临的困境是一个死循环问题。虽然中心人员队伍庞大,但是人才短缺,特别是核心人才稀缺。而传统媒体人转型困难,自我提升动力和能力不足也很难让融媒体中心稳扎稳打,从内部培养自己的核心人才。

为应对这一挑战,融媒体中心需要考虑调整业务流程,将策划、采访、编辑、发布等各个环节实现流水线作业。然而,这种调整需要大量的资本投入,而对于县级融媒体中心而言,往往缺乏足够的资源来实现这一目标。因此,提高融媒体中心的影响力以吸引更多的人才和资本成为解决问题的关键所在。同时,

也需要重视现有人员的培训和发展，提升他们的综合素质，以更好地适应融媒体时代的发展需求。在这个过程中，平衡好人才、资本和资源的关系至关重要，只有打破这个死循环，融媒体中心才能实现可持续的发展。

(三)运营创收模式结构单一，媒体融合难以实现可持续发展

花都区融媒体中心自建立以来一直承担着比较重的运营任务，2019年9月挂牌成立之后，尚未进行职能部门改制和摸清市场需求，即还没有认识到"我们能做什么""市场需要什么"等关键问题直接就面临了疫情的考验。近年来，花都区经济发展也面临一定的困境和挑战，经济增长速度相对放缓，经济表现不够理想。这与国内外宏观经济环境的不稳定、产业结构调整的压力、资源配置效率不高以及市场竞争日益激烈等因素有关。花都区整体的经济增长放缓对于融媒体中心直接产生影响，活动和宣传片制作面临着财政困难和预算不足的问题，运营创收更加困难。

花都区融媒体中心在面临经济下行压力的情况下，积极开展"线上+线下"的活动营销策略，通过线上平台和线下活动相结合的方式吸引目标受众，提升融媒体中心的品牌知名度和市场竞争力。同时，花都区融媒体中心向社会提供教育培训服务，通过提供高质量的培训课程和实用性技能培训，满足社会对教育和学习技能的需求，同时也为自身提供了稳定的收入来源。花都区融媒体中心能够在经济下行的大环境下实现正常运营，得益于其积极应对市场挑战、拓展多元化的收入来源以及不断提升服务质量。这些努力和成就值得给予高度评价。

然而，花都区融媒体中心作为公益二类事业单位，仍然需要大力发展运营部门，实现企业化转型，但是结构性问题仍然制约着这样的转型过程。

首先是融媒体的机构属性。即便是花都区融媒体中心这样的公益二类属性机构也面临着商务活动很难实质性、大规模而且名正言顺、合法合规地开展。例如，在与其他商业机构合作时，难以建立实质性的合作机制，无法形成有效的商业模式。此外，由于缺乏教育培训相关的资质牌照，融媒体中心在开展大规

模培训活动时也面临诸多障碍。这将很大程度制约县级融媒体中心建设的目标达成和效果实现。

其次是机制体制不适应。不论是公益一类还是公益二类事业单位的机制体制,实际上都难以真正遵循市场规律,开展商务运营。这种事业主体很难完全实现向市场主体的角色转化,而且存量资源非常有限,增量资源也难以开掘。

最后,市场竞争激烈。当前媒体市场竞争激烈,各类媒体平台层出不穷,使融媒体中心在市场上的竞争压力加大。融媒体中心需要不断提升自身的核心竞争力,创新营销手段和内容制作方式,以在激烈的市场竞争中脱颖而出。

在这种情况下,融媒体中心需要采取一些措施来应对这些挑战。第一,拓展多元化的创收渠道。除了传统的广告投放和线下活动,融媒体中心可以积极拓展多元化的创收渠道。例如,可以通过开展定制化的内容服务、提供专业的媒体策划和营销服务、开发具有特色的文创产品等方式,增加收入来源,减轻财政压力。其次,加强与社会的联系。融媒体中心可以积极与当地社区、企业、机构等建立联系,参与并组织各类公益活动和宣传活动。这样做不仅可以提高中心的知名度和影响力,还可以增加收入来源,缓解财政压力。第三,提升财务管理能力。融媒体中心需要提升财务管理能力,提高资金使用效率。可以通过建立完善的财务制度、加强成本控制、提高资金使用效益等方式,减轻融媒体中心的财务负担。第四,加强与政府部门的沟通和合作。融媒体中心需要加强与政府部门的沟通和合作,争取更多的政策和资金支持。可以通过与政府部门建立良好的合作关系、积极申请相关项目和资金支持等方式,缓解融媒体中心的财政压力。

(四)资金短缺,传统媒体资源存量激活有限

在花都区进行调研的过程中,调研组察觉到:由于财政资金的严重匮乏,融媒体中心在试图激活传统媒体资源存量时遭遇了多重制约。其紧缩的预算无法充分发掘及利用现有的资源存量,进而在推进媒体深度融合、用好花都区流量优势等方面显得力不从心。此种局面,最终对传统媒体在数字化时代的竞争

地位及可持续发展能力造成了不小的影响。

《花都路路通》是花都广播电视台的王牌节目,占每日播出节目的大半时间,分早、午、晚三个时段,是为本地百姓提供交通、生活等服务的咨询类节目。该节目自2008年开播以来,主要使用本地百姓易于接受的粤语方言,增加节目的可听性与黏合度,用户基本稳定,用户黏性也较好。在2023(第八届)全国广播电视媒体融合影响力指数发布中荣获2022—2023年度县级融媒体中心·融媒栏目(产品)十佳。

然而,当前花都广播电台正面临一系列挑战。由于人员缩减以及融媒体中心业务重心向新媒体矩阵发布转移,电台的策划、采编、发布流程实际上已经与融媒体中心的新媒体编辑部相互独立。此外,由于之前运营的"花都广播"公众号已停用,目前"花都广播电视台"微信公众号主要由运营创收部门负责经营。这导致广播节目在实际运营中缺乏有效渠道将线下用户转化为线上流量。

因此,在当前的媒体融合背景下,花都广播电台需要思考如何充分整合内外部资源,实现与融媒体中心的紧密协作,从而优化策采编发流程,形成高效、统一的内容生产与传播机制。同时,为了有效利用和拓展线上用户,花都广播电台需积极开拓和运营自身的新媒体平台,搭建起线下用户向线上流量转化的有效桥梁,进一步推动品牌的线上传播和社群化经营。通过这样的措施,花都广播电台可以更好地适应媒体融合的发展趋势,强化与用户之间的联系,进而提升整体的运营效果和社会影响力。

众所周知,广播电台作为一种具有伴随性、便携性、垂直细分领域深耕以及支持用户实现多线程任务等特性的媒介形式,始终能够与用户保持紧密关系,并建立起深厚的联系。进入媒体融合时期,广播媒体也在不断地创新,也不乏阿基米德这种成功转型的典型案例[1]。因此,借鉴这些成功案例,花都广播可从以下几个方面推进媒体融合。

第一,发展多元化的内容传播方式。阿基米德客户端通过加入文字、图像等媒介内容,使信息传播更加立体而多元。花都广播可以借鉴这种方式,不仅

---

[1] 王捷宇,涂晓华.试论阿基米德App的实践与创新.新闻论坛,2020(3):34-36.

仅局限于音频传播,也可以将内容以文字、图片、视频等形式进行多元化呈现,满足用户不同的需求。

第二,提高社区化和互动性。阿基米德客户端的社区化功能和互动性特点,使用户之间、用户与主播之间能够进行即时互动,增强了用户的参与感和黏性。广播媒体可以通过引入社区化元素,建立用户之间的互动平台,提高用户的参与度和忠诚度。同时,以电台为媒,用户与用户之间可以进行社交,实现"媒体+社交"的转型。

第三,进行跨平台合作与资源整合。阿基米德客户端与多个广播电台和网络电台展开合作,实现了资源的共享和互利共赢。花都广播电台可以积极与其他媒体平台进行合作,通过跨平台整合,扩大自身的覆盖范围和影响力。

第四,创新运作模式。阿基米德客户端在运作模式上进行了创新,如使用专业生产内容(PGC)模式、推出发帖功能等,取得了不错的成绩。花都广播电台也可以在运作模式上进行创新尝试,如采用用户生产内容(UGC)模式、推出特色功能等,以吸引更多用户和市场份额。阿基米德的 *IREPORT* 新闻节目是由观众自己挖掘新闻、写稿、播报的。花都广播电台作为扎根花都当地的资深节目也完全具备类似的创新潜力。

总之,广播媒体在面对新媒体冲击时,应该积极寻求创新和发展之路。通过多元化的内容传播方式、增强社区化和互动性、跨平台合作与资源整合以及创新运作模式等方面的努力,广播媒体可以在新时代保持竞争力并实现可持续发展。

(五)媒体竞争激烈,生存空间被挤压

虽然花都融媒体中心通过向下扎根,平台下沉的策略选择成功抓住了区域内的流量,但是仍然面临着来自上层媒体的流量竞争。以《广州日报》的微社区"e"家通融媒体平台及其升级版的"新花城"为例,这两个平台成功地连接了广州市 120 多个社区,形成了强大的本地社区网络,直接导致了花都融媒体原本应有的流量被挤占,严重压缩了其生存空间。

在媒体纵向融合的过程中，上层媒体通过其提供的平台吸引下层媒体的入驻，实现了对下层媒体的整合，但是，下层媒体往往无法享受到贡献用户流量所带来的收益。尤其是一些超级平台的出现，更使上层媒体在流量获取和分配方面具有更大的话语权，从而对下层媒体形成了一种压迫。在这种情况下，像花都区融媒体中心这种县级融媒体不仅面临流量被抢夺的困境，同时也因缺乏足够的资源和平台支持而难以发展。

因此，融媒体平台之间应构建一个开放、包容、共赢和良性的竞争环境，促进各平台之间的良性竞争，推动融媒体行业的健康发展。在统一指挥下，各级传播平台应相互协调和配合，在不同的传播层级充分发挥其功能。比起同质化的内卷竞争，各平台要深耕垂直领域，打造具有自身特色的分众产品，以实现差异化发展。只有这样，平台间的合作与交流才会促进信息资源的共享和优化。

媒体融合从不是源于基层的自发行为，而是顶层的战略部署。花都区融媒体中心具备深入基层、真实吸引流量用户的潜能，然而，要实现这一潜能的充分发挥，仍需上级部门营造更优越的发展环境，并提供财政层面的有力支撑。唯有如此，才能确保花都区融媒体中心稳健、持续地发展，并更好地发挥其在媒体融合中的重要角色。

三屏贯通,技术赋能
——广州市番禺区融媒体中心融媒实践调研报告

李佳慧　何国峰　刘雪梅*

摘要:广州番禺区融媒体中心自2019年成立以来,持续聚合、发展媒介资源,现拥有由"两微一端一网"以及80多个宣传平台组成的全媒体宣传矩阵和接诊网络,深耕"新闻+政务服务商务"模式,形成了电视荧屏、电脑屏、手机屏三屏贯通,智能手机一键通览的传播新生态,同时负责区域内宣传工作以及市场化和商业化的转型改革。番禺区融媒体中心在内容生产、技术赋能以及产业发展上都积累了宝贵的"番禺经验",逐渐成为区域全媒体传播体系建设的重要阵地。其在内容生产上充分体现"新闻+"特色,在技术赋能上全力向智媒体转型升级,在产业发展上积极探索媒体资源全域商业化运作。在取得成绩的同时,番禺融媒在媒介融合的过程中仍存在一些进步的空间,如在"互联网应用适老化改造"方面,在"掌上番禺"移动客户端中提供的服务内容有待深化。本文也提出了一些针对性的建议,期望助其走出困境,从而能更好地助力基层社会治理。

关键词:媒体融合;番禺区;融媒体中心

一、番禺区融媒体中心的发展历程

(一)番禺区发展背景

番禺区又称作番禺,是广东省广州市的辖区之一,位于珠江三角洲和粤港澳

---

* 李佳慧,广州大学新闻与传播学院广播电视专业硕士研究生;何国峰,广州市番禺区融媒体中心办公室副主任;刘雪梅,广州大学新闻与传播学院副教授,硕士生导师,主要研究方向为网络与新媒体传播。

大湾区的地理中心,北与广州市海珠区接攘,东与东莞市相望,西接佛山市南海区、顺德区和中山市,南临珠江口,与南沙区接壤,总体来说地理位置较为优越。

番禺是历史上有名的鱼米之乡,有深厚的历史文化与丰富的旅游资源,拥有岭南建筑、岭南画派、粤剧曲艺、广东音乐等广府文化和鳌鱼舞、飘色、乞巧、醒狮等多项民间艺术,是当之无愧的旅游大区、强区。

番禺是闻名遐迩的美食之乡,素有"番禺味道"之称,同时也是广州南站、莲花山港等海陆交通枢纽。广州大学城位于番禺,中山大学、华南理工大学、华南师范大学等高等院校云集于此。此外,其作为连接"双核"的重要区域,制造业强区番禺有了新的战略定位:智造创新城。

经过近几年的蓬勃发展,番禺获得多项荣誉:2021年被评为"四好农村路"全国示范县;2021年成功入选第二批国家文化出口基地名单;2022年上榜年度全国综合实力和投资潜力百强区;2022年成功入选首批国家知识产权强国建设试点县(区)。

(二)番禺区融媒体中心发展概况

1.番禺区融媒体中心的发展现状

从广义上讲,"融媒体"是指充分利用媒介载体,将广播、电视、报纸等在人员、内容、广告等方面具有相似性和互补性的不同媒体整合在一起,实现"资源互通、内容整合、宣传互融、利益共享"的一种新型媒体。[①] 番禺区融媒体中心(后称"番禺融媒")作为广州市首个挂牌的区县级融媒体中心,于2019年正式挂牌成立,是以原番禺日报社和番禺区广播电视台为基础,整合区内媒体资源组建成立的区级融媒体中心。番禺融媒内设办公室、总编室、新闻部、专题部、后期制作部、融媒运营部、经营部、专栏专刊部、综艺部、财务监管部、党廉室、文化发展部、技术播控部13个科室,核定事业编制79名。番禺融媒为公益二类事业单位,有广州市番禺有线数字电视网络有限公司(后称"番禺有线")等5个

---

① 徐祝生.融媒体下传统媒体经营转型策略探析[J].中国市场,2021(20):44-45.

企业,它们分别负责有线电视运维、影视制作、新媒体运营和印刷服务等。

番禺区融媒体中心从组建至今,持续聚合、发展媒介资源,现拥有由"两微一端一网"以及 80 多个宣传平台组成的全媒体宣传矩阵和接诊网络,深耕"新闻+政务服务商务"模式,形成了电视荧屏、电脑屏、手机屏三屏贯通,智能手机一键通览的传播新生态,同时负责区域内新闻宣传工作。

2.番禺区融媒体中心的发展历程

番禺区融媒体中心的发展历程分为三个阶段:第一阶段"为生存而活"为 2017 年年初至 2019 年 7 月;第二阶段"为尊严而活"为 2019 年 7 月至今;第三阶段"为幸福而活"为番禺融媒下一阶段的发展目标。番禺融媒目前正处于由第二阶段向第三阶段过渡的时期。

第一个阶段是启动以"活着"为目标的 1.0 版本改革。在这个阶段中,番禺融媒针对现实条件并以"活着"为目标开始推进第一次大刀阔斧的改革。2017年初,原番禺区广播电视台日渐亏损、人才流失、技术欠缺、资源匮乏等问题层出不穷,逐渐不能适应媒体技术和市场的发展,因此,在此阶段的改革力度是相当大的。第一步是机构改革,重组小组,实施以结果为导向的激励评价机制,彻底废除"大锅饭"制度。第二步是按照"移动优先"策略开展技术改革,打造"平台+网络""大屏+小屏""有线+无线"综合覆盖宣传网络,发展 4K 智能电视与宽带融合业务,建成全区唯一高清录播大厅。第三步是主动开拓抢占宣传阵地,开办番禺电视综合频道、完成番禺电台全新升级改版,形成"番禺视听"客户端、"番禺台"公众号、"番禺有线服务号"等新媒体传播格局,加入全国区县级电视台节目交流联盟。[1]

第二阶段:为尊严而活。2019 年 7 月,番禺融媒推行了区内第二次党媒改革,由原番禺区广播电视台、番禺日报社两家合并组建的番禺区融媒体中心正式挂牌成立。这个阶段主要是破立结合解决体制难题,统一考核和拨付标准,建立全新绩效工资制度,创造性增加在编人员"奖励性绩效工资",破格

---

[1] 崔忠芳.番禺融媒:从"为生存而活"到"为幸福而活"[J].中国广播影视,2020(20):69-73.

选拔人才,率先建立项目总监制。同时,以技术创新生产流程,抢"鲜"和"快"。以"移动优先"和"大数据为核心"技术定位,实行采编流程融合再造,形成"资源集约、结构合理、差异发展、协同高效"的全媒体传播体系,推动媒体融合向智媒体转型,建设"中央厨房"采编中心、实景演播厅,在全市率先实现统一指挥调度。

第三阶段:为幸福而活。首先,坚持"党政满意、群众喜欢、市场需要"的宗旨,着力抓好融媒体矩阵、智慧广电、应急广播的建设投入,充分发挥党政信息发布、政策解读、民生热点引导等媒体功能,从单一的内容供应商向公共服务运营商转换,助力政府科学决策,为市民提供精细化服务。其次,全面提质提档,项目运营精品化,进行市场化运作,精准定位目标人群,把握媒体活动产生流量的关键,实现政治意义、艺术价值和经济利润的共赢,全面提升区融媒体中心综合竞争力。再次,进行媒体产业化布局,以"文旅+媒体"为牵引,促进整合本地文化资源,助推文化产业做大做强。最后,以大数据、4K、5G等新技术促进经营、有线电视增值业务,打造媒体产业链,加快推进有线电视网络整合与5G建设一体化发展,加大投入推进农村应急广播系统建设。针对高端用户建设"娱乐+互动"电视平台,发展4K高清增值业务,不断为基层一线单位打造触手可及、应对快捷、深度覆盖的舆论宣传阵地。

目前番禺融媒正处于第二阶段到第三阶段的过渡期。下一阶段番禺融媒将以主业为基础,谋划布局产业升级,全面拓展媒体新业态,马不停蹄地部署第三次媒体产业生态集群化发展改革,最终实现"幸福地活着"的改革目标。

二、区域融媒体实践的主要内容

番禺区融媒体中心作为打通国家治理体系和治理能力现代化的"最后一公里"的新平台,为了提高融媒内容质量与传播触达率,打造全媒矩阵,在多个传播平台中以"掌上番禺"移动客户端为主,以"番禺"系列微信公众号和"番禺融媒"抖音号为辅,形成统一管理、一个声音、多个出口的区县级主流舆论阵地。

以下将围绕"掌上番禺"移动客户端、"番禺"系列微信公众号以及"番禺融媒"抖音号三个平台分析其产品架构。

(一)"掌上番禺"移动客户端

近年来,番禺区融媒体中心不断发挥本土化优势,优化自身内容生产与聚合能力,逐步形成了移动优先的跨渠道传播矩阵。"掌上番禺"作为番禺区融媒体中心官方移动客户端,于2020年4月3日正式上线,其间经过13次升级,不断完善和拓展应用内的多项功能和服务,目前已更新至1.1.6版本。截至2023年10月,它在安卓应用市场的下载量累计突破14万次①,成为本地极具有权威力、影响力、公信力的移动融媒体平台。

在平台运营上,客户端要建立起与用户的联动效应。客户端不仅要做新闻内容的推送平台,而且要搭建成为综合性的信息服务平台。以下将从产品设计和内容生产两方面分析移动产品"掌上番禺"。

1.产品设计

(1)产品结构

由"掌上番禺"移动客户端的产品结构图(图1)可知,"掌上番禺"移动客户端主要将页面设计为五大板块,分别是"我的""服务""频道定制""视听"以及"矩阵号"页面。首先是"频道定制"页面,其主要包括"首页""时政""身边""番禺故事""视频""教育""健康""党建""扫黄打非""番禺记忆"十大频道。其次是"视听"页面,"掌上番禺"创造性地将直播、电视和电台这三大传播媒介放在同一频道中,让用户可以随时收看收听番禺节目,不再错过精彩内容。再次是"矩阵号"页面,其中以"热门"和"关注"两大板块为主,并构建了涵盖"番禺台"系列号、"番禺日报"系列号、番禺各镇街/企事业单位融媒微信公众号共80多个新媒体发布平台的融媒体矩阵。②

---

① 数据来源于安卓应用市场。
② 崔忠芳.番禺融媒:从"为生存而活"到"为幸福而活"[J].中国广播影视,2020(20):69-73.

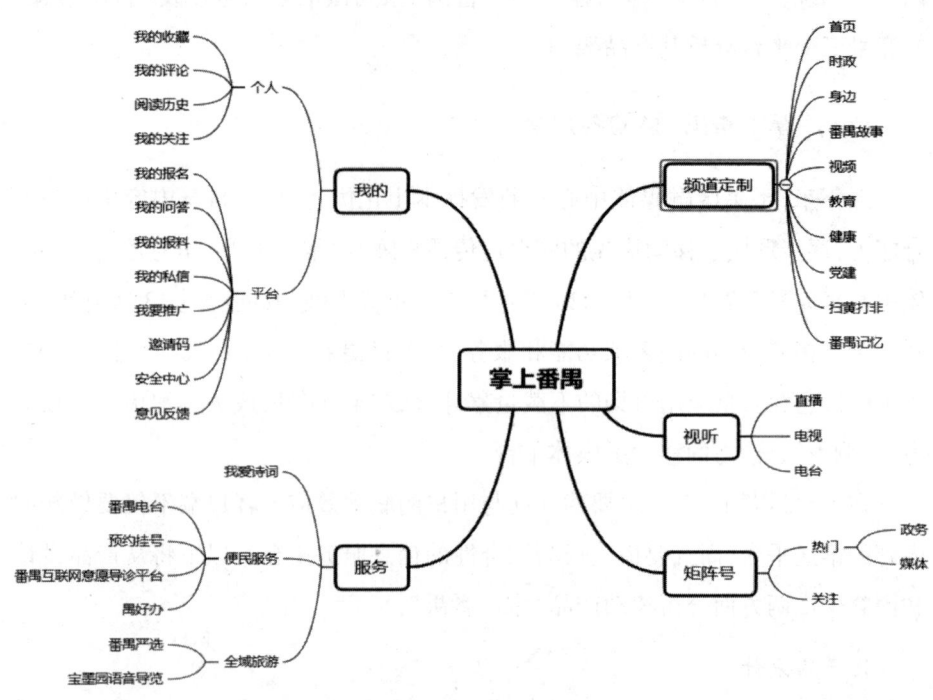

图1 "掌上番禺"的产品结构

番禺融媒为了打造"新闻+服务体系",致力于成功转型为"综合服务运营商",深耕社区强化便民服务,充分利用新媒体平台,开发服务板块和专题专栏,向群众提供就业、教育、医疗等服务。在"服务"页面中,有文艺活动、便民服务和生活服务三大主题。文艺活动主题主推"我爱诗词"活动的宣发;便民服务主题主要涵盖"番禺电台""预约挂号""番禺互联网医院导诊平台"以及"禺好办";生活服务主题聚焦全域旅游,主要包括"番禺严选"和"宝墨园语音导览"两个服务内容。

(2)产品使用流程

从产品结构图中可以清晰地看到"掌上番禺"移动客户端拥有完善的功能模块,可以让用户拥有流畅和简洁的新闻阅读体验。以下将着重分析"掌上番禺"移动客户端的频道定制和分享两大功能(图2)。

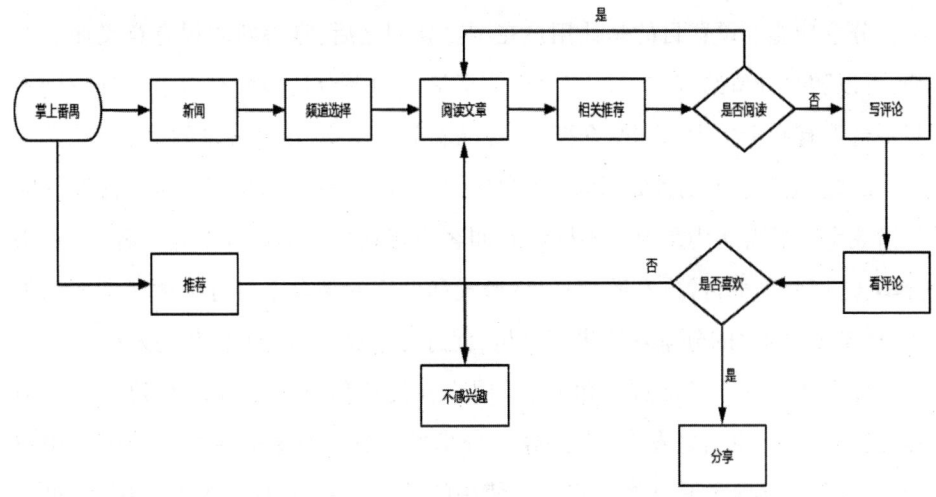

图2 "掌上番禺"的产品使用流程

①频道定制

频道分类功能的设置目的是对不同新闻进行分类,明确用户的阅读爱好,简化用户的搜索操作,然后快速精准推荐用户喜欢的新闻,提升新闻发布的质量。用户在看新闻时,想缩小精准新闻范围或者查找自己喜欢的新闻类型,抑或看看这个客户端的新闻分类丰不丰富,资讯全面与否,可以通过频道设计一叶知秋。

"掌上番禺"频道设计保持精简和垂直内容,精确用户的阅读爱好,为用户提供多种选择。频道定制突出地方新闻特色,将本地用户与"掌上番禺"紧密相连。除了"首页"和"党建"两大重要信息推送频道,与番禺区有关的频道设计包括"身边""番禺故事""番禺记忆""扫黄打非"四个频道。目前客户端没有开通频道删除或添加其他频道的功能,而且改变频道顺序这一功能在使用过程中也有卡顿和迟缓现象。

但总体来说,频道定制功能还是较完善的,频道选择数量不多,操作便利,基本可以满足本地用户的日常新闻读取需求。

②分享

分享功能的设置目的是让用户在浏览新闻之后,觉得新闻很有意义或者有趣,可以随时分享给好友。目前用户分享最多的平台是微博和微信。分享到不同平台上有利于扩大新闻受众群体,提高新闻分享率,达到分享的目的。

因此,简化发布分享的步骤,减少用户等待时间和增加发布平台,提高新闻传播效率则显得尤为重要。不同的新闻客户端在分享的流程上是一样的:点击分享,选择分享平台,再发送,但分享形式和分享的平台渠道有细微区别。以下将对"掌上番禺"的分享功能进行分析,促进分享这一功能的优化与发展。

分享功能位于屏幕右上角,便于用户在阅读信息的过程中看到有趣的内容,能够及时分享给好友,大大提高了分享率。分享对象的多少也会影响用户的体验度,最适宜的是选择用户经常使用的社交软件,这样既方便使用,又可以很好地宣传信息产品。

"掌上番禺"有六个分享对象,前五个都是腾讯旗下的产品:微信好友、朋友圈、QQ好友、微信收藏、QQ空间、微博。微信是目前用户使用最频繁的社交软件,排在最前面,然后就是QQ。微博也是相对来说用户较聚集的社区,分享到微博同样能达到新闻宣传、再宣传的效果。

复制链接这一功能方便用户生成链接,然后分享到任何一个平台,实现信息传播的全面覆盖。

比较创新的是"微信收藏"这一功能,用户可以将重要新闻直接加入自己的微信收藏中,这样即使微信内存清除,也会存留重要的新闻内容,方便用户随时随地回顾信息,形成信息记忆地图。

习近平总书记强调:"媒体融合发展不仅仅是新闻单位的事,要把我们掌握的社会思想文化公共资源、社会治理大数据、政策制定权的制度优势转化为巩固壮大主流思想舆论的综合优势。"区县融媒体既要发挥地域特色,挖掘本土故事,运用多种手段开展新闻宣传,推动文化繁荣发展,也要依托党和政府的执政优势,聚合本土的各类社会资源、文化资源,打通数据壁垒,打造自主可控的新型传播平台,用新技术赋能智慧媒体、智慧政务、智慧城市建设,深度参与数字经济、文化数字化和社会治理数字化，为文化强国、数字中国建设添砖加瓦。

2.内容生产

（1）内容来源

坚持"内容为王"原则，为群众和社会提供融合性媒体内容产品是地方融媒体设立、发展的"初心"。目前，"掌上番禺"内容主要包括资讯、视听、直播等。随机选取"掌上番禺"2023年11月1日至2023年11月7日的内容进行分析，以了解"掌上番禺"的内容来源及内容形式。

从"掌上番禺"新闻资讯的更新情况可以看出："掌上番禺"每日更新的频道主要分布在"首页"频道和"身边"频道。"首页"和"时政"频道主要负责转载与广东省有关或重要的新闻资讯，以及更新部分原创新闻资讯。而番禺融媒主要的原创稿件基本放置在"身边"和"生活"这两个频道当中。

分析11月1日至11月7日"掌上番禺"移动客户端发布的560条新闻内容可以发现，"掌上番禺"移动客户端对内容整合的重视程度较高。内容来源的渠道不再以单一的官方渠道为主，而是倾向于对多个信息渠道的内容、观点进行整合，力求新闻报道的角度更加全面。在媒体竞争日益激烈的今天，只有不断提高内容质量，才能获得用户青睐，而内容整合能够有效避免内容同质化现象的产生。此外，"掌上番禺"的所有发布稿件均实行三审制度，采编发流程规范，确保信息准确。

（2）内容形式

在以内容为核心的服务提供方面，除了供应时事内容、新闻要点、融合资讯等，还需要个性化生产各平台所需的产品，将快讯、深读、图解、短视频等新闻产品以契合各平台时效性和可读性的形式进行发布，这样才能产生画龙点睛的效果。目前"掌上番禺"的内容呈现形式主要以图文结合的方式为主，其次是视频、音频。"掌上番禺"正在不断尝试使用新的传播技术，创新内容表现方式，使其生产的内容能够更加吸引用户关注，达到良好的传播效果。

此外，"掌上番禺"在资讯获取上设立了"视听矩阵"栏目，在移动互联网发展快速的当下依旧为部分受众保留电台收听、浏览看报等传统资讯获取方式，这满足了不同受众群体的差异化阅读需求。此外，"掌上番禺"还把政策优化、气象提醒、信息公开等作为重要内容放置在资讯页显眼位置进行滚动播放。简化阅读资讯的检索步骤，提高融合产品的抵达效率，可以极大满足群众获取"硬新闻"的即时性与便捷性需求。

(二)"番禺"系列微信公众号

移动互联网时代的到来，造成我国传统纸质期刊的整体发行量逐年下降。随着网站、短视频等网络媒体的兴起，纸质期刊越来越受到数字媒体的挑战，微信已逐步成为人们生活和社交以及获取外界信息不可或缺的平台。[①] 其中，微信公众号的"群发推送""留言评论""转发分享"等功能帮助自媒体人或平台广泛传播重要信息，如政府服务公众号、生活服务类公众号等都在借助该平台传播信息并从中获取流量变现。[②] 番禺融媒构建了"番禺"系列微信公众号矩阵，主要由"番禺台""番禺日报"和"广州番禺发布"三大微信公众号构成。以下将就三者的产品战略（表1）以及产品结构进行分析。

1.产品战略

"番禺"系列微信公众号以"番禺台"为主，"番禺日报"和"广州番禺发布"为辅。"番禺台"微信公众号的标语是：最新鲜的本地资讯、最及时的权威发布，你身边的吃喝玩乐，尽在番禺台！其定位是集发布资讯、便民服务、电商平台于一体的微信公众号，认证类型是事业单位，认证主体是广州市番禺区融媒体中心。因此，相较于"番禺日报"和"广州番禺发布"，"番禺台"微信公众号发布的内容更为广泛，涵盖娱乐、生活、教育、社会等多方面内容，不仅会推送与番禺区有关的信息，也会同步发布社会时事热点和时政资讯，以帮助用户了解最新的

---

① 梁明修，邵子津，刘俊鑫等.中华医学会系列期刊微信公众号运营情况分析[J].中国科技期刊研究，2021,32(12):1556-1564.
② 梁明修，邵子津，刘俊鑫等.中华医学会系列期刊微信公众号运营情况分析[J].中国科技期刊研究，2021,32(12):1556-1564.

资讯,如《网红品牌被曝"欠薪",线下遭"甩卖"? 最新→》《2023年广州国际美食节:四海风味,烟火羊城》《番禺一公园变装"美拉德穿搭",美极了》等推文。目前"番禺台"每天更新一次,一次更新6条推文,更新时间是每晚0点。

表1 "番禺台""番禺日报""广州番禺发布"的产品战略对比分析

微信公众号	标语	产品定位	认证类型	认证主体	更新时间	更新频率
番禺台	最新鲜的本地资讯、最及时的权威发布,你身边的吃喝玩乐,尽在番禺台!	集发布资讯、便民服务、电商平台于一体的微信公众号	事业单位	广州市番禺区融媒体中心	每晚0点	日更1次/6条
番禺日报	立足番禺,宣传番禺,服务番禺	番禺主流媒体、广州日报报业集团子报,提供番禺新闻、文艺、民生、服务等相关信息播报	媒体	广州市番禺区融媒体中心	每日15点—17点	日更1次/5条
广州番禺发布	传递真实权威的政府声音,共享番禺发展的每一份喜悦	以发布政府通知为主的微信公众号	政府	中国共产党广州市番禺区委员会宣传部	每日13点—15点;19点—20点	日更2次/2条

"番禺日报"微信公众号的标语是:立足番禺,宣传番禺,服务番禺。其定位是番禺主流媒体、广州日报报业集团子报,提供番禺新闻、文艺、民生、服务等相关信息播报,认证类型是媒体,认证主体是广州市番禺区融媒体中心。观察2022年10月"番禺日报"的更新内容,发现其推文内容以新闻、文艺、民生等为主,相较于"番禺台",其内容更偏向于生活类,如《凉茶加西药! 一航班紧急折返》《重阳节,这场音乐节讲座带你穿越时空!》《著名美食家庄臣为2023年广州国际美食节打call》等推文。目前"番禺日报"每天更新一次,一次更新5条推文,更新时间是每日下午15点—17点。

"广州番禺发布"微信公众号的标语是:传递真实权威的政府声音,共享番禺发展的每一份喜悦。其定位以发布政府通知为主,认证类型是政府,认证主体是中国共产党广州市番禺区委员会宣传部。目前,"广州番禺发布"每日更新

2次,一次更新2条,更新时间是每日下午13点—15点以及每晚19点—20点。其推文内容以更新政务通知为主,如《广州集体户口市内迁移业务办理流程》《广州明文禁养38种犬只！番禺养犬严格管理区有这些→》等推文。

根据"番禺台"微信公众号2023年9月23日至10月23日期间推送内容的标题进行词频统计(图3)。选择标题进行词频统计的依据在于:微信公众号在完成推送后,用户首先看到的是几个以列表形式出现的新闻标题,文本需要在点击标题后可见。标题成为支配全文并提示主要内容的核心元素,因此借助于标题的词频分析可在一定程度上反映"番禺台"微信公众号在内容定位上的特

图3 2023.9.23—10.23"番禺台"微信公众号推送文章标题的词频分析

征。结合"番禺台"微信公众号发送推文的标题关键词,发现标题中出现最多的依次是"广州""番禺""通报""广东"等与番禺区紧密相关的词汇,与"番禺台"微信公众号的定位相吻合。

通过对图3的观察分析,可得出"番禺台"微信公众号在内容定位上存在以下两点特征:

一是发文内容热点化:"番禺台"微信公众号主要围绕当下的热点话题创作内容,发挥了新闻的时效性价值。在网络环境之中,时效性尤为重要,同质化的微信公众号只能靠时效性来保证阅读量和影响力,例如"停课""台风"等关键词均属于发文时间段内的热点,而热点事件的关注度会随着时间的推移逐渐变低,今天的新闻到明天已经成了旧闻,失去了新闻报道的意义。"番禺台"微信公众号在运营过程中充分意识到了新闻时效性的价值,因而在发文选题上紧扣热点话题创作。

二是发文内容本土化:通过对图3的地区性词语进行观察可知,"番禺台"文章标题上大量出现本省范围内的地区性词语。这说明"番禺台"微信公众号在内容生产中格外注重内容的本土化,内容的本土化能够更好地满足用户的情感需要。这种情感上的满足主要是因为大多数受众都属于本地受众,通过阅读本地的信息,能够和"番禺台"微信公众号建立起情感纽带。这种情感纽带会促使受众在看到有关于本地的新闻推送时,愿意阅读和分享。因此,"番禺台"微信公众号充分挖掘地方特色,将推送内容本土化,以满足本地受众的情感阅读需要。

由图4可知,"番禺台"微信公众号在内容议题类型占比情况上以社会类新闻为主,占比33%;其次是其他新闻,占比30%;占比最小的为服务类新闻,占比11%。"番禺日报"微信公众号在内容议题类型占比情况上以其他新闻为主,占比38%;其次是科教文体卫类新闻,占比31%;占比最小的为服务类新闻,占比10%;"广州番禺发布"微信公众号在内容议题类型占比情况上以科教文体卫类新闻为主,占比37%;其次是其他新闻,占比35%;占比最小的为社会类新闻,占比6%。

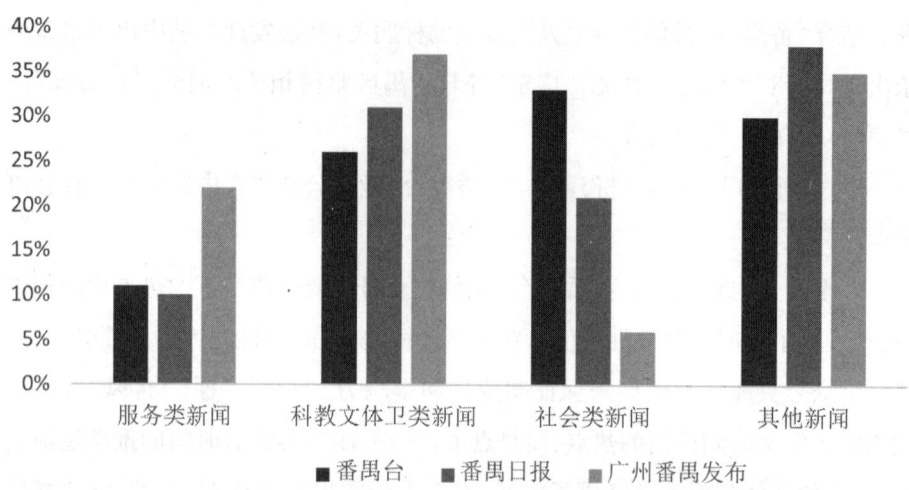

图4 2023.9.23-10.23"番禺"系列公号内容议题分布情况

综上所述,"番禺"系列微信公众号虽然在内容议题走势上基本相同,均以科教文体卫类及其他新闻为主。但是"番禺台"微信公众号在社会类新闻占比上远远多于"番禺日报"和"广州番禺发布"微信公众号。社会类新闻具有引导社会舆论、公布事件真相、传播文化理念等重要作用,因其选题的广泛性而具有一定的教育功能,能够提升用户的道德素养,例如"番禺台"微信公众号2023年10月15日发文内容《广州番禺:男子跳水意图轻生,民警飞身下水救人》,对社会好人好事的宣传与赞扬,展现了新闻的人道主义精神。"番禺台"微信公众号在内容议题类型上偏好社会类新闻的主要原因在于"番禺台"是新闻融媒体的官方公众号,内容议题需要服务于当地市民,尤其是番禺区本地的一些突发通知,"番禺台"需要做到及时推送,以此发挥官方媒体作用。

2.产品结构

由图5可知,"番禺"系列微信公众号运营的核心账号是"番禺台"微信公众号。"番禺台"微信公众号主要涵盖以下四方面的功能服务:"职业培训"("超级主播""茶艺师""互联网营销大师""育婴员""色彩搭配师");"直播点播"

三屏贯通,技术赋能

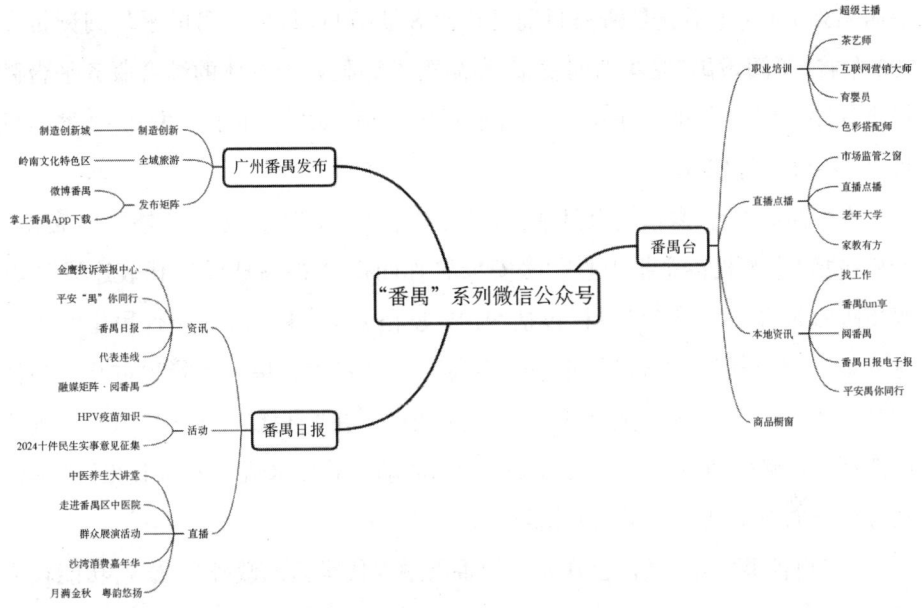

图5 "番禺"系列微信公众号的产品结构

("市场监管之窗""直播点播""老年大学""家教有方");"本地资讯"("找工作""番禺 fun 享""阅番禺""番禺日报电子报""平安禺你同行");"商品橱窗"。在"职业培训"专栏中,点击相应职业即可进入对应的公众号推文,获取相关职业培训信息。在"直播点播"专栏中,"市场监管之窗"帮助用户了解时下经济市场的最新资讯,如《购买保健食品,你会选了吗?》《安全用药一起学》等内容。"直播点播"则是进入番禺台的窗口,其下包含"直播""智汇创业""寻味番禺""禺山清风""记忆番禺"等五大板块。"老年大学"和"家教有方"属于教育类服务,番禺融媒开设老年大学云课堂,讲解内容以番禺故事和社会常识科普为主,帮助老年人更好地与社会衔接。"家教有方"是由番禺区妇联、番禺区文明办以及番禺区教育局联合主办的互动H5平台,以3分钟音频节目的形式向家长宣传如何更好地进行家庭教育,其内容有《孩子总爱抱怨怎么办》《孩子交不到朋友怎么办》等。在"本地资讯"专栏中,"找工作"板块收集了番禺区单位和企业的空缺岗位信息。"番禺 fun 享"是由番禺融媒创造性地打造的美食探店系列节目《生活就是酱》,目前已推出8期节目,每期节目的平均阅读量在700左右。"阅番禺"是集新闻发布、商品购买等服务于一体的综合服务平台微信小程序。用户在小程序中可以指定阅读频道,如"广州番禺发布""番禺日报""番禺台"等媒体。

在"番禺日报"微信公众号中,服务专栏有"资讯""活动""直播"。"资讯"专栏包括"金鹰投诉举报中心""平安'禺'你同行""番禺日报""代表连线""融媒矩阵阅番禺"。"活动"专栏包括"HPV疫苗知识"和"2024十件民生实事意见征集"。"直播"专栏包括"中医养生大讲堂""走进番禺中医院""群众展演活动""沙湾消费嘉年华""月满金秋 粤韵悠扬"。在"直播"专栏中,用户点进相应活动即可跳转进入对应直播间实时参加活动。总体来说,"番禺日报"微信公众号更偏向线下活动资讯的通知与发布。

"广州番禺发布"微信公众号作为番禺融媒代运营的政务公众号,功能较为精简,以推广打造全媒宣发矩阵,向"掌上番禺"移动客户端引流为主。[①] 其服务专栏主要包括三个:"制造创新""全域旅游""发布矩阵"。其中,"发布矩阵"分别链接微博番禺和"掌上番禺"App下载。

(三)"番禺融媒"抖音号

移动互联网的发展为短视频应用生产内容急剧增长和扩张提供了契机。中国互联网用户使用短视频进行社交,短视频使用正在成为越来越多中国网民的一种新的互联网生活方式。[②] 短视频的急速发展和巨大潜力,为主流媒体提升影响力提供新的"风口"。"番禺融媒"抖音号为番禺区广播电视台的唯一官方账号。截至2023年10月25日,其累计获赞890.8万,粉丝共43.9万。其将视频分为"广州国际美食节探店""精彩直播回放""禺城见闻""国内新闻"等板块。目前,"广州国际美食节探店"已更新至第2期,视频累计播放量为1500+,

---

① 欧丽婷,林婉津,侯迎忠."微时代"下地方政务微信传播策略研究:以"广州番禺发布"为例[J].今传媒,2018,26(3):68-70.
② 欧丽婷,林婉津,侯迎忠."微时代"下地方政务微信传播策略研究:以"广州番禺发布"为例[J].今传媒,2018,26(3):68-70.

"精彩直播回放"仅1个视频,视频累计播放量为4.3万次,"禹城见闻"已更新至第15期,视频累计播放量为10.2万次,"国内新闻"已更新82期视频,视频累计播放量为23.3万次。

"番禺融媒"抖音号日更10条至20条,更新时段为11点至19点。"番禺融媒"抖音号通过碎片化的视觉表达和情感化的传播形态充分适应了社交化、移动化的信息传播环境和抖音新技术平台,内容包括转载其他新闻频道视频和自制新闻视频。"番禺融媒"抖音号的内容构成聚焦使用"个体—场景"的微观内容框架,具体则体现在,更加"青睐"社会上的普通人,尤其关注社会弱势群体,用或励志或温情或感人的方式讲述残障人士、快递员、外卖员等普通人的励志故事。① 在新媒体环境下,主流媒体与机构媒体、自媒体等新行动者角逐于用户的注意力市场,各主体竞争激烈,更加强调内容产品的持续创新。

在信息内容碎片化、娱乐化的抖音平台上,情感因素的注入有助于吸引和留住用户的注意力,并激发其进行参与、转发和点赞,从而以透明性的数据来佐证主流媒体内容产品传播力的效果。在用户日益有限、碎片化的注意力内,人们往往更易产生情感的共鸣,而不是对理念或事实作出反应。因此,采用情感模式更加容易满足用户的信息、娱乐和消费需求。②

短视频新闻通过碎片化叙事及视听一体化传播的双重传播优势,将传统的图文和视频新闻以更直接简单的方式呈现,日益成为人们接收信息的新平台,以抖音为代表的短视频平台也已发展成为主流媒体新闻传播的新阵地。

---

①② 欧丽婷,林婉津,侯迎忠."微时代"下地方政务微信传播策略研究:以"广州番禺发布"为例[J].今传媒,2018,26(3):68-70.

三、区域融媒体实践的卓著成效

(一)特色定位:构建番禺区"新闻+"现代服务体系

通过三年时间的挈领探索和长期实践,番禺融媒在纵深发展中开发出"掌上番禺"移动客户端。其依托番禺区融媒体中心提供本地权威新闻资讯发布、节目点播、本地民生服务等。

从产品实践情况来看,官方将"融汇精彩,传播美好"的传播理念和"新闻+政务服务"的功能理念融汇于客户端口,显示出其本身具备自适应全媒体时代公众对于即时性阅读和沟通性应答的使用需求。

2020年,中共中央办公厅、国务院办公厅印发了《关于加快推进媒体深度融合发展的意见》,明确指出主流媒体要探索建立"新闻+政务服务商务"的运营模式。在媒体深度融合这一背景下,县(区)级融媒体不仅要当好主流舆论阵地,还要努力建成综合服务平台以及社区信息枢纽。番禺融媒作为广州市首个挂牌的区级融媒体中心,自成立以来积极响应政策,深耕"新闻+政务服务"模式,在移动端产品的孵化中紧扣"新闻+"建设理念,整合了本地媒体资源、数据资源和用户资源,兼具了媒体属性和服务属性,将生活服务、政务服务等功能串联其中。目前,"掌上番禺"移动客户端已基本具备舆论宣传、资讯提供、本地服务与智慧信息等多项延伸功能,在平台建设与体系构建方面取得了显著成绩。

1.新闻+政务:"线上大厅"移动办事,打造"智慧番禺"

互联网技术的更新换代,使得原本普遍存在于基层的办事难、办事手续烦琐问题得到了一定程度的解决。全国居民社保的普及、电子政务的推进、市长热线的开通等项目的落地都在一定程度上反映了国务院治理政策的有力实践。2016年9月,国务院《关于加快推进"互联网+政务服务"工作的指导意见》一经问世,各地政府部门纷纷依靠互联网技术展开政务服务。① 番禺融媒顺应这一趋势,在"掌上番禺"移动客户端通过与政府合作提供便捷的线上政务服务,实现"线上大厅"移动办事,打造"智慧番禺",方便群众预约或者办理相关手续。

在服务页面,"掌上番禺"移动客户端与区政数局"禺好办"对接,实现互联互通,目前已接入"政务咨询""户籍迁移""社保业务"等22项便民利民服务,为番禺区居民提供了便捷的城市服务快速通道,如预约挂号、番禺互联网医院导诊平台、企业服务、教育服务等均可通过"掌上番禺"的服务页面与外链"禺好办"实现一键跳转,"掌上番禺"致力于打造番禺本地唯一具有媒体属性的政务服务入口。目前,"禺好办"上的热办事项主要有:预约服务、智能导办、数字保险箱、中医药服务、企业开办、场地核验、企业档案查询(容 e 查)、秒批秒办、VR演示、信用番禺、百姓提案、优惠政策、政务晓屋。"掌上番禺"先后上线"政务预约系统""5G+VR 政务晓屋""一网通"等政务服务小程序,将"最多跑一次"转向"零跑腿",发挥社区信息枢纽作用。② "掌上番禺"上的政务功能通过 AI、5G、大数据等技术赋能,深化数据的共享和利用,在优化用户利用平台进行政务办理的便捷服务的同时,收集大量数据,反映当地政府治理情况,帮助番禺区政府了解舆情风向、社会热点,以便及时作出针对性决策,保障居民生活和政府治理的顺利进行。

可见,在融媒转型背景下,"掌上番禺"不啻将便捷服务搬上"移动大厅",实现政务服务"不打烊",深度优化"互联网+政务服务",积极顺应政府职能由管理型迈向服务型的转型之势。

2.新闻+服务:多分栏满足群众需求,实现服务精准触达

融媒体中心一旦具备公共服务功能,为本地居民提供更加高效和便捷的城市服务,这会大大提高用户黏性。因此,"掌上番禺"移动客户端不仅持续以更多元的渠道覆盖多项政务服务,还致力于构建"智慧城市+公共服务"体系,其在

---

① 丁继雄.县级融媒体中心平台的传播效果调查研究[D].兰州:兰州财经大学,2020.
② 徐祝生.融媒体下传统媒体经营转型策略探析[J].中国市场,2021(20):44-45.

公共服务方面主要作出以下努力：

一是深入"服务"理念，发挥地方官媒属性。区级媒体往往承担着联系和服务基层群众的职能。番禺区融媒体中心着眼于从单一的内容供应商向公共服务运营商转换，发挥地方媒体公共属性。① 2023年5月，番禺区融媒体中心联合区人社局在"掌上番禺"上开展了"学技能 找工作"专题服务，重点打造了番禺区职业培训、就业招聘、人才政策的宣传服务平台。该专题下设有"学技能""找工作""人才政策"三大板块。其中，"学技能"板块包括职业技能培训课程介绍、技能提升补贴申领政策等内容。目前开通了粤菜师傅、育婴员、红木制作等网络直播教学培训，让更多基层群众足不出户就能参与职业技能培训。"找工作"板块持续更新不同企业的招聘岗位信息供求职者选择，致力于解决"就业难"等问题。截至10月15日，"找工作"板块已更新138条招聘信息，更新频率为周更7-8条，招聘企业以生产业为主营业务，工作地点为广州。"人才政策"板块则旨在即时推送有关人才政策的相关文件和通知，以便目标用户可以及时享受政策待遇。"学技能 找工作"专题板块旨在为企业寻找到高质量人才，为求职者匹配最佳岗位并进行技能培训。

二是政民联动，垂直抵达。常见的新闻客户端的组合栏目往往包括诸多专题板块，如时政、教育、健康等。"掌上番禺"作为番禺区融媒体中心的移动端产物，其性质及特征决定了除了应具备普通新闻客户端所包含的栏目设置之外，还应即时传达本地政府或官方组织机构的消息或通知，做到"垂直传播，精准抵达"，以保证本地市民接收部门推送信息的渠道保持畅通。为此，"掌上番禺"积极邀请本区内各街道官方机构入驻平台，最终产出集创作、发布、推送等功能于一体的内容矩阵号。矩阵号具备以下特点：

①矩阵号具备"公有性质"，即内容发布主体仅为入驻的番禺区本地政府机关（市直单位）或镇街道（办事处），不向普通市民开放发布功能，体现出矩阵号的官方特征。

②矩阵号的设立并不以商业营销、流量运作为目的，而是在于展现机关活

---

① 丁继雄.县级融媒体中心平台的传播效果调查研究[D].兰州：兰州财经大学,2020.

动情况，解读当下政策要点。如"广州番禺发布"矩阵号在台风期间发布题为《"小犬"慢行广东海岸线，番禺何时升温转晴？台风最新预测》文章，累计获得阅读量1.4万；"番禺来穗"矩阵号于2023年10月8日发布《基尼人正式开始！2023年度积分制入户办事指南请收下》文章，累计获得阅读量2000；以及"广州番禺公安"矩阵号在开学季发布《反诈与你同在！预防诈骗，从你我做起！》等文章，均表现出机关单位身体力行服务本地市民的一面。此外，矩阵号还加入"一键关注"功能，将实时更新文章自动推送到关注用户的同时，也实现"掌上番禺"与用户建立深度链接，提高用户黏性。由此可见，"掌上番禺"矩阵号为政企提供新媒体账号托管运营服务，发挥权威发布、内容审核、舆情应对等专业作用，以垂直之声凝聚组织力量，奏响政民联动乐章。

三是即时传递资讯，满足市民信息需求。番禺区融媒体中心在内容提供与信息采编方面，通过分设多个不同栏目专区，衔接起群众在差异化垂直专业领域的信息补给。如在社会性及新闻服务方面，"掌上番禺"移动客户端积极对接党委政府职能部门，就相关政务信息、部门活动、镇街动态等进行及时发布，推出《禹山清风面对面》《公众视点》等栏目，在公共卫生与健康领域，推出《名医采风》等栏目。在生活信息方面，"掌上番禺"移动客户端设置生活、教育、健康等栏目，《番禺日报》开设教育、健康、金融、旅游等专刊，聚焦群众关注的资讯话题。在政务服务领域，推出《互动访谈》《番禺事马上办》等栏目。

同时，"掌上番禺"坚持鲜明的党性与人民性相统一的原则，创建《第一观察》《牢记殷殷嘱托 在推进中国式现代化建设中走在前列》等专题集，整合政府资源优势，全方位报道领导活动情况，精准解读市政府会议精神，多角度分析当下行业形势，为城市、群众的发展生活提供清晰指引。如今，政务专题集已成为本地群众了解时事政策和获取政务资讯的重要窗口。

随着"番禺模式"的纵向发展与正向推进，广州市番禺区融媒体中心孵化出的以"掌上番禺"为融媒代表的移动端应用，现已成为基层社会媒介化服务与治理的重要平台。"掌上番禺"是由番禺区委宣传部指导建设，由广州日报报业集团联合人民日报媒体技术股份有限公司研发，由番禺区融媒体中心全力打造的。"掌上番禺"通过生产原创内容、满足用户个性化需求、维护良好的用户关系、策划活动变现流量等策略,在运营三年多的时间内,安卓应用市场下载量成功突破14万次,累计获得共500万新媒体用户,积累了丰厚的社群用户资源,运营效果不断深化,获取了广泛赞誉。

(二)技术赋能:全力向智媒体转型升级

番禺融媒探索利用5G、AR、VR等新形式、新技术,不断创新产品传播样态,以群众喜闻乐见的表现方式,有效提升内容传播效果。

1. 新模式:首创"一云多厨房"模式,打破信息藩篱

番禺融媒通过积极探索"一云多厨房"管理模式,搭建起了集移动采编、内容管理、终端分发、传播效果分析等多功能于一体的番禺融媒体云平台。这一平台具备融媒体内容采编、内容审核、矩阵管理、效果分析、监管维护等功能,支持多形态、多渠道、多媒介全媒体生产发布,承担实现多样化的新闻采集、及时的舆情监测以及精准的用户分析等多业态的新闻宣传任务,初步形成了"资源集约、结构合理、差异发展、协同高效"的全媒体传播体系。①简而言之,"一云多厨房"模式即通过一目了然的大屏幕集中优化配置资源,对当天采集的新闻进行全程监控,全盘掌控一天要闻,实现主流舆论阵地"一次采集、多种生成、多元传播",有效提升了内容制作和编辑效率。目前,番禺融媒通过使用"一云多厨房"模式已使得新闻稿件"日产量"由原来"一报两台"共40条激增至最多270余条。此外,作为广东省区县级首个基于大数据的统一指挥调度中心,"一云多厨房"模式已入选国家广电总局第三批国家广播电视和网络视听产业发展项目。

2023年10月16日是广交会开展的第二天,当天番禺融媒共发布7条与广交会有关的新闻资讯,分别是《第134届广交会开幕"广东智造"以创新撬动全球市场》《广交会上"显眼包"格子间里"生意经"》《记者带你看广交会上的新奇

---

① 刘媛媛.推进媒体深度融合发展 加快构建全媒体传播体系[J].新闻传播,2022(5):66-67.

科技》《广交会首日境外采购商到会超5万》《广交会首日,琶洲、新港东地铁全天输运进站旅客6.61万人次》《加强广交会知识产权全链条保护,第134届广交会知识产权保护工作动员会召开》《庆祝第134届广交会开幕,广州举办全国首届同业商会交流会》。

番禺融媒还以"一云多厨房"模式打通媒体资源共享渠道,消除各级媒体间的地域壁垒,构建起纵横联通、协同发展、优势互补的融媒体发展体系。① 在纵向上,番禺融媒通过"一云多厨房"模式与省市融媒云平台之间实现技术平台共建、内容资源共享。这有利于聚集各级媒体的各项资源,打造资源集约一体化平台,发挥规模效应与优势效能。在横向上,番禺融媒与市桥、东环、石楼等16个街区融媒体号协同合作,谋求共同融合发展,提升番禺区融媒体中心的资源集聚能力与区域影响力。

搭建"一云多厨房"模式,有效提高了"掌上番禺"新闻日更新量,并且最大限度地丰富了新闻内容。比如在2023年10月19日,"掌上番禺"移动客户端运用"一云多厨房"模式当日共更新了110条新闻资讯。其中,《广州发现西汉南越国时期大墓 墓主身份等级不低》《外贸"新三样"走俏"一带一路" 广交会内"电光锂"人气爆棚》等多条来自《羊城晚报》、金羊网、《扬子晚报》等平台,扩大了新闻资讯的传播范围。

总之,"掌上番禺"在平台运营的原则上坚持正确的舆论导向,做好党、政府及人民的耳目喉舌,通过"一云多厨房"模式,拓宽报道深度,放大传播效果,为广东省县(区)级融媒体中心的建设运营作出了良好表率。

2.新流程:重塑新闻采编流程,提高内容生产效能

首先,番禺融媒的新闻团队在长期实践中不断优化采编流程,将报纸、电视、电台、新媒体记者过去的"单兵作战"转变为"协同作战"。为了避免出现媒体部门工作人员各自为战,难以协调统筹的情况,番禺融媒通过电脑、手机、大屏的联动方式同时实现多媒体调度、多任务并发、高清视频传输、实时数据处理

---

① 丁继雄.县级融媒体中心平台的传播效果调查研究[D].兰州:兰州财经大学,2020.

等,极大提高新闻采编的效率,并使得媒体传播力、公信力、影响力显著提升。这不仅成功缩短了采编流程,也使单条新闻发布的时长从原来的 17 小时缩短为半小时,融合效果较为显著。

在"一云多厨房"新模式支持下,前线记者先将收集到的新闻资料分别送至新媒体部、专栏专刊部、新闻部、专题部进行审核,然后集中开选题策划会,进行报题管理,再对重要新闻事件成立虚拟报道小组,分配采访任务,通过移动终端与小组人员进行实时联系,实现新闻现场与指挥中心之间的高效信息回传。

其次,采编部门主要负责新闻稿件提供,而旗下的新媒体公司则主要负责新媒体新闻编辑,对其他主流媒体的稿件进行编辑转载,或者对原创稿件进行二次加工进而在矩阵号发布。新媒体公司发布的内容同样需要经过"三审三校",其中二审三审人员以及编委都源于番禺融媒。换言之,番禺融媒始终手握内容终审权。这在一定程度上使得番禺融媒既可以牢牢把握内容生态主导权,又解决了内容需求量渐长导致人力资源不足的问题。

最后,在"移动优先"策略的指导下,番禺融媒还塑造了"移动媒体优先发布,传统媒体深度报道"的发布流程①。因此,番禺融媒新闻稿件优先供应新媒体平台发布,"番禺日报""番禺台"微信公众号每天内容更新 3~5 次,"掌上番禺"已实现当地新闻稿件 24 小时随审随发,全天 24 小时随时更新,务求第一时间把最新、实用的新闻资讯呈现到读者的移动终端上。②

总之,中心坚持移动优先战略,狠抓策、采、编、发、评流程融合再造,持续进行内容供给侧改革,创造有思想、有温度、有品质的产品,为受众提供精品内容和高质量服务,有效扩大影响力。③

3.新应用:上线数字主播实现安全刊播

番禺融媒大力应用新数字技术,2023 年 6 月,上线文稿智能审校项目,用数

---

① 李镓,梁伟晋,陈小晰.矩阵模式下区级融媒体的公共服务实践:以广东番禺为例[J].新闻前哨,2020(12):108-109.
② 刘媛媛.推进媒体深度融合发展 加快构建全媒体传播体系[J].新闻传播,2022(5):66-67.
③ 李镓,梁伟晋,陈小晰.矩阵模式下区级融媒体的公共服务实践:以广东番禺为例[J].新闻前哨,2020(12):108-109.

字技术赋能安全刊播,有效提升新闻采编的效率与质量。2023年7月1日,番禺融媒全新上线首个智慧主播项目——AI数字人虚拟主播。虚拟主播以高度拟人化的形象、行为和交互方式,取代真人进行语言播报,可广泛用于新闻播报、专题栏目及直播等场景。该项目极大丰富了内容生产和新闻节目对主播的选择,真正解放了生产力。

4.新演播:打造广东首个沉浸式智能演播室

番禺融媒致力于技术创新融合,打造了广东省首个XR沉浸式智能演播室,通过4K沉浸式演播系统满足不同节目对场景的需求。运用VR、AR、MR和4K超高清技术生产出全息化、可视化、沉浸式、交互式内容产品。将实景演播室、虚拟演播室、新媒体直播等多项应用集于一身,满足不同节目对场景的需求,同时大大节约了制作成本,提高了效率和节目质量。

融媒体中心还大力打造新媒体直播车系统,以4K超高清IP+基带技术为基础,灵活接入航拍器、无线摄像机、电脑或现场大屏信号等多路移动信号,将信息及时传输到互联网发布平台、电视播控室、广播直播间,同时实现多媒体调度、多任务并发、高清视频传输、实时数据处理等,极大提高新闻采编的效率。

番禺融媒在区委、区政府的大力支持下,投入近4000万元先后建成600平方米高清演播厅、实景演播厅、虚拟演播厅、中央厨房,完成新闻网、数字报等平台升级改造,建设全省首个4K超高清采编存及沉浸式演播系统,强化融媒体中心的业务发展平台,优化经营业务管理。

(三)融合实践:探索媒体资源全域商业化运作

融合实践关键在于融为一体、合而为一。做到真融真合,要突破传统的广告经营模式,逐步转入"融合营销"新阶段,不断探索媒体资源全域商业化运作。"掌上番禺"以智能手机作为媒介依托,积极布局媒体产业,并通过加快推进社会治理综合服务平台建设,实现乡村振兴。

1.布局媒体产业,实现自主"造血"

内容生态与资金支持成正比关系,大部分县区(市)对区县级融媒体的人力、财力和物力的支持较为有限,所以"造血"功能的形成与"体外循环"的实现尤为关键。推进媒体产业化发展是实现自主"造血"的重要环节。融媒转型不仅能提高用户留存率,活化用户活跃度,也是将流量变现、提高中心经营能力的绝佳机会。

番禺融媒属于公益二类事业单位,在面向市场竞争方面,相比公益一类的区县级融媒体拥有更大的发挥空间。因而,番禺融媒不仅成立子公司分担内容运营业务,还会与社会上的公司进行广泛合作,尝试拓展"新闻+产业"模式与布局媒体产业。在合作形式上,番禺融媒利用平台开展系列活动,此外,"掌上番禺"的活动多以线上线下同步进行的方式开展,用户可实体感受,也可在线欣赏,降低了用户观看门槛,扩大了用户范围,比如连续举办七届的"我爱诗词——番禺区中小学生诗词大会"和连续举办五年的番禺春晚。其中,番禺区融媒体中心成功策划的2019年度番禺首届春晚宣传成为现象级热点,当晚网络直播在线观看人数达170多万人次;诗词大会在线参与答题量达300多万题,累计投票100多万,话题热度持续不减,成为全息媒体运作的成功范例。[①]

区域融媒体的建设除了通过专业化的策划、承办活动等来吸引客户的广告投入、实现流量变现外,还要着手入局电商产业。电子商务是当前中国经济高质量发展的重要组成部分,而在县域经济发展的大环境下,县域电商经济显得尤为重要。在广州提出打造"直播电商之都"的契机下,番禺融媒结合区内实际,通过"掌上番禺"开展了"番禺严选"系列直播活动,促进新闻产业与电商产业的融合发展,为全区实体经济高质量发展持续注入电商力量的同时,也提高了番禺融媒的变现能力。2020年,"番禺严选"直播带货活动为区内企业开辟"直播+云销售"数字化流通渠道,助力复工复产扩内需促消费。"番禺严选"通过举办本土特产、各类小型旅游、对口帮扶地区农产品等直播带货活动,推广番禺制造、番禺品牌,总人气指数突破4697万人次,订单总量43.6万单,直播销售额突破3.3亿元,有力提振了社会信心,受到《人民日报》等中央、省、市主流媒体的高度评价,也为融媒体中心推动"媒体+直播+电商"深度融合发展新模式

---

① 丁继雄.县级融媒体中心平台的传播效果调查研究[D].兰州:兰州财经大学,2020.

进行了有益尝试。番禺融媒聚焦高质量发展,推动番禺区直播基地发挥实效,助力直播行业发展,联通高校、企业,推广本土产品。打造"全媒体+番禺品牌宣传链",拓展地产、汽车、珠宝、红木家具、高科技、制造业、餐饮业等产业阵营和行业新生态,助推番禺制造的名优产品形成产业传播规模。

番禺融媒通过积极打造内容生态圈和产业链,不断探索更多的新的盈利模式。从2019年改革以来,番禺融媒在营收方面实现从第一年微亏、第二年持平到第三年盈利的飞跃。目前,番禺融媒营业收入持续保持正增长趋势,这为产业的发展奠定了良好的经济基础,也为内容生态的构建与提升提供了坚实的财力支撑。

2.乡村振兴,加快推进社会治理综合服务平台建设

在新时代、新形势下,把乡村振兴战略作为新时代"三农"工作总抓手,是关系全面建设社会主义现代化国家的全局性、历史性任务。在乡村振兴背景下,区县级融媒体中心把信息技术、数字经济带到基层,全面参与智慧城市建设,推进乡村振兴项目,打造乡村振兴综合服务平台,开创番禺乡村科普新模式,增强社会治理综合服务能力。

番禺融媒依托手机客户端、大数据平台、党群服务中心自助服务终端三大支撑,打造集党务村务财务信息公开、政务服务、公共服务、人居环境等功能于一体的数字乡村振兴综合服务平台,切实增强社会治理综合服务能力。①

目前,中心已完成小谷围街北亭村和钟村街钟四村数字乡村综合服务平台试点。此外还举办了线上花市,开发番禺线上花市小程序,助农销售年花年橘;举办丰收节、乡村大舞台、乡村网红评选、农产品销售直播等形式多样的活动,制作乡村美食地图等,助推乡村振兴。2021年春节期间,全市取消线下大型花市,中心探索开展"线上迎春花市",为石壁街都那村等50多个村的橘农、花农开展爱心助农活动,助力地方经济社会发展。

---

① 李镓,梁伟晋,陈小晰.矩阵模式下区级融媒体的公共服务实践:以广东番禺为例[J].新闻前哨,2020(12):108-109.

此外,中心还在全力推进覆盖全区的应急广播系统建设,实现区、镇(街)、行政村三级乡村应急广播全面覆盖。由广州市科协、番禺区科协联合主办的"乡村科普大喇叭"是全市首个以应急广播系统为载体的科普知识传播平台,开创了番禺乡村科普的崭新模式,进一步打通了农村科普的"最后一公里"。

数字乡村综合服务平台和应急广播建设在乡村振兴过程中,为提高基层社会综合治理能力提供了强有力的支撑,充分发挥了融媒体中心建设在助力乡村振兴中的作用。

(四)融媒成果:拼搏奋进,播撒希望

1.夯实区域主流媒体地位

番禺融媒以党的二十大宣传作为贯穿全年的主题,高质量完成区第十四次党代会、番禺区"两会"、番禺区渔港经济区启航等多项重大主题报道,开设专栏专题20多个,刊发深度专题200多个,发稿量大幅度跃升,有力汇聚了奋进新征程的强大精神力量。关于党的二十大报道,全媒体发稿1000多篇。

"番禺台"微信公众号在全国县级媒体微信号百强榜中长期位列十强,2022年位列全国年度百强榜第八位、阅读榜第六位、进步榜第七位,最高排名全网微信公众号500强。"番禺发布"南方号荣获"2022年度最佳政务创作者奖"、"番禺融媒"快手号获评"2022年度影响力媒体","番禺发布"微博号荣获"新浪微博2022年度优秀基层奖"。"番禺发布"南方号、N视频"番禺融媒"号、"番禺台"人民号长期位居相关榜单前列,多期登顶榜首。

番禺融媒新闻作品推优成果丰硕,成立以来共有224个新闻作品获中央、省、市奖项,其中,广播新闻专题《向死而生,无畏逆行》获"2020年度中国新闻奖三等奖",消息《5G防疫系统在广州南站首次启用》、消息《番禺制造"响""亮"冬奥会》、新闻漫画《预防溺水,安全度夏!这些防溺水小知识get了吗?》入围中国新闻奖参评作品。

番禺电视综合频道本地收视率排名第一,番禺电台本地车载收听率第一名,有线电视终端40万个,《番禺日报》发行6万份(含付费电子报),形成了深入基层、覆盖全区、辐射周边的全媒体传播格局。

"一云多厨房"模式自主开发番禺融媒体云平台,入选国家广电总局第三批国家广播电视和网络视听产业发展项目。番禺有线获得2项发明专利、29件软件著作权,成功通过广东省高新技术企业认定。

2. 拓展了外部影响力

番禺融媒体中心改革以来,成效斐然,在"扫黄打非"和媒体融合建设方面的先进经验被中宣部向全国推广。中心成立以来累计接待全国同行276批、3180人次前来调研。时任中央宣传部副部长、国务院新闻办公室主任徐麟同志到区融媒体中心调研时,对番禺区媒体融合建设的成效和做法给予了充分肯定。

重点打造外宣平台,"番禺融媒""番禺台"订阅号入驻人民日报客户端、南方+客户端、今日头条、腾讯视频号、抖音、快手等12个第三方外宣内容运营平台,创作了10多篇阅读量超100万的作品,初步形成了覆盖全区、辐射全国、传播海内外的全媒体宣传大格局,让番禺声音、番禺故事传播得更广。

3. 激励队伍争先创优

番禺融媒获得22个全国性奖项:被中宣部评为第四批全国"扫黄打非"进基层示范点、示范标兵,2020年全国"扫黄打非"先进集体,2021年全国广播电视媒体融合先导单位等。获得8项省级表彰:被广东省旅游厅评为第三、四届省基层文化先进单位,被省广播电视局授予融合先导单位、智慧广电等,是全省区县级融媒体在改革中集体获奖最多的单位。

4. 营收逆势飘红,奠定产业发展经济基础

2019年以来,全国各地有线电视用户普遍流失、广告业务量断崖式下滑,番禺融媒众志成城、锐意改革,整体营收每年实现稳步增长。面对艰苦困境仍取得如此成绩,是中心全体员工锐意开拓的成果。

四、融媒实践的困惑与未来发展建议

在取得成绩的同时，番禺融媒在媒介融合的过程中仍存在一些进步的空间，如在"互联网应用适老化改造"方面，"掌上番禺"移动客户端提供的服务内容有待深化，目前面向老年群体开展的服务有：在阅读模式中可以调整字号大小以及在每篇文章的左上角都提供语音播报服务。番禺区作为广州的智造创新城，区内虽然有不少跨区通勤的"上班族"和"学生党"，但它同时也是一座"睡城"，区内生活着众多中老年人。上海市杨浦区作为人口集聚的中心城区，区内老龄化十分明显，因此上海市杨浦区融媒体中心便侧重提供养老服务，以服务"银发"人群。番禺融媒可向上海市杨浦区融媒体中心学习"如何让老年人更好地融入数字生活"。

杨浦是民生大区，更是养老大区。上海市杨浦区融媒体中心针对老年人日常生活中的所需，专门设置了养老周边服务板块，居民可以通过平台内的相关板块了解居住地周围养老、助老机构的设置情况，并通过中心平台预约相关服务；与此同时，与社区开展针对老年群体的线上线下联动活动，也是区级融媒体中心深入基层群体的方式之一；举办线下课堂、竞赛是较为常规的社区活动，但借助线上平台在活动前进行报名、活动后进行宣传展示，才是充分利用了相关资源，也能使社区内老年人们的生活更加充实。更值得一提的是，还有很多中心在适老化改革方面作出了改进或有了新的计划，如在客户端设置中提供"长者版"使用模式，老年人能够选择字号大小、简洁页面并以语音交互的形式进行使用；未来或同区内相关部门协同以社区为单位，开设爱心食堂，供社区内老年人用餐，并支持通过平台选择用餐点及在线查看菜谱，为腿脚不便的老人提供上门送餐服务，打造"15分钟"社区生活圈。

做好养老服务工作，持续健全养老服务体系建设，是一项持久的民生工程。在"互联网应用适老化改造"方面，番禺融媒要进一步增强责任感和使命感，深刻把握深度老龄化背景下实现养老服务高质量发展的新要求，探索实践智慧养老模式,并赋能智慧云平台、智能康养设施、居家适老化改造等应用场景。要进一步凝聚合力促进养老产业发展,从老年人对美好养老生活的现实需求中把握养老服务的发展方向,加强社会力量参与和科技赋能,更好满足日益增长的多元化养老服务需求,使番禺老年人获得感成色更足、幸福感更可持续、安全感更有保障。

下阶段,番禺区融媒体中心将继续全面贯彻落实习近平总书记关于加快推动媒体融合发展、构建全媒体传播格局要求,全力推进融媒体向全媒体智媒体的高质量发展,锚定全国区级融媒体建设标杆。

立足湾区，创新引领
——广州市南沙区融媒体中心融媒实践调研报告

朴文玲*

摘要： 南沙区融媒体中心作为公益一类的融媒体中心，媒体融合成果斐然。中心精心打造了多平台联动的媒体矩阵，涵盖"广州南沙发布"微信公众号、"e南沙新闻网"、"i南沙"抖音号等众多平台，在主流舆论阵地建设上实现了突破。南沙区融媒体中心还与南沙区税务局携手设立南沙区融媒体中心在税务局的分中心"粤税融媒"，共同探索出"中心+分中心"的建设模式，深化了"新闻+政务"领域的实践。与此同时，通过与粤港澳大湾区（南沙）国际传播中心的紧密协作，南沙区融媒体中心成功将国际传播深度融入区域媒体建设中，不仅加强了与国内外媒体机构的合作，更有效提升了国际传播能力和效果。

关键词： 南沙区；融媒体中心；粤港澳大湾区

南沙原本是广州最南端的边陲小镇，2012年随着广州整体空间布局规划方针的"南拓"成为国家级新区，随后又进一步被定位为城市副中心，广州主城区以外的新核心区。南沙位于珠江口西侧，与东莞市隔江相望，与中山市、佛山市顺德区接壤，距离香港、澳门都不远，其方圆100千米内汇聚了粤港澳大湾区的全部11座城市，以及广州白云机场、深圳宝安机场、香港国际机场等国际空港，地理位置得天独厚，被誉为粤港澳大湾区的几何中心。2005年之后，南沙的城市化进程加速，面积达到800多平方千米，实际管理人口已经超过120万。南沙的区域文化与大湾区文明紧密相关。过去数千年，南沙一直被认为是文天祥笔下"零丁洋里叹零丁"的环境恶劣的蛮荒地带。长居于此的水上人家疍家人"水

---

* 朴文玲，广州大学新闻与传播学院讲师，博士，主要研究方向为城市传播和新媒体传播。

流柴,无祠堂",他们最早投身沙田开发和岛屿山边围垦耕地事业,将万顷沙变成天下粮仓。现在的南沙既保留着疍家人百折不挠、勇于拼搏的精神传承和人文赓续,也在构建可以与大湾区各地文化同频共振、赢得大湾区各地居民文化认同的区域文化。

2022年6月14日,国务院发布了《广州南沙深化面向世界的粤港澳全面合作总体方案》(以下简称《南沙方案》),赋予南沙作为立足湾区、协同港澳、面向世界的重大战略性平台的新定位。南沙区成为粤港澳全面合作示范区,承担了建设高水平对外开放门户枢纽的重任。南沙从广州的南沙成为"湾区之心",意味着南沙融媒体中心不仅是南沙区域内媒体融合发展的重要推动者和实施者,也是共建粤港澳大湾区传播协同机制、提升大湾区国际传播力、讲好湾区故事的主要平台门户。

一、南沙区融媒体中心媒体融合情况

在建设融媒体中心之前,南沙区的宣传格局很难适应全媒体传播生态。由于南沙区并不像番禺、增城等区经历撤市设区,在融合之前其媒体机构基础是南沙广播站、南沙新闻中心的《南沙新闻》电视节目和《南沙新区报》,属于媒体机构基础较为薄弱的区域。改革后组建的南沙区融媒体中心从组织、空间、业务流程等方面进行了全方面的融合。

一是组织融合。南沙区融媒体中心于2019年7月19日挂牌成立,是广州市各市区中首批挂牌的融媒体中心之一。南沙区融媒体中心建立后吸纳了2006年建立的南沙新闻中心、2013年开始试刊的《南沙新区报》、2015年开始运营的"e南沙"新闻网、2012年开通的"南沙新闻中心"微博、2014年开通的"广州南沙发布"微信公众号、2018年开始运营的南沙英文网等多个媒体。融媒体中心挂牌成立后,构建了一批新媒体账号矩阵,包括"广州南沙发布"视频号、"i南沙"抖音号、"学习强国"学习平台、《南沙新区报》电子版等媒体平台,入驻了南方号、新花城等多个辐射广东地区的主流媒体平台。截至目前,南沙区融媒体传播矩阵用户已达到60多万,其中"广州南沙发布"双微(微博、微信)总粉丝约59.3万(微信粉丝数超52.8万,微博粉丝数超6.3万)。微信公众号推送730篇推文,阅读量超422万次。《南沙新区报》安全出版46期,刊发稿件1100多篇;"学习强国"学习平台南沙供稿量达到1734条,签发量为1355条。①可以说南沙融媒体中心已经初步形成了遍及国家、省、市、区四级的传播体系,形成了南沙区主流舆论阵地和综合信息服务枢纽。

二是空间融合。空间融合是媒体融合的具象表现,解决的是媒体采编流程再造的根本性制度设计的问题。南沙区新闻中心、《南沙区新报》、南沙区新闻中心新媒体部原本各自坐落于南沙街文体中心、南沙区旧区府和南沙区委宣传部。2018年,三个媒体机构合并搬迁到南沙区传媒大厦12楼和13楼,并于2019年挂牌南沙区融媒体中心,解决了原本虽然都归南沙区委宣传部管辖,但是策采编发力量分散、资源配置浪费的问题。

新的融合空间除了常规编辑室、用于录制南沙新闻的功能室外,又新增了采编大屏。采编大屏是另一个媒体融合的技术象征物。采编大屏能够整合各种来源的信息,包括文字、图片、视频等,以直观、清晰的方式展示给采编团队。这使得团队成员可以快速了解新闻事件的全貌,提高采编效率。采编大屏的实时监控与调度使得管理人员可以实时监控各个采编环节的进展情况,包括记者的位置、采访的进度、稿件的审核状态等。这使得调度和协调变得更加高效,确保新闻报道的及时性和准确性。同时在跨部门协作与沟通方面,在面临重大新闻或专题时,融媒体中心的多个部门需要紧密协作。采编大屏为跨部门会议和沟通提供了平台,各部门可以在大屏前共同讨论、策划,确保报道的连贯性和深度。采编大屏还可以实时提供数据分析与决策支持,通过展示各种数据分析结果,如稿件阅读量、用户反馈、传播效果,为管理层提供决策支持,帮助他们了解用户需求和市场趋势,进而优化报道策略和资源配置。

不论是省、市还是县级融媒体中心,采编大屏往往成为融媒体中心的标志性区域,团队成员在大屏前共同工作,会感受到工作的紧张感和使命感。

---

① 以上数据由南沙融媒体中心向调研组提供。数据截至2023年6月30日。

这种氛围有助于提升团队士气和凝聚力，使团队成员进一步投入新闻报道工作中。

三是流程融合。机构归并、合署办公是实现全媒体转型的物理基础。南沙区融媒体中心成立之后，再造采编流程，着手打造跨平台的全媒体传播平台。中心下设综合部、编辑部、新闻部、信息和技术部，对所有记者统一管理，全媒体运作。《南沙区新报》、"e南沙"新闻网、"广州南沙发布"等新媒体编辑部负责人每周二共同根据当前热点、新闻事件和宣传需求等因素确定报道主题。记者领受任务之后通过多种渠道采集信息，然后回到中心编辑室进行编辑以及音视频制作和图文制作等。相关人员将采集的新闻内容根据不同平台的传播特点和受众需求进行语态调整，尽量做到内容多次开发，多个平台渠道发布。

四是与市（区）融媒体中心纵向融合。在广州市全市一盘棋背景下，南沙区融媒体中心的媒体融合过程与广州市（区）融媒体云平台建设深度绑定，实现内容生产、传播渠道、技术应用等多个环节的纵向融合。广州融媒体云平台是按照中宣部区县融媒体中心要求，作为广州市委宣传部的重点项目，由人民日报媒体技术公司承建，以广州市一报一台、11个区级融媒中心为一体的集约化融媒生产服务平台。在内容生产方面，支撑内容策采编发评等内容管理，引入智能审核实现内容风控；在新闻+服务方面，提供了各类专家线上问答、志愿者点单群众接单、家门口的文明实践活动、垃圾分类服务、健康有约、广报求学等服务；在活动运营方面，提供了从活动启动、征集、投票、抽奖等多种活动运营能力，支持大规模高并发的活动运营。为新闻+政务服务商务的运营提供了有效的技术支撑。①

南沙区融媒体中心建设依托市平台开展。在建立连接机制方面，通过融媒体云平台这一统一的技术平台，实现了市级和区级的无缝对接，提高了内容生产与传播的效率。在内容共享与协作方面，南沙区融媒体中心可以与市级媒体机构进行深度合作。例如，广州日报可以提供很多的优质内容资源，而南沙区

---

① 广州日报.广州市（区）融媒体云平台项目获"王选新闻科学技术奖"一等奖[EB/OL].[2023-10-26].https://gzdaily.dayoo.com/h5/html5/2023-10/26/content_874_840061.html.

融媒体中心可以发挥扎根当地的优势,提供更接地气的本地新闻和信息。通过内容共享与协作,共同提升内容质量,满足广大用户的需求。南沙区融媒体中心的"三审三校"流程也可以借助融媒体云平台和融媒体云平台移动端进行,实现全程报道和实时报道。广州融媒体云平台开发了广州融媒体云平台移动端,其定位是融合了新媒体和融媒业务的互联网移动工作平台,全媒体记者或者媒体业务人员可以在移动场景或者其他各种场景中实现稿件的快编快发、移动编审、选题任务协同、即时沟通和指挥连线。

广州日报与南沙区融媒体中心的上下融合是市、区(县)两级媒体垂直型融合改革的实践结果。南沙区融媒体中心作为媒介机构基础薄弱、依靠财政全额拨款的公益一类机构,自身的技术实力和资金投入相当有限。通过共享平台,南沙区融媒体中心借助广州日报的技术、资金、内容、经验,以较高的效率在短短几年内迅速建好了属于自己的融媒体中心,产生了良好的联动效应。

除了与广州日报进行合作,南沙区融媒体中心还与广州广播电视台探索"市区一体"的融合新途径,以期上下贯通、相互赋能。中心还入驻了广州日报旗下原来的"微社区e家通"的2.0迭代版"新花城"App,为更多的人提供南沙区、街道、社区多级新闻和资讯内容的同时,也为群众提供了多样化的政务、文体与民生类服务,谋求真正打通引导群众、服务群众的"最后一公里"[1]。

五是与聚合式媒体平台的融合。除了与广州融媒体云平台的纵向融合实现内容共享与协作,南沙区融媒体中心也入驻了南方+、澎湃等以MCN或UCG为重要内容的聚合式平台。广州融媒体云平台是各级业务网络之间以内容分级管理为主的B2B平台,重点在于云服务支撑下的多点发布功能。聚合式平台更像是媒体与用户之间的B2C平台,入口向机构和个人用户、自媒体等有条件开放,出口不限。以南沙区融媒体中心入驻的南方+为例,南方+是广东规模最大的政务新媒体聚合平台,是广东省委、省政府的权威信息发布平台,也是南方报业传媒集团全力打造的新型主流媒体平台。

---

[1] 邱瑞贤.地方媒体融媒云平台的创新探索[J].传媒,2021(6):22-24.

二、南沙区融媒体中心的内容生产

南沙区融媒体中心挂牌之后确立了"四个一"的融合目标,即"一个舆情管理及新闻信息汇集和统一指挥调度平台""一个多渠道媒体资源共享及分发平台""一个直达基层区域主流舆论阵地""一支具有战斗力的融媒体建设队伍"。根据"四个一"融合目标,南沙区融媒体中心在传达党政信息舆论引导方面发挥了关键作用,同时深度挖掘当地特色内容和优势资源,以群众体验为出发点,创作了一系列贴近群众、具有地域特色且能与居民产生共鸣的优质原创内容。通过资源整合与创新表达方式,南沙区融媒体中心打造了一系列颇具地方特色的融媒体产品。这些产品种类繁多,包括特色新闻栏目、人物报道、短视频、图片集锦等,涵盖了当地政治、经济、文化、社会等各个领域,为当地居民提供了丰富多彩的信息资讯。

(一)提供权威资讯,将主流声音传递到千家万户

区(县)级融媒体中心承载着党的宣传思想工作的重要使命,因此必须坚定不移地贯彻正确的政治方向,高举党的路线、方针、政策的旗帜,激发群众的政治意识、大局意识、核心意识、看齐意识。尤其要以内容创新为核心,积极挖掘原创内容,提升新闻报道的质量,将真实、准确的新闻信息传递给广大群众。区(县)级融媒体中心应针对群众关注的焦点,及时发布权威信息,积极回应社会关切,准确解读事件背景,为公众提供深入全面的信息解析。此外,融媒体中心还应加强对网络舆论的引导,防范不实信息与不良信息的传播,为维护社会稳定与和谐贡献力量。

在"四个一"目标的指引下,南沙区融媒体中心坚定地承担起主流舆论阵地的职责,准确及时地将国家大事、党的政策以及主流意识形态传播给广大群众。自成立以来,南沙区融媒体中心凭借出色的新闻报道和传播工作,获得了诸多荣誉(图1)。其中,获得广东电视新闻奖一等奖一项,广东新闻奖二等奖两项、

三等奖五项,以及中国地市报优秀新闻作品奖一等奖四项。此外,"广州南沙发布"公众号也进入广东省区县级政务微信影响力订阅号前十名,并获得了南方日报、南方+客户端评选的"年度传播力奖"等荣誉。近期,"广州南沙发布"公众号在广州官方政务微信榜单上以104万+的阅读数位列第三(2022年2月1日至2022年2月28日),在2021年第九届广东互联网跟政务论坛发布的区县级政务微信影响力榜单上排名全省前十,同时也在2021年澎湃新闻政务指数年度榜单上荣获"市辖区传播组"的"最佳政务传播"称号。

图1 南沙区融媒体中心获得的荣誉

(二)报道重大会议,让世界认识南沙

尽管南沙区融媒体中心只是区(县)级媒体,但由于南沙在大湾区具有重要的战略地位并经常承办大型国际活动,因此,为本地重大活动提供全面内容报道,以及将重大事件传播至全网,成为南沙区融媒体中心的重要使命(图2)。它承载着将南沙的声音传向全球、展现其独特的地位和影响力的责任。

国际金融论坛(IFF)是南沙国际金融岛的标志性活动之一。国际金融论坛由广州市人民政府指导、南沙开发区管委会主办。论坛聚焦国际金融合作、金融科技、绿色金融等议题,邀请全球知名金融机构、专家学者和政府代表共同探讨金融领域的最新动态和未来趋势。论坛旨在成为具有国际影响力的金融交流平台,为推动国际金融合作和促进南沙金融产业发展发挥重要作用。

图2 "广州南沙发布"公众号发布的国际金融论坛宣传片(截图)

自2019年第16届开始,南沙区融媒体中心将国际金融论坛作为本地重大报道议题,展开全媒体报道。在前期策划阶段,中心进行了详尽的策划和准备,与主办方紧密合作,确保报道的准确性和及时性。更具创新性的是,融媒中心制作了以IFF永久会址、南沙灵山岛尖等地标为内容的《南沙欢迎你》短视频(图3),通过震撼的视觉效果,成功吸引并维持了全网用户的关注,形成了显著的社会影响力。

在论坛期间,专业的记者团队通过文字、图片、视频等多种形式,实时传递了精彩瞬间。同时,他们深入采访与会嘉宾和专家学者,获取第一手观点。融媒体中心还推出了系列专题报道,例如"IFF全球年会南沙专场"等,深入解读

图3　南沙区融媒体中心发布的《南沙欢迎你》宣传片（截图）

论坛重要议题。这些报道在社交媒体上引发广泛关注，尤其是开幕式的视频内容，在多个平台上获得了极多的点击和转发。此外，融媒体中心的《IFF 20周年全球年会召开，无人机灯光秀点亮南沙夜空》短视频也在海内外赢得广泛赞誉。

通过这些全方位、多角度的报道，南沙区融媒体中心不仅充分展现了国际金融论坛的重要性和影响力，还有效提升了南沙在国际舞台上的知名度。论坛期间融媒体中心与网友的积极互动，更进一步增强了受众的参与感和黏性。

除了国际金融论坛，大湾区科学论坛、CNBC全球科技大会、亚洲青年领袖论坛等大型国际活动相继落户南沙，"国际会议之城"名片逐渐"出圈"。对于这些大型活动报道，南沙区融媒体中心始终坚持"移动优先"，做好移动端尤其是视频端的内容和服务。"移动优先"不仅成为重大报道的常规战略，也内化于新闻生产全流程。

(三)提供新鲜资讯,连接新老南沙人

南沙区融媒体中心作为区(县)级融媒体中心,具有近距离接触基层、深入了解群众需求的天然优势。其微信公众号作为南沙区最具影响力、传播力、领导力和引导力的主流媒体,不仅成功地打造了主流舆论阵地,还扮演着当地社区的社会信息服务综合枢纽的角色。例如,微信公众号针对中山大学附属一院(南沙分院)的建设运营以及大型义诊活动进行了全面而深入的报道,充分展现了融媒体中心对民生热点的敏锐捕捉和解读能力。此外,中心还时常对元宵节烟花表演、无人机表演、马拉松大赛、划艇大赛等市民喜闻乐见的文娱活动进行全程直播,营造了和谐友好的地区社会氛围,将新南沙人和老南沙人通过活动和庆典紧密联系在一起,赋予了南沙独特的生活气息和烟火气息。

明珠湾音乐节是南沙最具人气和流量的地区性活动,旨在通过音乐这一形式,多层次、多维度地展示明珠湾开发建设以来的成果。该音乐节以区分外场和内场的形式进行。内场主要用于沉浸式体验音乐,而外场则用于"FUN 肆玩转市集",让参与者体验美食品鉴、打卡拍照、游戏互动以及文创售卖等活动。通过已成功举办的前两届以及即将迎来的第三届音乐节,融媒体中心与其他职能部门协作,活跃本地摆摊经济,丰富区域内的文娱生活,将南沙打造成为优质生活社区。

此外,中心还承办了黄阁镇荔枝丰收节等多种直播助农的活动,无偿向当地社会提供策划营销、广告宣传等服务平台。为了更好地宣传和推广南沙区的农产品,南沙区融媒体中心还专门开发了微信小程序,并在丰收节期间通过直播方式进行宣传。这种方式有效地吸引了众多人关注并购买南沙的农产品,为当地农业的发展提供了有力的支持。

通过这些活动,南沙区融媒体中心不仅充分发挥了主流媒体的作用,还积极推动了社区的发展。其贴近基层、贴近群众的优势使得中心能够更好地满足群众的需求,进一步提升在区域内的社会影响力。

三、分中心建设：创新"新闻+政务"模式

2019年12月，在广州市南沙区融媒体中心挂牌5个月后，该中心首个分中心"粤税融媒"在国家税务总局广州市南沙区税务局挂牌成立。由南沙区委宣传部和南沙区税务局党委共建的"粤税融媒"，旨在探索区(县)级融媒体中心"新闻+政务"的深度融合模式。在"中心+分中心"模式中，区级融媒体中心提供系统支持和策采编发力量以及专业指导，具体职能部门则负责提供行业系统信息和公共服务。南沙融媒体中心与"粤税融媒"的"中心+分中心"创新举措，在税务这一具体垂直细分领域整合了区县级社区综合服务和社区信息资源，更好地向当地群众提供了公共事业服务，贯彻落实了习近平总书记关于"要扎实抓好县级融媒体中心建设，更好引导群众、服务群众"的要求。南沙区融媒体中心将此次融合创新总结为将基层宣传从"最后一公里"（表示从中心到受众的最后一段距离）向"最后一米"（表示最贴近受众的宣传距离）延伸的有效途径。

区(县)级融媒体中心具体如何参与县域空间的社会治理和基层公共服务一直是各地融媒体中心摸索探索的问题。最常见的模式是利用融媒体中心社区信息枢纽的功能和定位，利用"互联网+政务服务"模式，以融媒体中心为平台直接接入各种公共服务的职能和端口。在大部分的区(县)级融媒体实践中，一个融媒体中心往往聚合了所在区域的政务服务、公共服务，既是社情民意汇聚的平台也是社区综合服务平台。"广州南沙发布"公众号就是在这种融合逻辑下整合了全区政务服务资源的平台。用户点进"广州南沙发布"公众号，就能看到互动界面的"投资南沙""政务超市""政策兑现""海山叹南沙"游轮购票服务以及专注湾区城际出行的"如约城际巴士"购票服务。"广州南沙发布"公众号这种"一站式"服务建设不仅打通了各职能部门之间的区隔，提供了电子政务服务功能，还整合了旅游商务服务。

南沙区融媒体中心+"粤税融媒"分中心的模式则从另一个思路提供了媒体参与基层服务的途径。即通过中心+分中心合作共建的模式打通"媒体生态体

系"和"业务生态体系",推动融媒体工作向基层延伸,将区融媒体中心的服务功能向镇街和各部委办局延伸,最终形成"南沙+"宣传格局,使中心与分中心之间相得益彰,宣传效果不断提升。

在分中心的建设过程中,区融媒体中心发挥了宣传"主力军"的重要作用,深度参与并协助完成了分中心的顶层设计。在软件建设方面,区融媒体中心通过开放平台,成功将分中心接入区中心的融媒体信息化系统,实现了与广州融媒云服务的共享。这一举措为分中心提供了强大的系统支持,并将其纳入中心策采编发的核心环节。在硬件建设方面,分中心建立了包括录像棚、录音室在内的多媒体产品工作室,为实现多元化宣传提供了坚实基础。分中心依托于南沙税务储备运转数智云和区融媒体中心的媒体云两大矩阵,成功构建了"税务系统矩阵"与"社会宣传矩阵"相结合的网格化传播矩阵。这种条块结合、双轮驱动的矩阵结构,充分发挥了"两个矩阵"的积极双向作用,形成了"多方合作+协同共治"的高效宣传模式。通过这种宣传模式,短平快的新闻产品得以快速传达至基层一线,极大提升了宣传的效率和影响力,实现了宣传的乘数效应。这样的优化布局,无疑为进一步提升分中心的宣传效能,打下了坚实的基础。①

在人力资源开发和培养上,借助南沙区融媒体中心的指导和经验交流,南沙区税务局不仅凭借青年干部的力量,成功打造了一支具备文案写作、项目策划、视频拍摄、后期剪辑等全方位能力的全媒体人才队伍,而且引领全局97名党员和106名青年干部共同参与融媒体工作(图4)。这种广泛参与的模式形成了全民皆"兵"的宣传队伍,内生动力十足,激发了全体人员的积极性和创造力。在中心和分中心的互动中,采编人员通过多样化的融合实践,相互学习、相互提升,不断提高自身的业务能力和技能水平。②

经过与南沙区融媒体中心的紧密合作与共建,南沙区税务局通过分中心的精细化运作,成功塑造了"一次采集——多媒体产出——全渠道传播"的融媒体

---

① 广州南沙发布.打通"最后一米"! 南沙创新融媒体建设"新闻+政务"新模式[EB/OL].[2021-02-03].https://mp.weixin.qq.com/s/ZwFa4GVeHbro8dKAKGGUtw.
② 广州南沙发布.打通"最后一米"! 南沙创新融媒体建设"新闻+政务"新模式[EB/OL].[2021-02-03].https://mp.weixin.qq.com/s/ZwFa4GVeHbro8dKAKGGUtw.

图4 南沙区税务中心税务工作人员通过相声形式向公众普及税务知识(截图)

发展模式。这一模式的高效运行,得益于功能齐全的"融媒体中央厨房"的支撑,其中包括指挥大屏、配音间、网络直播间等关键设施。通过这些设施,税务局打通了"网端微屏"各个传播环节,有效推出了一系列深受群众喜爱的网红主播和网红品牌,从而使系统宣传效应得到显著提升。具体数据显示,2020年,中央及省、市主流媒体对南沙税务系统工作亮点和成效的报道同比增长了近2倍,这一数字令人瞩目。同时,南沙区媒体中心因积极探索和推进分中心建设,其传播力、影响力、引导力及公信力均实现了显著增长。同年,南沙各类新闻宣传报道在中央级媒体、省级媒体、市级媒体的发布量分别同比增长了79.8%、35.5%和38.4%,充分体现了融媒体分中心建设的卓越成效。[1]

南沙区税务局融媒体分中心的建设,标志着南沙区在融媒体建设模式上的创新探索,以及在"新闻+政务"领域的深化实践。分中心的设立,不仅赋予了职

---

[1] 广州南沙发布.打通"最后一米"!南沙创新融媒体建设"新闻+政务"新模式[EB/OL].[2021-02-03].https://mp.weixin.qq.com/s/ZwFa4GVeHbro8dKAKGGUtw.

能部门和镇街更为专业和丰富的新闻产品，同时也实现了宣传渠道的多元化和宣传资源的集约化。而对于区融媒体中心而言，分中心的建设进一步拓宽了其供稿和采编的渠道，助推其形成系统通用、数据共享、信息及时传递的传播生态。

四、中心+平台：与大湾区（南沙）国际传播中心共同传播湾区故事

大湾区的高质量发展引发了世界对大湾区、对中国的高度关注，也为国际传播实践创造了新的机遇。近年来，随着粤港澳大湾区的快速发展，南沙逐渐成为世界的焦点，一系列大型国际活动如大湾区科学论坛、国际金融论坛、CNBC全球科技大会、亚洲青年领袖论坛等相继在南沙举行，使南沙的"国际会议之城"身份逐渐为国际所熟知，为对外传播提供了丰富的新闻素材。

南沙越来越有"出圈"的潜质，因此为了进一步加强自身的国际传播能力和主动传播平台建设，推动大湾区的形象传播、促进人文交流和民心相通，南沙区决定在南沙区融媒体中心之外另设粤港澳大湾区国际传播论坛暨大湾区（南沙）国际传播中心。这标志着南沙区融媒体中心步入新的发展阶段，以中心+平台的方式更积极地参与国际传播论坛等活动，与国内外媒体机构开展交流合作，充分利用自身的平台优势和资源优势，为大湾区的企业、机构和人才提供了广泛的宣传推广服务。

大湾区（南沙）国际传播中心吸引了《人民日报》、新华社、中央广播电视总台、《南方日报》、香港无线电视、南意大利报等首批32家国内外主流媒体机构入驻，使南沙成为国内外媒体的汇聚地，发出了大湾区强有力的声音。[①]

新启用的大湾区（南沙）国际传播中心位于广州市南沙区水岸广场东座15楼，按照共享理念设计，内设新闻发布厅、专访室、直播室、会议室、常驻记者办公室、共享办公区域等功能空间（图5）。其首期面积约为1500平方米，它的建

---

① 广州日报.大湾区（南沙）国际传播中心揭牌[EB/OL].[2023-02-19].https://www.gz.gov.cn/zt/nsygahzfa/gzxd/content/mpost_8810300.html.

图5 大湾区(南沙)国际传播中心启动仪式和中心内部共享办公区域(截图)

立旨在提高粤港澳大湾区的国际传播力和影响力,向南沙、广州、中国乃至全球传递湾区的动态和发展。

国际传播中心作为粤港澳大湾区区域协调发展、对外开放与合作的重要窗口,不仅承担了讲好湾区故事、传播湾区声音的任务,还加强了湾区的内部联系。通过提前邀请中央和省市媒体召开选题策划会,融媒体中心积极参与重大题材或活动的报道,从而大大提高了融媒体中心在采编和传播等方面的技能。

南沙区融媒体中心和国际传播中心的结合,实现了区县级媒体建设融入国际传播的新模式。它们的合作以融媒体中心的内容生产为基础,以国际传播中心的会议执行、对外合作为平台,打通了南沙国际推介的窗口,将区媒建设与国际传播有效结合,为推动高质量发展和高水平开放作出了贡献。

南沙的融媒体中心与国际传播中心的紧密合作,正是对习近平总书记提出的"要深入开展各种形式的人文交流活动,通过各种多种途径推动我国同各国的人文交流和民心相通"这一要求的生动实践。它们共同打造了一个立足湾区、辐射全国、面向世界的一流国际传播机构,记录了湾区的发展,传播了湾区的声音,参与了湾区的建设,为推动粤港澳大湾区的人文交流、加强国际传播力作出了重要贡献,同时也为其他区县级融媒体中心提供了宝贵的参考和启示。

五、南沙区融媒体中心建设的主要问题和对策

(一)平台和内容建设有待加强

面对媒体领域新技术的不断发展和演进,以及宣传工作的新要求和媒体融合发展的新趋势,南沙区融媒体中心面临着招数少、对策少的困境。为了摆脱这一困境,中心需要及时对宣传平台进行调整,集中力量打造出有影响力的拳头产品。

随着"短平快"成为新时代媒体发展的特点,作为地方宣传部门主导的官方媒体,融媒体中心需要深入思考如何做到守正创新,同时还要继续发扬重视原创内容的优势,坚持"内容为王"的发展模式,主动与各大媒体形成良性互动。特别是在新时代国际传播方面,融媒体中心需要把内容做得更加扎实,使传播更加有效。具体而言,可以采取以下措施。

第一,调整宣传平台。通过引进新技术和优化现有的宣传平台,提高平台的传播力和影响力。这可以包括采用新的传媒技术、优化平台设计、提高平台内容的可读性和吸引力等。第二,打造拳头产品。通过深入挖掘本地特色和优势资源,打造具有地方特色的原创内容。这可以包括讲述南沙本土故事、挖掘南沙本土文化、推出特色栏目等。第三,丰富多媒体的表达方式。中心仍需积极探索新的表达方式和传播手段,例如移动直播、H5新闻等新闻创新和叙述创新,包括采用新的报道方式、创新媒体形态、拓展传播渠道等。第四,发扬重视原创内容的优势。通过加强对原创内容的策划、生产和推广,提高原创内容的质量和影响力。这可以包括激励原创作品的创作、建立原创内容的审核和发布机制、加强与原创作者的互动和合作等。同时应该鼓励和发布更多的 UGC 内

容,让新老南沙人可以自己拍视频讲述自己的故事,更加接地气,更易形成情感共鸣和良性互动。第五,与各大媒体形成良性互动。通过加强与各大媒体的合作和互动,拓宽自身的传播渠道。这可以包括参与媒体活动、加强与各大媒体的交流合作、建立合作伙伴关系等。第六,加强新时代国际传播。通过加强对国际传播的研究和实践,提高自身的国际传播能力。这可以包括研究国际传播趋势、了解国际受众需求、加强与国际媒体的交流合作等。

通过以上措施,中心可以更好地适应新时代媒体发展的要求,提高自身的传播力和影响力,为地方宣传工作作出更大的贡献。

(二)采编人员积极性有待提高

融媒体时代形成了全新的新闻传播局面,对采编人员提出了更高的要求。然而,在高强度快节奏的工作中,也会经常出现错别字、表述不规范、对部分专业性内容理解不透彻的情况,这不仅降低了工作效率,还严重打击了人员干事创业的积极性。为了解决这些问题,采编人员需要加强素质建设,强化职业道德,培养政治素养,提升业务能力,并努力提升自身行业适应力。只有这样才能更好地应对融媒体时代的挑战。

同时,面对新形势和新问题,部分干部存在本领恐慌问题。为了解决这一问题,需要提供高质量的培训,提升人员素质。此外,还需要培养适应新时代的"一专多能"的采编人员,优化采编力量。具体而言,可以采取以下措施。第一,提供高质量培训。通过举办培训班、邀请专家授课等方式,为干部提供高质量的培训,使他们更好地适应融媒体时代的要求。第二,培养"一专多能"的采编人员。通过内部培训、轮岗锻炼等方式,培养具备全面技能和能力的采编人员。第三,体制机制创新。通过创新体制机制,为基层融媒体人员提供更好的晋升机会和学习资源。第四,激发工作人员积极性。通过设立奖励机制、提供晋升机会等方式,激励工作人员更加积极地投入工作中。

(三)媒体融合向纵深发展需要更多顶层设计指导

南沙区融媒体中心作为公益一类单位,媒介机构基础并不强大。南沙区融媒体中心起初作为区级新闻中心,行政属性较为明显,缺乏专业化的媒体机构特质。此外,对于这些区级融媒体中心是否具有完备的媒体资质,也存在一定的疑问。这种身份定位的模糊性,从体制机制的角度来看,为区级融媒体中心带来了诸多结构性困境,这些困境进一步对个人的职业发展和整个组织的事业发展形成了障碍。

作为区县级融媒体中心,南沙区融媒体中心也面临着诸多挑战。其中,平台、待遇和职业发展空间对人才的吸引力不足,导致中心在吸引和留住优秀人才方面存在困难,是中心比较突出的问题。同时作为基层新闻单位,南沙区融媒体中心在职称评定方面难度较大,这也成为制约从业人员成长的一大瓶颈。

为了解决这些问题,南沙区融媒体中心需要考虑如何在制度设计上创新体制机制,进一步激发广大采编人员的积极性,使其保持长久活力。同时,在媒体融合向纵深发展的过程中,如何确保行稳致远,也是需要考虑的关键内容。目前,媒体融合已经进入深水区,如何从体制机制上确保媒体融合向纵深发展,可能需要市级以及更高层面出台指导性强的措施。

(四)融媒体中心技术自主性不足,自我迭代能力有限

南沙区融媒体中心建设依托市平台开展,前期在广州日报和人民日报团队的帮助下,1.0版的建设取得了一定的成绩。在2.0版建设过程中,南沙区融媒体中心与广州日报团队进行了多次协商沟通,初步达成了2.0版建设的方向,但由于市平台开发节奏等问题,广州日报团队的推进速度较慢,对中心的个性化需求响应也不够及时。

中心的融媒体建设对广州日报技术团队的依赖性较大,自主性不够。具体而言可以有以下改进策略。第一,技术团队建设与能力提升。通过招聘具有相关专业背景和经验的技术人员,并进行定期的培训和技术交流,提高团队的技术实力和自主研发能力。第二,与广州日报团队保持紧密的沟通与协作,共同推进融媒体中心的升级和维护工作。通过技术交流和经验分享,加深对对方技

术和业务的理解,以提高协同工作的效率和质量。第三,积极与其他专业公司或机构建立合作关系,引入外部资源和专业技术支持。通过与这些合作伙伴共同研发、共同升级,减少对广州日报平台的依赖,并逐步实现自主迭代升级。第四,制定自主发展战略。明确自身的发展目标,制定自主发展战略。逐步减少对广州日报平台的依赖,在技术和业务上进行自主创新,打造具有独特竞争力和影响力的融媒体中心。第五,建立自主研发平台。投入资源建立自主研发平台,掌控核心技术和研发能力。通过自主研发,更加灵活、快速地响应市场需求和业务变化,降低对外部平台的依赖。

(五)平台下沉不够,仍需与本地居民建立连接

南沙区融媒体中心的内容运营主要以南沙的建设开发为核心,致力于传递主流信息与价值观并引导舆论。这种定位是由南沙的特殊地位以及其当前快速的开发进程所共同决定的。然而,融媒体中心在多平台联动及国际传播方面的初步成果暗示了其成功背后仍存在一大挑战——平台在本地化方面不足,与当地居民之间的连接感尚显薄弱。

在过去,融媒体中心曾在南沙的电视频道上插播翡翠台和本港台的节目,并在特定时间段插播自制的南沙新闻。但是随着电视插播节目被禁止,融媒体中心将新闻内容转到了网络平台,展示在"e南沙"新闻网上。由于网络受众数量较少,从2023年9月开始,融媒体中心决定暂停网络新闻的播放,将采编播力量转向短视频制作。同时,融媒体中心的主持人也开始逐渐转型,从原来的粤语普通话配音转变为线下节目的介绍,在短视频中出镜进行介绍。

砍掉没有多少人看的电视新闻,是勇于做减法的策略性选择,但是砍掉南沙电视新闻以后,融媒体中心并没有形成可以替代电视直接抵达社区镇街居民的传播渠道。用户群体及流量重心下沉至移动端和社区镇街,融媒体中心的工作内容和方式却并没有很好地适应和调整。目前,融媒体中心正处于转型阶段,正在探索新的民生路线。但是,怎么从电视新闻的传播形态转变为群众喜闻乐见的、接地气的、与居民生活相关度高、能够"出圈破圈"的短视频,融媒体

中心仍然需要以用户思维策划并确定内容制作方向。对于现有的场地和设施，融媒体中心也需要思考如何有效利用，并寻求重新开设平台或充分利用现有平台的可行性。

在当前的数字化时代，媒体平台不仅是信息传播的工具，还是社区连接的桥梁。对于融媒体中心而言，与当地居民的紧密连接是其持续发展和扩大影响力的关键。然而，目前南沙区融媒体中心在某些平台上的运营，未能深入渗透居民的日常生活，与他们的互动和连接感有待加强。

针对以上问题，有以下改进策略。

第一，融媒体中心运营的新媒体矩阵账号可以适当减少行政色彩，加大区域内民生相关的本地化内容。区级融媒体中心与中央、省市及其他平台型媒体最大的区别就是其深耕本地，可以嵌入居民的日常生活情境之中。社区和镇街作为城市的"微空间"是人们日常生活的主要场所，也是最具有烟火气息的地方。因此，融媒体中心应该多深入报道当地新闻、活动和传统文化，为居民提供与生活息息相关的实用信息，以及与社区镇街合作举办各种线下活动，包括敬老活动、扶贫活动、直播助农活动等，以线上+线下的方式与居民建立更直接的联系。这种区域化、社区化、本土化的内容建设不仅利于提升本土认同感，对于凝聚社区共同体意识、建设新的大湾区文化也能发挥纽带作用。

值得注意的是，这种转型并不是一蹴而就的，而是需要通过聚沙成塔、细水长流的经营去塑造融媒体中心的媒介形象和媒体人格。其实过去一段时间，中心并不是没有尝试多发布一些民生相关的内容。但是，因为一直以来的定位和形象问题，其传播效果一般。例如，"广州南沙发布"一直在策划的"寻味南沙美食季"系列报道，推出的初衷是给当地居民介绍南沙的"宝藏餐厅"以及本地特色美食。但是，因为公众号一直以来的行政色彩，前几期居然引发用户的质疑，被认为是融媒体中心在为推荐的餐厅进行广告宣传。随着后面几期的陆续推出，这种质疑逐渐减少，但是也揭示了融媒体中心的媒介形象与受众的认知偏离的问题，暗示了融媒体中心在转型时需要考虑如何更好地接地气，了解居民的真实需求和关切，为他们提供有价值的内容和服务，并且持续性输出。

第二，融媒体中心可以尝试设立多个公众号账号，将党政宣传内容和民生内容进行分离。这种策略不仅可以精准定位受众群体，还可以通过提供具有实用价值的民生内容来吸引更多的关注和流量，从而实现账号粉丝量的增长。实现内容分离还可以提升账号的可见度活跃度，增强用户黏性，进一步巩固融媒体中心在南沙居民心中的传播力、影响力、引导力和公信力。

区级融媒体中心作为基层媒介单位，除了承担信息枢纽和综合服务的任务外，还肩负着区域内各个职能部门和党政机关的活动宣传、工作报告等的刊发任务。这种将融媒体中心视作政府内部宣传部门的定位，直接导致公众号在发布内容时，时政新闻被优先刊发，而民生新闻只能排在第二位。许多重要的新闻因此无法在公众号上及时推送，只能发布到"e南沙"新闻网。然而，在当前流量主要转向移动端的媒介环境下，这种传播方式的效果非常有限。因此，另外开设公众号或者视频号，以民生新闻为主大量推送与居民生活相关度高的信息，不仅可以抓住居民的流量和注意力，还能通过账号内容的垂直细分，实现新闻业务和宣传业务的协同发展而不是流量争夺。

第三，融媒体中心可以更广泛而紧密地与本地企业、商户以及各种经济体合作，实现流量的增长。这种合作可以采取多种形式，如广告投放、内容合作、活动策划等。通过与这些经济体的合作，融媒体中心不仅可以增加流量和用户黏性，还可以拓展业务范围，提高自身的影响力和传播力。同时，这种合作也有助于促进本地经济的发展和繁荣，实现媒体与经济的良性互动。

南沙区融媒体中心作为公益一类单位并不需要承担运营创收的任务，因此其市场化和商业化转型并不迫切。但是，在运营新媒体账号的时候其实也可以借鉴商业化媒体账号的运营方式。例如，"寻味南沙美食季"作为"广州南沙发布"公众号发布的精品策划一直没有得到相匹配的流量。为了扩大流量实现用户增长，融媒体中心完全可以与推介餐厅合作，通过转发抽奖、评论抽奖、提供在该餐厅的试吃机会等方式吸引更多的用户关注和转发公众号内容，并以此提高公众号在南沙居民中的知名度。

（六）新媒体账号运营需要更具有网感的表达方式和宣传手段

随着互联网的快速发展，受众特别是年轻受众的注意力和兴趣点也在不断变化。为了与受众保持紧密的连接，融媒体中心需要紧跟网络潮流，灵活运用网络热梗、流行语、表情符号等网络元素，让内容更加生动有趣，贴近受众的语境和喜好。

此外，H5互动新闻、创意海报、短视频、直播等多样化的内容形式也是吸引受众的重要手段。通过视觉冲击力强的海报设计、生动有趣的短视频内容、互动性强的直播活动，可以实现裂变传播的H5创意新闻等，有效提升内容的传播力和吸引力。同时，这些多样化的内容形式也有助于满足受众多样化的信息需求，提高账号的活跃度和用户黏性。

除了内容形式的创新，与用户互动和建立社群也是提升网感运营的重要环节。回复用户评论、私信互动、开展线上问答等活动，可以让用户感受到被关注和重视，增加用户对账号的信任和好感。同时，建立用户社群，如微信群、QQ群等，可以让用户之间进行互动和交流，进一步增强用户黏性和活跃度，将线下流量转化为线上流量。

值得注意的是，在运用网感表达方式和宣传手段的同时，融媒体中心还需要注重内容的品质和深度。虽然网络化的表达方式能够吸引受众的注意力，但优质的内容才是留住用户的关键。因此，中心在追求形式创新的同时，也要注重内容的价值和质量，提供有深度、有观点、有温度的内容，让用户在轻松愉悦的阅读体验中有更多的思考和收获。尤其针对一些网络热点话题、舆情话题和直击网民痛点的议题，融媒体中心要主动出击，积极参与舆情热点的讨论，以官方媒体身份加入网络热潮和话语互动，用贴近时下热点的方式宣传引领，发挥好主流舆论阵地的功能。

（七）融媒体中心舆论监督功能淡化，民意舆情反馈机制仍需完善

区（县）级融媒体中心并非只是集成区域内媒介资源的媒体平台，而应该是

可以在区一级直接消解舆情隐患、引导舆论的治理平台。南沙区融媒体中心虽然在公众号界面设置了互联网+督查栏目，但是公众号推送的内容中几乎没有对南沙公共服务和民生问题的回应和解答。例如，常见的地铁噪音问题、深圳宝安机场飞机噪音问题、南沙建设发展规划问题等。人民群众有哪些"小事儿"，这些"小事儿"有没有得到相关职能部门的有效解决，都没有公开化、透明化。而当官方媒体和主流媒体在这些问题上缺位之后，取而代之的就是各种未经查实的假新闻和谣言的传播。

为了使融媒体中心成为社情民意的汇聚平台和网络政务中心，使人民群众共同成为社会治理的主体，融媒体中心应该以信息居间者身份上通下达，纵向连接基层群众和上层党委、政府，横向连接各个社会组织、职能部门、区县党组织和社会企业。[①] 因此，融媒体中心需要从宣传主体向治理主体转型，具体可采取以下改进措施。

第一，建立有效的信息收集机制。融媒体中心应该建立一个有效的信息收集机制，以广泛收集各类信息，包括社会热点问题、突发事件、公众投诉等。这些信息可以来自媒体报道、社交媒体、政府部门、公众反馈等渠道。

第二，及时报道和发布信息。融媒体中心应该及时报道和发布相关信息，确保公众能够及时了解事件进展和结果。这有助于增强公众对媒体的信任，提高媒体的公信力。

第三，开展深度调查和报道。融媒体中心应该积极开展深度调查和报道，探究事件的原因和真相。这有助于揭示问题本质，推动相关部门采取有效措施解决问题。

第四，加强与政府部门的沟通合作。融媒体中心应该加强与政府部门的沟通合作，建立有效的信息共享和协作机制。这有助于提高舆论监督的针对性和有效性，促进政府部门的规范管理和科学化决策。

第五，建立反馈机制。融媒体中心应该建立反馈机制，及时收集和处理公众的意见和建议。这有助于增强公众的参与感和责任感，促进问题的解决和社

---

① 邓又溪，朱春阳.县级融媒体中心参与基层社会治理的路径创新研究[J].新闻界，2022(7):34-42,77.

会进步。

南沙区融媒体中心作为公益一类媒体机构,以其卓越的媒体融合成果、多平台联动的媒体矩阵、与各机构的深度合作以及优质的原创内容,成为区域媒体建设的典范。南沙区的战略定位是立足湾区、协同港澳、面向全球。这意味着在未来,南沙区融媒体中心将继续秉持创新、开放、合作的理念,为推动媒体融合发展和提升国际传播能力以及构建大湾区城市文化作出更大的贡献。因此,如何走好"国际化"和"本土化"两条路线,既发挥区(县)级融媒体中心基层媒体单位的功能,又实现辐射国际的传播效能和传播力,无疑是南沙区融媒体中心面临的最大的挑战和机遇。

搭建区级融媒矩阵,夯实主流舆论阵地
——广州市从化区融媒体中心融媒实践调研报告

闵正湘　董开栋[*]

摘要: 2019年10月,广州市从化区融媒体中心正式成立。自成立以来,从化区融媒体中心聚焦人事机制改革、优化技术平台建设,在资源整合、舆论引导、服务能力、活动策划等方面持续发力,成效显著。目前,从化区融媒体中心产品矩阵初现,产业效应突出,"两中心"成效显著,校地共建有活力,主流舆论场地位得以巩固。但是,其内部体制固化、内容策划创新动力不足、人才队伍内生动力不足与新兴技术应用不足等问题仍较为突出,需要进一步深化体制机制改革、推进精品内容生产、提升人才队伍朝气和跟进高新技术潮流。

关键字: 媒体融合;从化区;融媒体中心;转型

　　自2019年10月正式挂牌成立以来,广州市从化区融媒体中心立足实际,积极探索,在资源整合、舆论引导、服务能力、活动策划等方面持续发力,彰显主流媒体担当。本文以从化区融媒体中心为研究对象,梳理其发展历程、现实状况和改革特色,总结经验困惑并提供建议路径。

一、从化区融媒体中心的发展历程

　　县级融媒体中心建设旨在打通传播的"最后一公里"。从化区融媒体中心响应媒体融合发展大势,在区委、区政府的领导下,积极推进人事机制变革,完

---

[*] 闵正湘,广州大学新闻与传播学院硕士研究生;董开栋,博士,广州大学新闻与传播学院讲师,主要研究方向为新媒体传播与管理。

善技术平台布局,融媒业态初步搭建完成。

(一) 人事机制改革

顺应新时代媒体融合发展要求,从化区委、区政府在改革政策、组织保障和机构编制上给予从化区融媒体中心大力支持。2019年10月12日,在整合从化新闻社、从化区广播电视台及所属6个广播电视站工作职责的基础上,从化区融媒体中心正式成立,并确定为正处级公益一类事业单位,归从化区委宣传部领导。

中心内设办公室、党廉室、总编室、新闻部、专题部、广播部、电视部、新媒体部、报刊出版部、技术部、安全监控部等12个部室。除承担宣传思想工作和区内媒体服务,包括广播、电视、报刊、新媒体等安全刊播工作外,中心还负责全区广播电视无线发射传输网络建设、管理和维护工作,指导全区广播电视有线网络建设、管理和维护工作。从化区融媒体中心定编65人,编外聘用人员保留65人。目前,中心在岗人员共有115人,其中行政管理岗61人,采编业务岗44人;共有专业技术人员36人,其中,拥有高级(含副高)职称的有4人,具备中级职称的有10人、初级职称的有22人;持有新闻采编记者证的有34人。2021年4月,中心通过公开招录的方式引入2名专业技术人才,进一步充实了中心人员的采、编、制、播和网络技术队伍。

自成立以来,从化区融媒体中心着力深化媒体内部机制改革,明确机构设置及职责运转,全力整合和盘活从化区媒体资源。中心重视人才机制改革,通过人员转隶、超编人员分流、选优配强领导班子和中层干部、启动以绩效考核为抓手的激励机制改革,进一步激活全体员工的积极性、主动性、创造性,营造"苦干实干、能干善干"的干事创业氛围。

(二) 技术平台建设

中心跟进全媒体技术,赋能平台数字化运营优势,优化新闻采编流程。2023年9月,从化区融媒体中心安全播出指挥调度中心正式运营启用。指挥调度中心建成高清大屏幕显示墙,设有运营管理的指挥中枢和中控平台,集合计算机网络、数字远程会议、快速直播、图像矩阵、指挥控制和"四大平台"调度等功能,逐步实现统一指挥,集约运行。同时,该中心满足新闻采集、广播电视播出监控、指挥调度、信息处理、终端显示、视频会议等工作要求,在遇到突发事件等紧急情况下能进行现场指挥、远程连线、落实方案等作业,依托数字化、智能化监控系统,有效实现播出故障实时报警,并可通过信号"一键切换",守牢安全播出"生命线"。中心应对突发状况、保障安全播出能力经技术赋能,得到了显著的提升。

中心着力组建总编室,统筹调度各宣传平台策划、采编、播出,并对重大新闻选题进行重点研判。四年来,总编室牵头,协调新闻部、专题部,先后策划了建党100周年、党的二十大、非凡十年、乡村振兴小村巨变等重大主题宣传方案数十件,形成融合传播、多点推送的全方位、立体式大宣传格局。中心不断加强采编队伍建设,推动传统媒体记者向全媒体记者的角色转变。记者除了撰稿、拍摄,还掌握了图文处理、播音主持、后期制作等多项技能,实现了采编播一体,承担着传统媒体广播、电视、报纸以及新媒体的大量供稿工作。

二、区域融媒体实践的"亮点"

自成立以来,从化区融媒体中心在新闻运作模式、平台资源整合、新闻舆论引导、服务群众能力等方面持续发力,产品矩阵初现,产业效应突出,"两中心"成效显著,校地共建有活力,主流舆论场地位得以巩固。

(一)融媒产品矩阵初现

从化区融媒体中心在原有的传统媒体基础之上,充分整合机构资源,通过媒体融合的方式整合了报纸、电视、电台、新媒体四大宣传平台。自此,四平台共振发力,为媒体转型提供强大合力。各平台按照自身的特点进行媒体改革,最大限度发挥平台的优势,扩大新闻的受众面,提升新闻的传播力。中心重点围绕党的二十大、高质量发展、建党100周年、党史学习教育、非凡十年、乡村振兴、粤港澳大湾区建设、绿色发展示范区建设等主题,全面深入宣传报道从化区经济社会事业发展的新典型、新成效。截至2023年6月底,中心采写各类新闻产品已达15,000多件,分别在广播、电视、报纸和新媒体平台刊播。

1. 微信公众号:广州从化发布

在从化区媒体融合发展中较为显著的特色成果即"广州从化发布"。"广州从化发布"已成为中心新闻宣传、舆论引导工作中的重要一环,在改革中表现亮眼,紧紧围绕区委、区政府中心工作,充分发挥新媒体优势,为从化高质量建设绿色发展示范区贡献了媒体力量。

2017年3月,"从化头条"微信公众号诞生,这是"广州从化发布"的前身。目前,中心不断强化"媒体一盘棋"思想,不断扩大新媒体"朋友圈",形成强大的宣传矩阵。"广州从化发布"已由单一的微信公众号发展成为南方号、头条号、新花城、人民号、南财号、学习强国从化融媒号,以及抖音、快手、微信视频号等新媒体矩阵。

"广州从化发布"微信公众号现设置了"文明实践""广播电视""我要办事"三大栏目。其中,"文明实践"栏目分为"聚焦二十大""百千万工程""从化高质量发展""微博从化""新时代文明实践""积极宣传党的政策方针"六部分内容,积极宣传党的二十大、重要方针政策,实现"微博"与"微信"平台的融合,助力新时代文明实践活动的宣讲,推动从化区经济高质量发展。"文明实践"栏目把政策部署、民生实事、从化活动等传递到从化基层中去,让群众可随时随地快捷掌握从化区的大小事。"广播电视"栏目则打破电视、广播之间的壁垒,实现新媒体平台与广播电视的互融。该设置让无法即时观看电视新闻、收听广播电台的群众能够避免错过重要新闻,同时也降低了收听广播的时间成本,实现了"听"与"看"的融合。"我要办事"栏目结合区政府中心工作,做好"媒体+政务"工作,由"综合办事大厅""粤省事""政民互动""互联网+督察"四部分组成。栏目充分发挥新媒体互动优势,整合政务服务程序,丰富微信公众号的功能,有效满足了群众的需求,真正做到了便捷于民。

"广州从化发布"微信公众号在内容建设方面表现亮眼,由五名成员负责内容制作,做到每日至少"一更",通常为"二到五更",及时推送最权威的从化新闻、从化本土生活资讯、地道的生活体验。公众号以多元的视野及时、全面、准确报道从化的重大新闻,细致展现从化具体地区的特色,全方位介绍从化的区位优势、旅游文化资源等,让从化区群众深入了解从化的样貌以及为有意来从化的外地人提供全面的信息服务。依靠覆盖面广、传播迅速、图文视频并茂的优势,"广州从化发布"公众号迅速占领舆论高地,成为强大的区域主流媒体,构筑起网上网下一体、内宣外宣联动的主流舆论新格局,壮大了主流舆论新阵地。五年多来,"广州从化发布"成绩惊人,在媒体"四力"中有着良好的表现。据资料,"广州从化发布"的推文总阅读量超过5188万,其中共产生10万+爆款推文34条,媒体影响力不断攀升。2023年,"广州从化发布"微信公众号粉丝达18万+。

2021年9月,"从化融媒号"正式在学习强国平台上线,这标志着从化区融媒体中心在媒体融合中更进一步。学习强国这一权威的学习平台成为中心展示从化形象、讲好从化故事、传播从化声音的宣传阵地之一。学习强国"从化融媒号"立足从化区域特色,打造精品栏目,设有"乡村振兴""文明实践""民生聚焦""印象从化"四个栏目。在内容表现形式上,"从化融媒号"运用图文、图集、视频、音频等多种方式,充分发挥视频及图片优势,丰富内容样式,激发受众兴趣。在内容主题上,"从化融媒号"将较大比重放在"乡村振兴"上,关注农业发展,农作物的丰收,如水稻、柑橘、柠檬、红柿等;记录乡村生活,宣传美丽宜居乡村的生动图景;展示绿色生态和精神文明风尚,助力农业产业经济发展。"文明实践""民生聚焦"栏目全方位、多角度展现从化区的高质量发展成果以及人民群众的生活生产风貌,关注基层的日常生活,宣传从化区的重要活动。

从化区作为我国生态文明建设示范区,具有优越的生态环境,在绿色发展方面取得了显著成果。在"印象从化"栏目中,"从化融媒号"助力从化生态文明建设,聚焦从化风土人情、旅游资源等生态优势,积极宣传从化绿水青山,提升从化形象,增强从化的独特魅力,吸引游客的到来。

"广州从化发布"视频号于2022年3月正式上线运营,打通了视频传播通路,以短视频形式宣传从化。同时,"广州从化发布"视频号与"从化广电网络"视频号实现同频共振,发布了"粤菜师傅""穿越从化""花开流溪"等系列短视频,运用百姓喜闻乐见的语言讲好从化故事,取得了良好的社会效应。此外,视频号积极参与内容策划,拓宽合作渠道,与区新时代文明实践中心共同打造电视栏目《从化乡村小康直通车》,于每周五在新花城客户端进行直播,每期观阅量超过8万人次。"广州从化发布"视频号在融合实践方面取得阶段性的成果,并不断进行创新,尝试短视频、电视、微信公众号等多平台的互融互通。

"广州从化发布"南方号于2018年2月24日上线,在南方号客户端上实现了影响力的新突破,是区融媒体中心做大做强区域主流舆论阵地的重要举措。自入驻南方号以来,"广州从化发布"抓住迅速、权威、全面的南方号客户端渠道优势,及时发布涵盖时事政策、乡村振兴、产业发展、民生服务、旅游美食等方面的内容,向公众及时、准确、客观、全面传递上级和从化区各方面的信息,实现信息全方位、宽领域、多层次传播。凝聚从化正力量,更好地服务群众、引导群众,为从化建设更高水平幸福美丽之城提供强大的舆论支持力。

"广州从化发布"南方号紧跟平台热点,积极参与南方号各时期组织的同题活动。2021年,参加"我们的小康生活"新媒体爆款大赛,"广州从化发布"的爆款推文《假如从化8个镇街都有朋友圈,那画风……》通过从化各镇街的"朋友圈",反映了近年来从化经济社会发展变迁,采用长图形式与读者进行"对话"互动,形象生动地展示了从化小康生活的新变化,最终获得专业评选组二等奖、全省区县级第一的成绩。[①]

在运营上,"广州从化发布"南方号贴近广大群众,关注民生问题,满足人民群众的需要。在内容把控上,"广州从化发布"南方号重视农产品的宣传工作,为从化农产品"带货"。"广州从化发布"南方号积极践行乡村振兴战略,为从化农产品进行及时、准确、新鲜的报道,将目光转向农业产业,借新媒体的传播

---

① 广州市从化区人民政府."广州从化发布"喜获南方号年度大奖[EB/OL].(2022-01-10)[2023-12-03].http://www.conghua.gov.cn/zwgk/chyw/content/mpost_8018102.html.

优势以及南方号本身的地域性特点助力农产品销量增长,助力农民致富,壮大现代化农业。如南方号上发布的《吃货的福利!广州从化这里的释迦果上市啦~》《又到从化吕田腊味飘香时,带你寻找记忆中的咸香!》《香甜粉糯!从化良口镇高山番薯来袭》等文章,向市民群众推介从化农副产品、展现乡村生态美,进一步打响从化优质农产品品牌,助力农民增收致富。①

自入驻南方号以来,"广州从化发布"屡创佳绩。"广州从化发布"南方号获评"南方+传播力奖高质量南方号",南方+南方号阅读量已突破2000万,影响力排行稳居南方+全端南方号前列,并多次斩获重要奖项。发布的推文被收录进入南方+客户端首页、首发、"十佳热文榜""五十佳热文榜""南方号频道"中。资料显示,2021年1月1日至2023年3月3日,"广州从化发布"南方号热文榜五十佳有722条,热文榜十佳有181条,流量超10万+稿件有28条,单条稿件最高流量超45万。截至2023年3月,累计发稿超1万条,首发130条,总阅读量超2250万。其中,303条稿件冲上热文榜十佳,1278条稿件冲上热文榜五十佳,204条优质稿件被推荐上南方+首页,3102条稿件获得南方+城市和区县镇街频道推荐。"广州从化发布"荣获2020年度、2021年度南方号最具影响力奖,是南方号超7000家进驻单位中极少数获得此奖的单位,也是连续2年获此殊荣的唯一区(县)级单位。此外,"广州从化发布"2022年获南方号"我们的小康生活"新媒体爆款大赛优秀奖,2022年、2023年多次在南方号客户端影响力总榜排名第一。中心将"广州从化发布"打造成为在全省都有影响力的新媒体平台,在全省中脱颖而出,实现了历史性突破。

2.电视栏目:《从化新闻》

《从化新闻》电视栏目从原来播出十分钟地方新闻的传统媒体模式,走向与新媒体融合发展之路。首先,将电视新闻报道搬上了互联网,电视新闻的发布渠道不再只是电视单一平台。新媒体上开始出现电视新闻报道,实现了新媒体

---

① 广州从化发布.喜提年度大奖!广州从化发布,好样的![EB/OL].(2022-01-08)[2023-12-03]. https://static.nfapp.southcn.com/content/202201/08/c6114273.html.

与电视新闻的融合,拓宽了新闻内容的宣传渠道。其次,顺应当下短视频飞速发展的时代趋势,加大对于短视频的制播,推进电视新闻向短视频新闻的发展。最后,以全媒体播出为导向,转变电视栏目经营理念。在报道内容的选取和表现形式的创新上下功夫,取得了新的成效和突破。

在内容选取方面,《从化新闻》电视栏目围绕中国共产党成立100周年、党的二十大、"百千万工程"、"1+3+5+N"产业政策出台实施、全区营商环境优化、重点企业发展等重大主题,策划开展了"奋斗百年路 启航新征程""奋进新征程 建功新时代""非凡十年从化答卷"等重大采访活动。四年来,栏目克服了无内容可播的困境,共播出电视新闻约1000期。同时,栏目注重专题系列报道,新闻部与专题部联手合作,加强对专题系列节目的策划。栏目推出了民宿酒店等系列专题报道,助推旅游市场的发展。

在栏目组织形式上,电视社教类节目已从原来的固定时段播出的民生类栏目《日子》转变成系列电视精品节目。从化区广播电视台综合频道不断加快内容融合、渠道融合、平台融合,创新节目形式,精心打造多个品牌栏目,先后推出《主播带你游从化》《从化乡村小康直通车》《我们的小康生活》《红色史迹记心中》《我是一个兵》等。

《主播带你游从化》极具创新性,主持人直接走出演播厅,走近群众,并通过现场主持拍摄的方式讲解从化,用主播的第一视角发现从化区的地区美景与生活美好,这增强了栏目的现场感和亲近感,激发了受众的观看兴趣。主持人走进吕田香蜜山,推介美味枇杷;走进城郊街西和村的"九里花街"邂逅网红小盆栽;走进"八珍里"本土美食街介绍粤菜茶点美食;走进全省首个"粤菜师傅培训室",与粤菜大师面对面交流;走进从化的荔枝林,上山爬树摘荔枝,积极推介从化农产品。①

主播带领观众游逛从化,放慢生活节奏,时而漫游从城,时而走进小镇,介

---

① 广州从化发布. 广州从化发布主播集体"露面"啦!12月1日起,从化电台焕新上线,继续出新出彩![EB/OL].[2020-11-26]. https://static.nfapp.southcn.com/content/202011/26/c4351425.html?group_id=1.

绍重要地标,发现从化变化,打卡网红景观,以提升区域吸引力。观众通过几分钟的短视频对从化获得亲切认识。栏目创新形式,实现短视频与电视的渠道融合,拓宽了电视栏目的宣传面,以百姓感兴趣的语言,将从化美好传递到基层群众中去,提升从化区的区域凝聚力,凝结群众的社会共识。《主播带你游从化》积极推介乡村旅游、推介从化农产品,是助力从化乡村振兴的一次生动实践(图1)。此外,在播出模式上,自2023年8月以来,电视频道已转换成高清播出模式,提升观众的观感。

图1 从化融媒体中心推出的重点电视节目《主播带你游从化》

3.平面媒体:《今日从化》

随着媒介融合进程的不断推进,传统纸媒因传播单向性、信息延迟性已难以满足受众需求。纸媒在新媒体的冲击下日渐式微。《今日从化》作为纸媒,主动寻求变革,立足自身优势,创新发展模式:充分发挥传统纸媒的图片视觉冲击优势,创新新闻报道方式,留住纸媒受众;大篇幅、大版面进行深度报道,关注重大发展主题;推出系列有分量的报道,使内容和版面设计都上了一个新台阶(图

2)。总体上,《今日从化》精心策划推出中国共产党成立100周年、党的二十大召开、区党代会、区"两会"、区高质量发展大会等系列重大报道;打造《奋斗百年路　启航新征程·乡村振兴·小村巨变》《奋进新征程　建功新时代·非凡十年·从化答卷》《一把手访谈》《聚焦区两会》《高质量发展开新局》等特色时政品牌栏目;策划推出"聚焦'百县千镇万村高质量发展工程'""弘扬企业家精神""新时代文明实践从化在行动"系列报道,聚焦时代变迁,展示从化经济社会的新面貌、新发展。

图2　从化融媒体中心旗下的官方纸媒

4.广播媒体:连线报道新业态

广播从原来的节目构成单一、局限于电台直播间,发展到节目主持人走出直播间,实现线上直播与线下连线报道融合的新业态。2021年"线上花市直播间"、2022年"助农直播带货",中心实现了首次户外直播和首场从化优质农产品直播带货专场活动。2023年,电台精心录制策划《空中科普》《健康素养大喇叭》《诵读从化》《2023年从化高质量"计划书"》《高质量发展在从化》《魅力从化之美"荔"在从化》等特别节目,旨在讲好从化故事,提高广播引领力、传播力。

(二)融媒产业效应突出

为了进一步助推旅游业的发展,助力文旅经济发展,中心指导广电公司攻关研发"花时间"智慧文旅平台,并于2022年12月12日正式成功上线运营。"花时间"智慧文旅平台实现了提升从化旅游数字平台建设的重要突破,为用户全方位、多层次领略从化、畅游从化提供绿色便捷智能向导,真正实现一部手机游从化,整体提升全域旅游综合服务能力。同时,中心指导从化广电公司扎实开展业务,通过多元化发展,高清宽带用户同比增长155%,公司总收入与2021年基本持平,终止了有线电视网络收入每年大幅下滑的趋势。

在媒体平台矩阵布局上,中心高度重视假期从化景点宣传,助力旅游产业的增收。如在2023年中秋国庆"双节"长假,为吸引更多的游客到从化游玩,助推从化文旅市场的发展,中心各宣传平台全力以赴,特别加强节前节中的文化旅游的宣传,增加从化风采的内容推送频率。中心重点加大8号仓、流溪河、奥莱小镇等重大商业项目的宣传推介,为从化产业发展贡献重要媒体宣传力量。据统计,假期前后相关宣传报道超过100篇次,创该类宣传的历史新高。其中,"广州从化发布"微信公众号的推文《国庆长假来从化,超多好玩打卡地等你来!》阅读量达到10万+次。媒体打造的爆款内容,提升了从化的城市魅力,也为有意前来从化旅游的游客提供了充分的攻略服务,为从化区旅游经济的繁荣提供了强大的助推力。从化旅游打出多张王牌,并不局限于温泉资源。中心借助新媒体宣传优势,图文并茂,全方面展现从化的绿色生态,突出"岭南第一泉"品牌优势,也展现从化的绿色森林、古道、公园、玫瑰世界等生态禀赋。在对文旅的总体宣传不断纵深推进的同时,中心的宣传观念不断更新,逐步实现了从"卖资源"到"卖风景""卖文化"的突破。

绿水青山的魅力绝不止于文旅产业。从化区融媒体中心响应上级对于助农直播、乡村振兴政策的号召,依托国家对数字经济发展的大力支持,在助力农业产业升级方面进入新的发展期。中心作为地方主流媒体具有一定的公信力,与从化基层群众有着良好的情感联系,在电商直播方面有着先天的品牌及资源优势。2021年2月5日上午,新时代文明实践"春暖花开 过幸福年"从化线上花市直播在户外正式开播(图3)。从化线上花市直播极具地区生态特色,充分发挥乡村产业元素,打造出富有浓厚从化色彩的直播间。区融媒体中心邀请区迎春花市指挥部相关负责人进行直播介绍,同时邀请兰花、桃花专业种植人士讲解养花技巧和知识,以线上的方式赏花选花,丰富线上花市的文化内涵,让群众在观看直播的同时感受浓浓的喜庆年味。同时,直播也拓宽了花产品的销售渠道,切实提高了产品的销售额。

图3 春节期间推出线上花市直播,深受群众喜爱

2022年1月8日,从化区融媒体中心携手区供销社及从化广播电视网络有限公司,在区融媒体中心举行"助农直播带货 融媒体在行动"首场从化优质农

产品直播带货专场活动。活动借助直播平台，发挥融媒体矩阵平台优势，通过从化广播电视台综合广播、从化广电网络、微信、视频号同步直播，推介从化特色农产品、从化十大手信、年货套餐等，加强线上线下农产品产销对接，缓解农户销售压力。直播间邀请区供销社、新从供农产品经营有限公司助农服务综合平台相关负责人及农户代表等做客，增强直播的权威性与生动性。融媒体中心主播化身带货达人，与多位农户代表进行现场互动，讲述农民种植故事，创新直播形式，丰富直播内容。通过联农带农的方式，中心与区供销社达成合作，以消费助农模式助力从化农产品销售。

2021年"线上花市直播间"以及2022年"助农直播带货"，区融媒体中心实现了首次户外直播和首场从化优质农产品直播带货专场活动。中心坚持守正创新，利用多个平台资源优势，加强统筹兼顾，探索完善线上线下结合的模式，开展多样的直播带货，用绿色产品助力乡村振兴，用消费模式推动从化农业经济发展。

从化区被称为广州后花园，是我国生态文明建设示范区。从化区融媒体中心根据区域特点展开中心宣传工作的相关部署，高度重视旅游业、农业的发展，重视绿色生态产业增值。在生态文明上，从化区融媒体中心积极展现从化形象，发掘从化之美，找到从化特色文化地域。穿梭在市区与乡镇之间，展示从化的绿水青山；聚焦从化旅游资源优势，积极宣传从化的特色风貌；关注从化高质量发展成果的城市风采，提供一幅美丽宜居乡村的生动图景。中心在媒体传播上践行"绿水青山就是金山银山"的思想理念，探索绿水青山转化成金山银山的宣传路径，助力从化生态产业增值以及旅游产业的繁荣。中心还实现技术上的突破，以"花时间"文旅平台整体提升从化的旅游服务能力。对于重要节日的宣传，各宣传平台做足准备，集中发力，加大文化和旅游方面的报道力度，大大提升了基层主流媒体的影响力。在日常宣传中，新媒体平台矩阵结合媒介优势，利用较大比例的资源为农产品"带货"，及时推送农作物的丰收信息，展现农产品的样貌，包括水稻、柑橘、柠檬、红柿等。在融媒运营上落实乡村振兴战略，借新媒体的传播优势壮大现代化农业，开展多样化的直播带货，向市民群众推介从化农副产品、展现乡村生态美,打造从化优农产品品牌,用新型直播带货模式获得消费驱力,助推农民实现农产品经济丰收。绿水青山是从化区融媒体中心宣传的底牌,要以不牺牲生态价值的前提撬动农业、旅游业经济发展,让绿水青山和金山银山、美丽乡村和繁华都市可以兼得。

(三)"两中心"成效显著

为推动新时代文明实践向纵深发展,2021年6月28日,从化区融媒体中心新时代文明实践所在中心大楼挂牌成立(图4)。这是从化区成立的第15个新时代文明实践所,也是区新时代文明实践中心和区融媒体中心"两个中心"实现融合发展的里程碑。实践所展陈大厅以展板和实物的形式全景式展示了习近平新时代中国特色社会主义思想在从化的生动实践。此外,实践所下设多个志愿服务队,以实际行动践行为民宗旨,打通宣传群众、服务群众"最后一公里"。

图4 新时代文明实践所

从化区融媒体中心充分发挥媒体融合优势,整合资源,通过"线上+线下"模式与新时代文明实践中心实现同频共振;把融媒体中心和新时代文明实践有机融合,打造成新时代文明实践中心"线上平台";通过融媒体中心组织开展各类创新性志愿活动,将其打造成广大群众积极参与的"线下平台",探索出一条"线上+线下"双线融合模式、两中心同频共振的从化经验。

通过深度参与活动组织,从化区融媒体中心打造新时代文明实践中心的"掌上阵地",借助"广州从化发布"、学习强国、南方+等平台,分类呈现区内媒体节目内容、文明实践志愿服务活动、文明实践活动展播等,搭建起集主流舆论阵地、社区信息枢纽、综合服务为一体的互动平台,有效打通"线上"预约和"线下"参与文明实践活动的通道,解决干部群众的时间碎片化问题,做到让大家足不出户获得各类文明实践资讯。[1]

实践所借助融媒体中心优势,开展形式多样的政策宣讲、新闻宣传、志愿服务等活动,聚焦群众需求,助力文明实践新格局的建立。从化区融媒体中心积极参与策划和配合组织从化区开展的新时代文明实践活动。其中,由区融媒体中心承办的"幸福礼堂"新时代婚礼系列活动,参与策划或承办的农村建筑工匠培训、粤菜师傅培训、"党旗红、流溪清,党员治水在行动"、文化科技"三下乡"等新时代文明实践活动,均得到高度评价。围绕党史学习教育、乡村振兴、脱贫攻坚、文化建设等主题,中心推出了《主播带你游从化》《小康直通车》《走向我们的小康生活》《红色史迹记心中》《诵读从化》等接地气、有特色的音视频栏目,受到了社会各界的好评。

此外,"两中心"高度注重志愿服务的推进,切实满足基层群众的需求。区融媒体中心发动党员干部等分别组建"闻声动""网络通""放电影"三支新时代文明实践志愿服务队,通过开展走基层服务群众、通网络解决群众"收视难""收听难"问题等各类创新性志愿活动,从线上走到线下,助力新时代文明实践。[2]针对从化电视用户需求,中心大力推进高清超高清数字电视服务,定期维护发

---

[1] 广州从化发布. 从化区融媒体中心新时代文明实践所正式揭牌成立[EB/OL].(2023-10-12)[2023-12-03].https://static.nfapp.southcn.com/content/202310/12/c8189529.html.

[2] 广州从化发布. 从化区融媒体中心新时代文明实践所正式揭牌成立[EB/OL].(2023-10-12)[2023-12-03].https://static.nfapp.southcn.com/content/202310/12/c8189529.html.

射网络安全,在防止电视网络信号中止影响群众看电视的同时,也及时做好将党和政府的声音传递到千家万户的保障工作。结合从化区实际,"放电影"志愿服务队在各镇街村进行流动公益电影放映,让每位村民都能及时观看到丰富多彩、效果清晰的数字电影。志愿服务队截至目前共放映了电影近5000场。

区融媒体中心结合区委、区政府中心工作,深度参与新时代文明实践活动组织、策划、宣传,重视志愿服务的开展,切实解决群众问题,做好"媒体+政务+服务"文章,发挥好融媒体在内容生产、技术传播、资源整合等方面的优势,加快推动内容生产与社会治理"深融合",扩大新闻政策的宣传面,增强社会服务的广度和深度。融媒体中心携手社会文明实践,积极打造区级融媒体和文明实践"双中心",实现了"线上+线下"的双线联动,用创新思维对接全区新时代文明实践工作的"结合点"和"需求点",切实做到为人民群众服务、为党服务的工作准则,为推动从化区经济发展提供了良好的舆论氛围。

(四)校地共建有"活力"

从化区融媒体中心多措并举,组织策划多项高校合作活动。在区委宣传部提出加快推进驻从高校与区融媒体中心开展全方位融媒体合作共建工作的思路指导下,中心推出首批十六个校地共建项目,借助驻地高校人才优势,激发媒体创新活力,做强做优从化区宣传主阵地,优化提升融媒体宣传矩阵。

为助力从化乡村振兴,打响"湾区绿谷"从化绿色文旅品牌,中心积极创新,策划丰富多样的活动。目前,中心与华南农业大学珠江学院的传媒学院和乡村振兴学院联合承办的"从化最佳手信评选""驻从高校网红打卡点评选"两场活动都已成功启动。"从化露营设计大赛暨寻找最美营地"活动也已圆满闭幕。精彩的校地共建活动激发了内容的创新活力,年轻学生的思维方式,为从化区发展带来了不一样的灵感。同时,中心和华南农业大学珠江学院深化校地共建项目,梳理出大学生实习岗位提供、从化中小学生经典诗词诵读比赛、从化二十四节气小视频制作、寻找从化红色经典故事、从化风光片摄制、从化流溪大舞台演出(图5)等十个项目。校地双方精诚合作、不断深化,积极构建实践育人平台,让大学生得到实践锻炼的机会,也使中心在电视精品节目摄制、舞台演出等方面取得丰硕成果,进一步推动了校地融合创新发展。据资料,2023年3月,华珠传媒学院推荐近十名播音主持专业、新闻摄制专业的学生前往融媒体中心试镜或实习。6月,华珠设计学院五名学生在融媒体中心实习期间,创作完成"荔枝宝贝""融媒宝贝"表情包等,提升了中心网络传播效能。此外,融媒体中心提供平台,学校提供人才资源,合作摄制节目,使节目质量得到提升。华珠学生先后参与拍摄了《我是一个兵》《寻找从化红色经典故事》《美丽从化 从化风光片》等影视合作项目并取得丰硕成果。报刊出版部与华珠人文学院合作,于2022年12月—2023年6月在《今日从化》刊登了五期"高校之窗"专版。①

图5　从化融媒体中心与高校学子联合生产融媒体内容

---

① 央广网.华南农业大学珠江学院深入开展主题教育 加强校地共建 服务乡村振兴[EB/OL].(2023-6-25)[2023-12-03].http://edu.cnr.cn/gc/20230625/t20230625_526302088.shtml.

(五)巩固主流舆论地位

中心自成立以来,坚持做好舆论宣传工作,壮大党媒主流舆论平台,坚持围绕中心、服务大局的宣传思想工作准则。四年里,中心坚持把服务大局作为"第一职责",为激励全区上下奋进新征程、建功新时代汇聚磅礴精神力量,彰显主流媒体担当作为。从化区融媒体中心围绕党的政策方针,积极展开重大题材的正面宣传,其中包括"十四五"开局、中国共产党成立100周年、党的二十大、高质量发展、产业强区、"百千万工程"、"两会"、乡村振兴、新时代文明实践等重要活动的策划报道。中心积极响应上级号召,诠释媒体人的责任担当,用实际行动践行党的上下"一盘棋",也为推进从化区经济发展、社会共识提供了良好的舆论基础。

为喜迎党的二十大胜利召开,中心先后策划了"奋进新征程　建功新时代——喜迎"党的二十大"重大主题策划方案"和"奋进新征程　建功新时代·非凡十年""学习宣传贯彻党的二十大精神""二十大时光"等系列报道,"台、报、网"各大平台围绕宣传策划方案,组织记者深入基层采写反映从化新变化、新成就、新形象的生动事例,营造干部群众一心奋进新时代的良好舆论氛围,重点报道各镇街、园区和区直各大机关单位十年来取得的工作成就,从各行各业反映从化十年来的变化发展。党的二十大召开期间,中心开设"二十大时光",报道从化社会各界收看收听党的二十大开幕的盛况。党的二十大胜利召开后,中心及时推出"学习宣传贯彻党的二十大精神"系列报道,专题专版专栏报道从化各单位学习宣传贯彻党的二十大精神和广大党员干部群众热议党的二十大报告、讲述心得体会的情况。

2023年以来,从化区融媒体中心紧紧围绕区委、区政府高质量发展中心工作大局,精准打造了一批传播广、影响大、各具特色的宣传产品。在2023年年初宣传报道全区高质量发展大会中,中心参与了会议全程网上直播,组织了全媒体矩阵集中发力,为从化经济社会高质量发展擂鼓助鸣,摇旗助威。随后,各宣传平台精心策划,推出了一系列高质量发展的系列报道和专栏节目,为从化实施高质量发展各项举措营造了浓厚的舆论氛围。针对区委提出的产业强区发展战略，中心以前所未有的力度，围绕"1+3+5+N"产业政策出台实施、全区营商环境优化、重点企业发展等，组织策划了一系列宣传报道，占据了各宣传平台的重要版面和重要时段，特别是连续推出四篇评论员文章，聚焦"产业强区、绿色发展"的发展战略和奋力推动高质量发展实现"十个新突破"，制造了强大的舆论声势。

自从化区全面实施"百千万工程"以来，中心共组织300多人次的记者深入基层一线，深入各镇街采访挖掘新闻素材，努力挖掘新闻亮点，宣传好"百千万工程"的具体实践，力争把系列报道打造成标杆产品。同时，中心积极拓宽宣传渠道，向省市各大主流媒体平台推送本区实施"百千万工程"特色亮点工作信息，扩大影响力。中心记者与本区高校、重点企业、镇街、村(社区)密切联系，获取一手资料，把握最新动态，深入报道从化产业发展、特色生态农业、民营经济发展等内容，为从化高质量发展营造浓厚的舆论氛围，助力区域协调发展。

三、区域融媒体建设的困境

随着媒体融合不断纵深推进，从化区融媒体中心取得了众多喜人的成绩，探索出一定成功的经验，但在这个过程中，也暴露出一些问题。媒体的体制机制、内容生产、产业经营等方面仍有较大漏洞，人才、技术、资金等方面的不足限制了媒体融合的升级转型。调研发现，从化区融媒体中心主要存在以下几方面的困境。

(一) 内部机制固化

中心的事业化体制难以适应融媒深度发展的需要。各自为政的封闭式工作模式，造成部门壁垒、媒体分割，宣传、经营各环节缺乏有效沟通和有利衔接。①

---

① 王晓红，李一凡.我国城市台深度融合发展的问题与路径研究[J].现代传播(中国传媒大学学报)，2019,41(11):12-16.

机制固化在用人机制方面的表现更为明显,出现了"同岗不同责、同工不同酬"现象,肩负着新闻宣传和舆论导向重担的编外聘用人员薪酬水平普遍偏低。编制已成为中心人才引进的主要壁垒,但上级有关职能部门要求中心编外聘用人员"只减不增"。领导编制超编也"只减不增",中心的晋升机制不明晰,年轻员工难以看到发展空间。①

此外,中心绩效管理机制在实际工作中常常执行不到位,激励效果甚微。可能的原因是,中心对于工作的整体目标设置过于宏观,没有明确的工作内容的安排,部门整体绩效指标设置不够全面,未对部分重点工作内容设置对应的指标进行考核。中心在绩效指标上仍未建立起科学完善的综合考评机制和公平合理的收入分配机制。

(二)内容策划创新动力不足

唯有创新才是不竭的动力。在媒介深度融合推进时,创新不仅仅在技术领域起着重要作用,体制机制、内容生产、活动策划、管理经营等方面都离不开创新的助推。中心完成了新闻机构以及采编生产模式的初步转变,但是在融合过程也暴露了内容策划方面的问题。

中心仍未打通各层级、各区域的传播通路,未健全跨媒体、跨层级、跨区域的全方位联动传播体系。过去四年里,区中心高度重视服务大局工作,积极宣传主流价值,壮大党的舆论阵地,积极策划参与重大主题报道活动。但大部分内容策划仍然只在内部运行展开,未形成良好的外宣互动机制。在跨媒体合作方面,从化区融媒体中心暂未尝试与国有企业或其他类型的媒体达成合作,难以获得新闻机构独家资源优势。在跨层级方面,从化区融媒体中心作为我国融媒体中心基层建设的重要组成部分,缺乏与省市级媒体的交流协作,仅停留在内容转发层面,缺乏完善的资源共享机制。在跨区域方面,同级别的区级媒体之间在联合报道、人才培训等方面都未展现出亮眼的表现。

从化区融媒体中心在总体建设中,文化的作用未能得到充分发挥。在内容

---

① 陈国权.中国县级融媒体中心改革发展报告[J].现代传播(中国传媒大学学报),2019,41(4):15-23.

策划上,过于注重新闻宣传。新闻的发布平台发生了改变,但内容有时还停留在传统媒体阶段。中心没有建立起稳定而健康的循环互动机制,未能重视群众心声,深耕社区文化建设。在新闻素材的选取上,由于区域以及体制的限制,区级媒体立足于本地,可获得的新闻资源相较于省市级媒体存在短板,在总体上缺少舆论监督报道,几乎没有揭露性新闻。内容策划的流程式、标准化难以满足社会治理方面的需求,未能达成内容与社区的融合。

(三)人才队伍内生动力不足

习近平总书记指出:"媒体竞争关键是人才竞争,媒体优势核心是人才优势。"广州市从化区融媒体中心作为区级媒体,在人才吸引力方面远不如中央、省、市级媒体。人才缺乏已经成为制约广州市从化区融媒体中心发展的一大因素。目前,中心在人才方面存在以下几个问题。

其一,中心面临的严峻问题是人才队伍老龄化严重。从化区融媒体中心在编人员平均年龄49岁,编外聘用人员平均年龄39岁,人才队伍年龄偏大,年轻人才的填充远远跟不上人员老化的速度。90后、00后在人才队伍中占比低,在推进全媒体建设时,缺乏年轻人的互联网思维以及工作热情。

其二,中心的新闻采编人员大多是从原区传统新闻媒体中转型而来的,造成了机构内部人才比例的失衡。人才队伍中从事传统媒体工作的人员相对较多,拥有新媒体工作经验、熟悉新媒体发展业态、掌握新媒体运用技术的人员相对较少。其中一部分传统媒体工作人员能够转换身份,进入新角色,并在新媒体平台做出成绩。但还有部分传统媒体人才在进行媒体转型时会难以匹配,与新媒体的运营模式不断产生摩擦与矛盾。

其三,编外聘用人员薪酬待遇普遍偏低,优秀人才流失。目前,中心编外人员已有10人辞职。基于财政紧张,上级有关职能部门规定中心编外聘用人员"只减不增"。机构内部缺乏灵活的人才激励机制,绩效指标没有具体落实到工作内容中去。运营人员的工作绩效未能对所获得的工资待遇产生直观的正向反馈。承担新媒体运营重任的人才由于没有编制,待遇水平往往低于编制内员工。

其四,高技术专业人才缺乏。据 2021 年从化区融媒体中心的公开文件,从化区现有的媒体机构在高技术人才方面仍然存在着较大的缺口。由于管理体制、经济发展、人才机制等多方面原因,融媒体中心对优秀的新型媒体人才吸引力不够,在记者、编辑等传统岗位之外,存在着数据分析师、编程人员、舆情分析师等新的职业人才需要。复合型人才以及高技术专业人才的缺口导致中心难以迅速适应新媒介环境,制约着媒体进一步融合。

其五,媒体内部也缺乏培训和晋升机制。在人才的培养方面,中心仍未建立一套完善健全的媒体培训体系,未能形成良好定期的学习创新风尚。整合后,领导干部职位压缩,员工晋升难度更大,不断消磨员工创新热情,使融媒体中心内部的学习、工作活力不足。

(四)新兴技术应用不足

从化区融媒体中心虽然进行了技术引进,落实平台建设,但是由于新闻行业新技术的不断更新升级,中心的不少设备未能及时维修以及更换。新闻采编专业设备具有投入成本高、损耗大、更新快等特点,但由于区级财政投入与支持的乏力,中心在设备购置、更新升级、运行维护等方面存在较大资金缺口,部分已损坏或严重老化的硬件设施设备未能及时维修或更换,对安全播出造成一定影响。

目前,中心在用的新闻采编摄制器材较为老旧,满足不了新媒体发展的需求,如电视编辑机基本无法制作高清视频,甚至制作标清视频时经常卡顿,新闻视频、照片的像素也有待提高。用于视频拍摄的摄像机全中心仅有两台,灵眸机也未达到记者人手一台,媒体设施设备残旧,亟须高新技术产品"加持"。

除了新闻专业采编设备无法跟上时代步伐外,在互联网媒体经营方面,中心也表现出新兴技术意识落后的属性。中心缺乏对于大数据的使用经验,未能充分做到资源管理,对本地用户进行标签化分类还存在空白,不能依据媒体内容精准化分发。用户意识、数据意识、服务意识缺乏技术支撑,无法与新媒体相匹配。

四、区域融媒体建设的升级路径

为推动媒体融合持续长久展开,中心需要找到合适的发展路径,解决当下的问题,不断突破创新,积极内部改革,广纳社会人才,补足资金投入,获得上级政策支持,以提高中心的运营能力,提升媒体的"四力",发挥好引导群众、服务群众的作用,创造良好的社区氛围。

(一)深化体制机制改革　激活媒体发展潜力

媒体融合已向更深层次的2.0阶段推进,体制机制成为牵住整个机构行动的核心难题。因此,在接下来的媒体转型中,要全面深化体制机制改革,为媒体发展提供可持续动力,克服关键性难点,解决根源性问题,让媒体更具活力,激发出更多潜在的可能,促进媒体深度融合以及升级转型。

中心应从体制入手,突破部门隔离的阻碍,优化资源整合效率,实现管理模式的全面升级和生产流程的重构。第一,提高职能部门的自主权和灵活性,提升新闻生产的效率以及协同性。第二,明确工作内容,让部门人员的能力不受压制,解放部门的生产力。第三,注意集中管控,在重要决策、重要内容的部署安排上,确保组织的力量能够得到发挥。区(县)级媒体的改革应使编辑部和主任都有更多自主空间,对于内容的把控更加完善细致。①

在体制改革过程中,要进一步争取政策方面的支持。中心要充分认识到媒体融合改革的长期性、艰巨性和复杂性,要善于利用自身的资源,进一步加强政策方面的支持,为媒介发展提供保障力与助推力。步入全媒体时代,区(县)级媒体作为媒体建设的"最后一公里",只有得到上级更多的政策支持,才能不断深化机构、人才、财政、薪酬、设备等方面的改革,调整优化媒体布局,推进融合发展,不断提高区级媒体传播力、引导力、影响力。中心建设应积极争取更多专项财政资金的支持,为中心改革发展奠定坚实的经济基础,有效保障资金供给。

---

① 陈国权.县级融媒体中心机制改革的着力点[J].中国记者,2019(4):71-74.

在用人机制方面，从化区融媒体中心应建立健全人才引进机制、培养考核机制、晋升管理机制，激活媒体发展动力。积极引进年轻高新技术人才，努力突破编制身份界限，改革身份管理以及考评方式，以"动态管理、总额控制，分类管理、科学设岗、以岗定薪、统筹兼顾、明确职责"为基本原则和总体要求，在定岗、定员、定责和岗位评价的基础上，坚持"以岗定薪、按绩取酬"。绩效坚持向媒体采编一线倾斜，多劳多得，少劳少得，奖优罚劣，奖勤罚懒，建立健全以岗位责任与工作业绩为依据的新的薪酬分配制度，实现员工由身份管理向岗位管理、绩效管理的转变，最大限度激发员工工作热情和工作动力，提高新闻生产效率。

（二）推进精品内容生产　促进服务能力升级

区级融媒体中心作为地方主流媒体，要坚守党媒内容为王的工作底线，以提升"四力"为媒体建设的工作目标，提升核心竞争力，扩大新闻宣传的影响力。在传播的整体规划上，区级媒体由于自身实力限制，难以做大做强，因此，要转变新闻生产模式，力求做小做精，推进精品内容生产传播，促进服务能力的转型升级，实现"内容+服务"的软融合。

融媒体中心要进行全媒体内容生产和传播，运用新技术与新媒体产品，加大高清内容的视听传播。从化区融媒体中心基于当下的发展现状，应积极争取技术政策的支持，更新换代媒体摄制设备，提高内容的可看性，增强媒体的权威性和公信力。以全媒体传播平台建设为基础，中心根据自身条件可尝试"小投入、品牌化"的内容发展道路，打造精品栏目，创新应用音频节目、短视频、竖屏节目等形式，针对不同场景和需求提供丰富多彩的内容，加大移动端内容产品制播力度，探索发展超高清视频、沉浸式视频、互动视频、VR/AR/MR 视频，为从化区群众提供更高品质的视听服务，优化用户体验。

为促进内容生产转型升级，中心要对内容的类型、定位、目标用户等多个方面进行调整，将新闻产品、新闻栏目做好、做优、做强。以新闻内容生产流程的转变、宣传平台阵地的整合、媒体人才队伍的建设等为基础，扶持精品内容，加强深度报道，注重新闻原创，发挥低成本、强内容的优势。同时，注重线上线下的双线联动以及融媒体中心与实践中心的双中心互动,推出有深度、可互动的"线下"媒体服务,制作有技术、高质量的"线上"新闻内容,为讲好从化故事、唱响从化声音注入新时代文明实践动力。

此外,互联网改变了传统媒体下的传播格局,技术赋权打破了原有的传受结构,信息传播从专业媒体主导的精英传播转向社会广泛参与的大众传播。中心应该重视内容共创的作用,加强与受众的连接,让基层群众参与到内容的生产创作中去,提供人民喜爱的内容和服务,发挥好主流媒体桥梁纽带作用。为进一步扩大传播影响力,中心在内容生产方面可寻求多样态合作,探索区域化、平台化媒体联动协作。一方面,可以与相邻区域联合生产,进行优势互补;另一方面,积极参与省、市、区级传播体系构建,对于重大主题活动、重大题材的报道与上级达成联动传播,取长补短,争取与省市级媒体合作。

中心在精耕内容生产的同时,要进一步提升服务水平,实现"内容+服务"的软融合。中心应调整定位,以"引导群众、服务群众"为根本遵循,打造"区域综合信息服务平台";做好新闻内容,根据从化区群众的需求,进行服务功能的拓展。中心要跟进"新闻+政务服务+便民服务+民意诉求+商务服务"战略,丰富完善媒体功能,开发政务资源,发展本地服务,拓展产业链。进一步促进服务能力升级,搭建起企业、政府、群众之间的桥梁,整合资源,提供多样化服务,为企事业单位进行节目定制、主题策划。

(三)提升人才队伍朝气 注入发展新鲜血液

人才队伍是一切事业发展的关键和保障。推动从化区融媒体中心可持续发展的核心和关键是建立一支领导有力、结构合理、能力和素质领先的全媒体人才队伍。调研发现,中心的工作实际是采编任务更多地由较年轻的编外聘用人员承担,他们承担着较为核心的宣传任务。中心改革文件明确指出"保留65名财政供养的合同制人员"。随着人员离职和退休,目前编外聘用人员仅有54人,人才队伍平均年龄偏高,队伍老龄化严重,对于编外聘用人员的招录却只减不增。在媒体融合纵深推进的关键时期,中心要构建起一支具有新鲜血液的科学合理的全媒体人才队伍。

其一,改革机制管理体制,放开编制限制,加大中心用人权限,调整用人机制、考核机制、奖惩机制等。从制度改革角度出发,最大限度激发内部活力,为人才队伍的培养提供制度保障。从化区融媒体中心应根据地域环境、经济发展水平、薪酬待遇等因素,积极向区委、区政府争取在机构、人事、财政、薪酬等方面出台支持融媒体队伍建设的政策,探索适合中心发展的人才引进和优化政策。在制度上,主动打破编制身份界限,改"身份管理"为"岗位管理",提高编外人员待遇,让编制不再成为限制员工薪资的主要标准。目前中心要建立健全以岗位责任与工作业绩为依据的新的薪酬分配制度,并将顶层设计落实到位,统筹岗位管理,协调编制与业绩矛盾。建立健全融媒体从业人员发稿、新媒体推广、工作创新等激励机制,通过提高稿酬、绩效奖金等多样化激励政策深化改革,在收入分配上改变承担主要运营职责的新媒体编外人员待遇低的困境,实现多劳多得、优绩优酬,让能者多得,使人才的优势得以发挥。

其二,中心要精简人才队伍,为融媒体发展注入新鲜血液。基于资金短缺、编制缩减的困境,中心要注意人才质量,精简人才队伍,避免冗员,实现融媒体中心人才队伍的精干高效。

全媒体时代对媒体人才结构和种类提出了新要求。传统的媒体人才仍无法满足融媒体发展需求,中心要重视跨媒体、全媒体人才引进,增设互联网相关职业,打造一支既具有优秀新闻采编能力又具有互联网思维,善于新媒体运营的复合型新闻工作队伍。

在年龄方面,互联网的主战场应是年轻人。中心要改善人员老龄化情况,优化人才队伍年龄结构,重点引进和培养年轻人,为新媒体发展注入新鲜血液。[①] 年轻人是互联网的原住民,更容易理解互联网,让媒体生产内容及运营方式更具有"网感",从而吸引更多受众,打造出新媒体爆款。

为进一步转换员工的理念,深化融媒体改革,要对人才进行系统化、有针对性的培训,提升全体员工的能力与素质。将媒体培训常态化,进行新媒体理念

---

① 郭全中,刘佳妮.中国县级融媒体发展报告(2021)[J].南方传媒研究,2022(2):32-38.

的定期学习,转变思维定式,不定期开展技能培训活动,提高媒体人员的技术应用能力,同时,对人员的新闻采编能力进行定期与不定期结合的培训,切实提高媒体从业人员的专业能力与业务素养,培养出具有全媒体思维的队伍。

其三,中心要注重管理人员、领导干部的改革,要选用懂融合、敢创新、懂市场的高层管理人才,为中心未来发展掌舵,确立明确的方向。在人员晋升方面,应避免岗位垄断,阻绝年轻人的晋升之路。要扩大媒体采编、运营人员的发展空间,将机会留给能力强的员工,不能让优秀人才心死。中高层人员干部也不能故步自封,不做实事,要争取外出交流学习的机会,积极开拓思路,做好舆论引导。

(四)跟进高新技术潮流,推动媒体智能化发展

随着新技术的进一步普及,媒体作为与高新技术结合紧密的领域之一,要根据媒体实际需要,抓住技术风口,紧握技术红利,促进媒体的转型升级。

中心基于目前在用的新闻采编摄制器材较为老旧的现状,要积极争取资金技术政策,及时更换老旧设备。向市委宣传部阐明中心实际运营情况,力求加大相关技术的投入力度,以保障中心采编拍摄和各项活动正常有序开展。同时,争取更多上级政策和媒体融合等专项财政资金的支持,为中心改革发展奠定坚实的经济基础,有效保障资金供给。就发展现状而言,一味追求"高大上"并不可取,从化区融媒体中心要因地制宜,降低成本,最大限度实现技术创新。

媒体在走向智能化的道路上,需匹配相应的技术人才。中心要创新选人用人机制,培养全能型高技术人才。要保障技术人才的福利待遇,提高技术研发人员的薪资水平,对技术人才进行持续系统的培训,使其获得持续创新的动力,跟上技术潮流。

中心在融合改革的道路上,要懂得运用大数据分析优势,积极整合政府数据资源,对本地用户进行标签化分类,打通用户数据,深入推进"媒体+政务+服务"策略,满足用户的信息需求。全面推进"智慧从化"建设,打造智慧城市、智慧媒体,争取技术资金政策支持,提高资源整合和用户服务能力。

五、结语

区县级融媒体中心是我国全媒体生态建设的重要组成部分,也是引导基层群众舆论的极为重要的环节。四年来,从化区融媒体中心进行了机制体制改革,始终坚持以习近平新时代中国特色社会主义思想为指导,自觉承担起举旗帜、聚民心、育新人、兴文化、展形象的使命任务,坚持改革创新、融合发展,坚持正确的舆论导向,持续传播正能量,壮大主流舆论阵地,把党的声音传遍千家万户,为从化高质量建设绿色发展示范区提供强大舆论支持、营造良好舆论氛围。从"相加"到"相融",在改革创新中砥砺奋进,中心在全媒体时代浪潮中茁壮成长,重视媒体"四力"的提升,重视新闻宣传、舆论引导工作,将"广州从化发布"打造成为在广东省都有影响力的新媒体平台,实现了媒体改革的历史性新突破,写下了媒体融合发展的"从化答卷"。从化区融媒体中心从建设取得的成绩中获得经验启示的同时,也要清醒地认识到融合的过程中存在的诸多困境。媒体融合并非一蹴而就,融合过程并非水到渠成,中心要持续思考"体制机制改革""产业经营""内容生产""人才引进"等多方面、多角度的问题。

技术赋能+内容深耕，助推县级融媒"破圈"发展

——广州市增城区融媒体中心融媒实践调研报告

孔维辉　谭泽科　陈瑛琪　曹　锐*

摘要： 广州市增城区融媒体中心自2019年成立以来，积极响应国家媒体融合发展号召，加快推进媒体融合进程，持续加强全媒体传播体系建设，奋力塑造适应新时期增城高质量发展的全媒体主流舆论新格局。增城区融媒体中心"五融并举"全面推进全媒体传播体系建设，通过再造生产流程，打造宣传矩阵，深入推动智慧广电，提升服务水平，加快业务转型，实现了效益与口碑"双赢"，并成功发展出一条具备增城特色的融媒发展思路，成为广州重要的区域全媒体舆论阵地。但增城区融媒体中心在发展过程中仍然面临着资金、运作、人才等方面的一些困境，在推进深度融合的进程中仍需不断改进。本报告旨在考察分析增城区融媒体中心的基本情况与建设成效，并为中心的发展建设提供一些参考建议。

关键词： 媒体融合；增城区；融媒体中心；全媒体；舆论阵地

2019年，广东省广州市增城区整合《增城日报》社和增城广播电视台，制定了《广州市增城区融媒体中心建设总体实施方案》，明确了融媒体中心建设指导思想、工作原则、工作目标、工作任务和工作要求。2019年9月25日，广州市增城区融媒体中心挂牌成立。2020年9月，集"新闻+政务+服务"于一体的"阅增城"客户端上线。2022年8月，"阅增城"被新华社评为"全国县融媒体中心央地联动优秀案例"。2023年6月，广州市增城区融媒体中心被广东省广播电视

---

* 孔维辉、谭泽科、陈瑛琪，广州大学新闻与传播学院本科生；曹锐，博士，广州大学新闻与传播学院网络与新媒体系讲师，主要研究领域为传播学理论。

局评为2023年广东省广播电视媒体融合先导单位。

作为区域传媒系统的一个重要组成部分,增城区融媒体中心是一家结合互联网技术和新媒体平台,集新闻采编、传播、互动、服务为一体的区县级综合传媒机构。自2019年以来,经历了四年发展的增城区融媒体中心已经建立起一套相对完备的运行机制,媒体融合建设卓有成效。本报告回顾增城区融媒体中心的建设历程,着眼于媒体融合的政策引导,思考增城区融媒体中心的融合实践和融合成效,从内容生产、组织运行、人才管理、市场盈利和未来规划等角度展开讨论。本报告将回答以下具体问题:一是增城区融媒体中心的建设路径何在?其如何进行组织重组和创新发展?二是增城区融媒体中心的战略部署何为?目前的组织架构和发展现状如何?三是增城区融媒体中心在内容上、传播上、产品上和服务上的创新与成效如何?四是增城区融媒体中心目前面临哪些发展困境,其解决之道是何?

本报告主要采用文献资料法、实地调研法和深度访谈法对增城区融媒体中心进行考察。2023年10月31日,调研团队参观增城区融媒体中心,与增城区融媒体中心党委副书记、副主任关思忠,总编办主任张文雄,办公室主任张少葵,新媒体部副主任陈婕妮等进行深度座谈。此外,调研团队将增城区政府官方网站中有关增城区融媒体中心的文件资料和实地调研中增城区融媒体中心提供的纸质资料进行整合,收获文本、图片资料若干。

一、融媒体中心基本情况

(一)发展历程

1.增城区融媒体中心的前身

增城区融媒体中心的前身主体为《增城日报》社和增城广播电视台。

《增城日报》前身为创办于1956年的《增城农民报》,而后历经更名、停办等波折,于1959年更名为《增城报》,1961年停办,直至1993年11月28日正式复刊。复刊之初,《增城报》每周出版一期,每期对开四版,黑白印刷,每期发行10,000份左右。1999年,《增城报》由对开四版增至对开六版,并且实现了彩色制版印刷。2001年,《增城报》改名为《增城日报》。自改为日报后,《增城日报》从内容、形式等方面进行了革新,明确了办报宗旨、办报理念和办报思路。作为当地唯一的大型综合性报纸,其办报宗旨是提供信息、宣传政策、服务经济、引领生活;办报理念是:办党委、政府满意,老百姓喜爱,市场需要的报纸;办报思路是坚持社会取向、新闻取向、市场取向三者的有机统一。

《增城日报》每天编发本地新闻50条,其中头版头条达到100%。该报突出新闻主体,打造完整新颖的阅读系统,包括社会、民生、特别报道、焦点、独家、时政等新闻。2001—2003年,《增城日报》推出"创建文明城市系列报道"。此后,关于增城的重大部署和活动的内容,该报都以专栏的形式出现。如"撤县设市""打造广州东部板块""抗击非典""荔枝旅游节""登山节""广场音乐文化节""牛仔节"等系列报道。要闻版推出《本报时评》,综合新闻版推出《读者来信》、《记者调查附记》等栏目,关注社会热点,反映群众呼声。

《增城日报》社从2001年起,强化市场意识,走"以专刊推进经营"的发展路径,兴办了一批具有地方特色的专刊,如《增城楼市》《旅游专刊》《教育周刊》《家具广场》《民营经济导刊》《卫生专刊》《消费指南》《汽车专刊》《体育周刊》等,这些专刊既推动了本地的产业发展,又培育了读者群,为广告经营打造了平台。复刊30年来,由周刊、一周二刊演变为日报,由仅有省内刊号到编入国内统一刊号公开发行,由黑白印刷升级到全彩印刷,由油印报纸到数字报刊,《增城日报》紧跟时代步伐,在改革创新中不断成长,用全新的媒体形态服务广大读者。

广州市增城区广播电视台前身是增城县广播站,成立于1956年,是区政府直属事业单位。自办增城广播电台(FM89.0MHz)和有线电视频道,自办广播电视栏目,如《增城新闻》《民视民声》《真诚面对面》《行风月月谈》,内容涵盖新闻、法制、人文等方面。①

2014年年初,增城广播电视台开始微信公众号试运营,当年3月1日正式推出认证公众账号,为广大市民提供增城广播电视台的最新动态。增城广播电视台努力探索、构建媒体融合发展体制机制,推动媒体融合,从相加走向相融,重点在内容、技术、运营方面进行融合,坚持"内容为王",充分发挥传统电视媒介内容生产的优势,为用户提供优质信息,结合新媒介丰富的表现形式,让受众深度参与和互动,进一步扩大新兴媒体的影响力。

2.增城区融媒体中心的成立

为加快媒体深度融合发展,奋力塑造适应新时代增城区高质量发展需要的全媒体主流舆论新格局,增城区融媒体中心作出重要的"两步走"计划。

一是坚持党管媒体,高标准推进融媒体中心建设。2019年,以区委书记为组长,区长为常委副组长,常务副区长、宣传部部长、政府分管副区长为副组长,区委编办、区人社局、财政局等12个部门为成员单位的领导小组成立,由区委宣传部主抓融媒体中心建设。以问题为导向,围绕融媒体中心建设,领导小组多次组织学习考察小组人员前往江门开平、浙江安吉等先进地区展开深度学习调研,借鉴先行经验。科学规划制订实施方案,推出《广州市增城区融媒体中心建设总体实施方案》,对增城区融媒体中心的机构设置、人员安排、工作职能、资产管理等都做了合理部署。经过充分筹备和资源整合,以《增城日报》社和增城广播电视台为基础组建的增城区融媒体中心于2019年9月25日正式挂牌成立,开启增城区媒体融合新篇章。

二是坚持守正创新,在服务中国式现代化大局的增城实践中推进媒体融合向纵深发展。增城区融媒体中心全面推进"五融并举"的全媒体传播体系建设,即融机构、融人员、融平台、融新闻和融运营。"融机构"指整合《增城日报》社和增城区广播电视台30个部门、机构、广播电视站,重新配置12个部门和5个

---

① 孟允煌.广州地区传统电视媒介和新媒介优劣分析及融合实践——以增城广播电视台《民视民声》频道微信运营为例[J].电视指南,2017(7):155,157.

广播电视站。"融人员"指优化调整人员结构,原两家单位从430多人精减到323人,因人定岗定责,并激励采编人员向全媒体人才转型。"融平台"指搭建全媒体矩阵,研发移动客户端"阅增城"App,形成以自有平台为主,搭建中央—省—市—区—镇(街)"五级"全媒体平台矩阵,打造集"策、采、编、发、评"于一体的融媒体指挥调度中心(中央厨房),一次采编,多平台发布,推动媒体转型。"融新闻"指服务于本土,推动报纸、电视、广播、新媒体在形式上、内容上的针对性融合,打通"最后一公里",连通基层群众民情民意反映渠道。"融运营"指加强全媒体产业运营,积极推进"新闻+政务服务商务"模式,为客户提供全媒体营销方案,提供报纸、电视、广播、新媒体平台的线上线下融合推广服务,打造全新的360度传播效果。①

3.增城区融媒体中心的现状

增城区融媒体中心坚持"移动优先"战略,全力打造以"阅增城"为龙头,23个镇街、企事业单位代运营官方微信公众号平台为内核,学习强国、人民日报客户端、今日头条、南方+、抖音、新花城等拥有全国影响力的第三方外宣运营平台为外延的中央、省、市、区、镇五级立体全媒体宣传矩阵。目前,增城区融媒体中心新媒体矩阵全网粉丝量超过320万,影响力和传播力进一步提升,使增城声音、增城故事传播得更广、更远。近年来,在"守正、创新、融合、发展"理念引领下,增城区融媒体中心先后获得2020年和2023年"广东省广播电视媒体融合先导单位""全国新闻出版深度融合发展创新案例——传媒类创新案例"以及2023年"全国优秀融媒体产业创新发展综合影响力TOP10"等十多项全国、省、市荣誉称号。

融媒体指挥调度中心、"阅增城"App是增城区融媒体中心创新发展的缩影。近年来,融媒体中心以"阅增城"App、《增城日报》、增城电视台(频道)、增城广播电台(频率)、《增城之窗》门户网站、微信公众号为"龙头",学习强国号、人民日报号、南方号、今日头条号、新花城号等5个外宣平台为"延展",代运营

---

① 资料来源于2023年10月29日增城融媒中心提供的材料。

广州增城发布、文明增城、今日荔枝等24个官方微信公众号平台，搭建"大屏+小屏""眼睛+耳朵"多角度全媒体传播体系，对内对外同步推介原创报道，初步形成覆盖全区、联动全市、辐射大湾区、传播海内外的全媒体宣传大格局。

近年来，增城区融媒体中心发挥好党的喉舌功能，牢牢掌握舆论场主动主导权，以"采编中心团队+驻镇街记者+基层通讯员+拍客团"模式，拓宽本土新闻素材，推出《法治之窗》《健康增城》《聚集应急安全》《税务之窗》等品牌栏目；结合大湾区观众语言习惯特点，推出粤语版《增城新闻》，聚集大湾区发展动态，精准对接受众需求，及时回应社会关切。同时，融合《主播说增城》《荔之韵》《增城早餐》《增城二十四节气》等沉浸式互动栏目，挖掘增城、广州本土历史文化。

增城区融媒体中心强调用好融媒体传播矩阵，做好宣传报道，为全区高质量发展强信心、稳预期、聚力量、汇能量。其中，在《增城日报》、区融媒体中心微信公众号、"阅增城"、增城之窗网站等平台开设"奋进新增城""聚集百县千镇万村高质量发展工程""新定位　新增城""纪律教育宣传月专栏""树说增城""增城有段古"等专题专栏，先后在报纸、电视平台刊播系列主题稿件300多篇。

除此之外，增城区融媒体中心充分发挥地方主流媒体的作用，积极构建"融媒+发展"体系，通过提升服务水平和加快业务转型等，开拓产业发展新路径，实现政民企多赢局面。其中，在提升服务水平方面，增城区融媒体中心建成以广电网络为基础的全区综治视频专网，连接各村综治视频，实现全区农村视频监控联网。

概括而言，增城区融媒体中心持续探索"新闻+政务服务商务"运营模式，打造"原创报道、新媒体、视频影像、媒资数据、会务活动、宣传合作"六大核心业务，推出《增城日报》数字报订阅服务，让读者在"掌上"轻松、快捷阅读报纸，首发数超1万份。[1]

---

[1] 增城区融媒体中心.《增城日报》复刊三十周年特刊[N/OL].（2023-11-28）[2023-12-23].https://flbook.com.cn/c/KVDpg4Hjy9.

图1 增城区融媒体中心融媒矩阵

(二)组织架构

我国传统媒体在未改革前,已经具备了媒介融合的基本框架,但没有建立起符合融合发展的新型组织管理模式。不少媒体机构改革升级,从原来的部门制改成了频道制。如"上海观察"开发了"3+9"的格局,即3个中心(编辑中心、视觉中心、运营技术中心)和9个频道(政情、财经、区县、城事、文化、天下、互动、活动、影迹)。面对媒体融合大潮,各级单位都在不断尝试新模式、新方法,寻找组织架构设置的系统性、有效性和规范性。各融媒体中心也应把视野放宽,不断汲取同行经验,实事求是,打造符合本单位实际情况的融媒体发展之路。

作为区级融媒体中心,增城区融媒体中心自2019年9月25日挂牌成立以来,已经建立起一套完整的组织架构。目前,增城区融媒体中心内设机构12个,分别是办公室、财务部、广电网络管理部、技术部、新闻采访编辑部、广播电视节目创作部、广播部、报刊出版部、视频制作部、新媒体部、传媒产业运营部、总编办;下设机构5个,分别是荔城站、新塘站、中新站、派潭站、石滩站。

增城区融媒体中心的媒介布局十分全面,在报纸、广播、电视、新媒体上都有对应的部署,原因在于增城区融媒体中心整合了《增城日报》社、增城广播电视台、增城之窗网站、"全镜增城"App客户端、微信、微博等各类媒体资源,形成了完整的媒体体系,打造出一个"四有媒体"。通过组织机构、生产流程、体制机制、人才资源等方面的深度融合,增城区融媒体中心协调推进、一体发展,推动新闻宣传工作高效运转。增城区融媒体中心着力搭建融媒体指挥调度中心,建设集策、采、编、发、评、效于一体的新闻采编技术平台,实现"一次采集、分类制作、多元传播、立体覆盖、有效应用"的融媒体采编流程。

增城区融媒体中心搭建的指挥调度中心在整个融媒体中心的运行机制中具有战略性意义从指挥调度中心的板块分布来看,整个大屏幕分为多个板块,如"今日选题""选题详细""资源地图""选题进展""公共库资源""内容巡检""稿件生产"等。最有特色的是"资源地图"和"稿件生产"两个板块。"资源地图"板块会显示出增城区的电子地图,地图上有两个图标,红色图标代表该位置发生的新闻,蓝色图标代表处在该位置的记者,"厨师长"可通过指挥调度中心的大屏,联系距离新闻发生地最近的记者前往并采编新闻素材。而"稿件生产"板块显示了每个新闻稿件处在"稿件编辑—稿件送审—稿件审核—稿件发布"哪个环节。这并不意味着增城区融媒体指挥调度中心没有改善的空间。从实践使用情况来看,增城区融媒体指挥调度中心的稿件分发、调度运用不熟练,流程不畅顺,影响了新闻传播效率和及时性;功能模块不完善,大数据分析应用、稿件评价考核等功能尚未有效发挥作用。

二、融媒体中心发展特色

增城区融媒体中心作为区级融媒体中心,除了讲好中国故事这个媒体主流方向和责任以外,还要着眼于地域性、根植于人民性、取材于生活性,做好广州市增城区的城市新闻,讲好增城故事。

(一)专注内容原创,巩固主导地位

增城区融媒体中心的新闻生产除了转发其他各级媒体中心的稿件外,大部分内容由增城区融媒体中心原创。虽然互联网的快速发展让以往新闻受众被动接收新闻的模式发生改变,互联网用户能够自由发表言论,成为信息的主动生产者和积极传播者。但因为互联网用户掌握的信息往往不全面、传播手段不规范,极其容易发生情绪在前、理性在后的冲动行为。因此,作为官方媒体,增城区融媒体中心有责任、有义务、有能力掌握区域内的话语主导权,严格把关新闻生产,做好正面、客观、真实的新闻报道。

增城区融媒体中心的新闻生产模式为专业生产内容模式。从其微信公众号和"阅增城"App等平台来看,增城区融媒体中心发布本区内各个领域的新闻资讯以及国家级、省级重大新闻。增城区融媒体中心的专业生产内容不仅加强了地域性的权威话语叙述,对消除网络谣言、负面舆情有重要意义,而且给增城区人民带来了切实有用的资讯,如企业招聘、事业单位招聘、区政策发布和具体福利活动等。

此外,"媒体+"的内容策略也在不断为增城区的产业发展赋能。增城区融媒体中心开创各类"媒体+"服务,使传媒业与农业、旅游业、制造业、高新产业等联动合作。如"媒体+文旅":增城区融媒体中心将增城区内各个景点信息统一录入媒体渠道,并与万家旅舍民宿管理公司进行合作与数据互通,为服务业设置专栏;开通大众点评,实现信息透明和市场自律,实现旅游资源数据互通,赋能

市场监督与服务。① 增城区融媒体中心举办各类生态环境评比活动,既促进商家良性竞争,又寓教于乐,向市民宣传生态环境保护知识,以赛促发展,在弘扬乡土文化的同时带动当地产业发展。2022年,增城以第一名的成绩入选2020—2021年度广东省旅游综合竞争力十强县(市)。目前,增城形成了"一江、三道、六大核心区"及南、中、北三个旅游产业圈的格局。全区共有民宿130多家,在广州市首批9家红棉民宿评选中,增城占4家;在首批广东省乡村民宿示范点名单中,广州市入选7家,增城占3家,居广州第一。而增城区派潭镇、正果镇荣获"广东省乡村民宿示范镇"称号。诸多成果都离不开增城区融媒体中心在线上宣传方面所作的努力和贡献。

(二)创新传播形式,融通媒介边界

增城区融媒体中心的组成单位,包含《增城日报》社、增城广播电视台、增城之窗网站、"全镜增城"App客户端、微信、微博等各类媒体资源,其在整合资源的同时,也带来了全新的内容形式——全媒体形式,即文字、语音、图片、视频不再单独出现,而是在一个新闻作品中同时出现。增城区融媒体中心的建成,有效消融了不同表现媒介样态的边界,其外部也越发体现"无边界"的新闻特征。

得益于传媒技术的升级迭代,数据新闻、短视频新闻、全景新闻、VR新闻、互动新闻、直播新闻等新的新闻样态不断涌现,提高了融媒体中心的内容生产效率和质量。尤其是在展示新闻全貌,提高新闻趣味性、可读性上,这些新闻样态实现了有效赋能。

增城区融媒体中心推出《看法说法》《镇街专版》《为"农"办实事》等品牌栏目,以及《荔之韵》《增城二十四节气》等"文稿+美图+视频+互动"的沉浸式专栏,并承办大量大型活动,如2021年、2022年的"线上花市""增城区乡村振兴打擂台"和多届广州(增城)菜心美食节等。增城区融媒体中心服务于本土,为增城居民打造了一个全方位的信息获取节点站。

---

① 严雪雁.引领、联动、增权:县级融媒体中心助力乡村旅游的实践面向——以增城区融媒体中心为例[J].新闻论坛,2023,37(3):46-48.

而增城区融媒体中心的内容发布,并不是简单的素材切片。增城区融媒体中心的工作人员普遍具有用户思维,会根据不同平台的特点,分别制作对应不同用户特点的新闻产品。概括而言,增城区融媒体中心紧跟时代,不断地采用大数据技术进行案例复盘与改进,探索出一条媒介融合发展的创新思路。

(三)善用多种媒介,搭建融媒矩阵

如今,随着手机等移动终端设备的普及和自媒体平台的推广,UGC时代正式到来。同时,互联网上充斥的各种声音,也对主流媒体的舆论主导地位提出了巨大的挑战,主流媒体必须通过改革转型以提高自身的舆论影响力。

作为基层主流媒体,县级融媒体中心建设全媒体传播矩阵,能更好地引领基层舆论导向,筑牢主流舆论阵地,还能重建本地用户连接,提升基层治理水平,承担起基层主流媒体的职责与义务。

四年来,在国家"推进四级融媒体中心(平台)建设"的思想指导下,增城区融媒体中心实事求是,结合当地情况,因地制宜,建成了"中央—省—市—区—镇(街)"五级全媒体平台传播矩阵;深入镇街,深入了解人民群众的生活和文化,深度报道当地时事新闻,密切联系人民群众,以更好地服务于粤港澳大湾区的发展建设。

事实上,在挂牌之初,增城区融媒体中心已拥有自己的新闻采编技术平台,能够实现"一次采集、分类制作、多元传播、立体覆盖、有效应用"的融媒体采编流程。在此基础上,增城区融媒体中心以用户思维为导向,以先进技术为支撑,整合报纸、电视、网络三大媒体的人力和物力资源,进行采编流程的全面再造,打通报纸、广播电视、网站、微信、App客户端等各平台接口,打造了集"策、采、编、发、评"于一体的融媒体指挥调度中心(中央厨房),实现新闻素材的统一指挥、统一调度、统一使用,并能根据不同平台的用户画像,进行多种形式的创作,实现多元传播。

概括而言,增城区融媒体中心按照"1+1+1+N"的发展思路(即"客户端+微信+微博+第三方平台"),不断搭建并完善融媒平台,实现了"移动优先、一次采集、多元生成、全媒发布"。

在客户端平台,2020年9月24日,"阅增城"App正式上线,致力于报道头条要闻,聚焦民生关切,传播荔乡风情。"阅增城"App中设立了时政、教育、健康、就业和文化等十余个板块,让受众可以在线"看新闻、看电视、听广播、读报纸、学知识、办公事",并开通了便民服务端口。

在微信平台,增城区融媒体中心设立了广州增城、文明增城、今日荔城等24个代运营官方微信公众号、视频号平台。这些公众号大多为垂类公众号,包括各镇街的公众号。增城区融媒体中心与各镇街合作,立足于这些公众号的定位,挖掘当地的民生、政务类新闻,在帮助镇街宣传的同时,也为增城区融媒体中心的经营增加收入。

在微博和其他第三方平台,增城区融媒体中心积极发布关于增城区的政治、经济、文化等方面的最新消息,使新闻资讯"飞入寻常百姓家"。

在学习强国平台,增城区融媒体中心成为广州市第二批开通账号的区县级融媒体机构,由此成为增城区基层宣传融合新发展大格局的重要一环。增城区融媒体中心《融媒先导:优势互补,推动媒体融合出新出彩》成功入选全国新闻出版深度融合发展创新案例,是广州各区之中唯一入选的案例。2019年9月—2021年,增城区融媒体中心在学习强国发稿4000多篇。2022年4月,增城融媒号获2021年度学习强国广州学习平台优秀通讯站称号。①

回顾四年融合之路,增城区融媒体中心坚持"守正、融合、创新、发展"的发展战略,以"打造主流舆论阵地、建成综合服务平台、汇聚社区信息枢纽"为目标,铺展"两台、一报、两微、一端、一网、一抖"的媒体新格局,努力打造全新的全媒体传播矩阵,全力推动媒体资源在机制、机构、内容、平台等方面深度融合,在"融"中创造,在"合"中提升。2023年全国优秀融媒体云传播力调研结果发布,增城区融媒体中心荣获四大奖项,其中,"阅增城"App客户端入围全国优秀融媒体产业创新发展综合传播力客户端TOP10,"增城区融媒体中心"微信公众号入围全国优秀融媒体产业创新发展综合影响力微信TOP10。

---

① 资料来源于2023年10月29日增城区融媒体中心提供的文本资料。

(四)专心服务群众,增进社会团结

2018年8月,习近平总书记在全国宣传思想工作会议上强调,要扎实抓好县级融媒体中心建设,更好引导群众、服务群众。县级融媒体作为媒体框架的基层,在服务群众方面具有基础性作用,能够有效地将中央和地方信息传达到广大人民群众心中,同时也能够对广大人民群众的所思、所想进行收集和反馈。这既明确了县级融媒体中心的主要职能,也为县级融媒体中心发展指明了方向。

增城区融媒体中心持续探索"新闻+政务服务商务"运营模式,打造"融媒+"聚合服务,探索实践出一条既高度符合中央要求,同时又充考虑本地需求的媒体转型融合发展路径,在贴近群众、服务群众中占领阵地、赢得市场。

在线上互动服务方面,增城区融媒体中心作出诸多尝试。在传统报纸发行量下降的今天,增城区融媒体中心通过拓展线上发行渠道,推出《增城日报》数字报订阅服务,在使读者"掌上"轻松、快捷阅读报纸的同时,也增加了营收。通过开发"学习宣传贯彻党的二十大精神网络知识答题"等多个群众喜闻乐见的H5答题互动游戏,增加了人民群众参与感。但增城区融媒体中心举办的村歌大赛在抖音、微博设有的栏目中,播放量、点赞量与评论量都不太可观。在这方面,增城区融媒体中心对广大人民群众的需求把握得不是很确切,导致举办的活动与现实需求不太相符。

在线下方面,增城区融媒体中心举办2021年、2022年、2023年"云享丰收季"助农增收公益行动,以"互联网+现代农业"的新形式,联合有关部门开展"云推介""云展销""云集市""云展厅""云课堂"等"5朵云"线上线下系列助农活动,让乡村振兴插上"云翅膀"。该项目两次被广州市委网信办评为年度"最具网络发展活力公益奖"[①]。

增城区融媒体中心主打的网络平台阅增城App,以"新闻服务+政府服务+群众服务"模式引导群众、服务群众,打通服务群众的"最后一公里"。阅增城

---

① 资料来源于2023年10月29日增城区融媒体中心提供的材料。

App 在导航中设立了两个互动平台,分别是"增城号"与"服务"。在增城号中,用户可以选择自己需要查询的细分增城号,获得精准的个性化服务。服务平台既有政务、就业、出行、婚姻、生育和饮食等方面的综合服务,也有医疗卫生专区和爱心专区,让群众足不出户便可自助办理各种业务,实现了"群众少跑腿",大大提高了办事效率。

三、融媒体中心的融媒实践成效

(一)技术运用取得突破

技术是加快融媒体中心转型变革的关键因素。随着媒体融合的纵深发展,增城区融媒体中心坚持以技术为锚点,积极适应数字时代智慧变革,结合高新技术,着力打造以技术为先导驱动力的舆论宣传阵地。

在各类主体的支持及自身的努力探索之下,增城区融媒体中心在技术层面取得了一个又一个的突破。无论是数量、层次,还是实际应用,每一项信息生产技术的合理运用,都为增城区融媒体中心的进一步发展打下了扎实的基础。

从宏观上看,依据现有的技术优势,增城区融媒体中心已打造了相关的平台与系统,如"增城融媒体系统"让各平台与阅增城 App 稿件数据互通,打通了非编系统、排版系统和新媒体端,处理稿件由"交互式"升级为"直通式",极大地提高了效率;又如"智慧媒体资源系统"采用集成化方案,利用人工智能技术将媒体资源电子化,建立索引,整合存档。

从微观上看,增城区融媒体中心在"策、采、编、发、评"方面精准布局。以 2022 年的两会报道为例,增城区融媒体中心利用互联网推出了"2022 增城两会特别报道",制作了《"听"两会的声音》《聚焦两会丨带你读懂政府工作报告》等嵌入式图文、音视频和小游戏融媒产品,展现了增城区融媒体中心在信息传播上的创造力、新颖性和探索性。

一般而言,技术可以分为硬件层面的技术和软件层面的技术,这两者相辅相成、密不可分。从硬件层面上看,增城区融媒体中心设施齐全、技术先进,能够充分支持中心的内容生产,发挥信息枢纽的串联作用,如以广电网络为基础的全区综治视频专网可以连接各村综治视频,从而实现全区农村视频监控联网。除此之外,无论是可容纳500个观众席位、面积达800平方米、配备P2全高清LED大屏(16∶9)的演播厅,还是把控网络安全、内容安全、传输安全的安全播出预警系统,抑或集"策、采、编、发、评"于一体的融媒体指挥调度中心,每一项硬件设施都体现出增城区融媒体中心深厚扎实的硬件实力。

从软件层面上看,增城区融媒体中心积极拥抱互联网时代的新机遇,综合运用短视频、图文、H5、VR等技术,生产制作出许多精品内容,如《主播说增城》《荔之韵》《增城早餐》《增城二十四节气》等沉浸式互动栏目。

综上所述,增城区融媒体中心在技术方面取得了一定的突破,体现出增城区融媒体中心审时度势、前瞻性的布局。增城区融媒体中心有望在未来以技术为利器,以技术赋能内容生产,以更高质量的内容引领融媒体中心新一轮变革,积极拥抱媒体新时代。

(二)内容生产不断创新

进入全媒体时代,增城区融媒体中心积极转变思维,以持续创新的内容打动群众,在信息生产的实践中不断创新内容形式和传播方式。内容是媒体安身立命的根本,这是媒体行业的共识。对于刚刚经历完转型期的增城区融媒体中心而言,这一点尤为重要。在互联网浪潮的冲击下,传统媒体面临着巨大挑战:内容的创新性与互联网相比严重不足。在这样的背景下,增城区融媒体中心积极整合多方面媒体资源,在《增城日报》社和增城区广播电视台的基础上,打破旧有的媒体界限,坚持"内容为王"的原则,发挥采编人员的创新性,打造出一个又一个极具创新性的爆款产品。

总体而言,增城区融媒体中心在内容创新方面有两大特点:移动优先和镇街结合。每一个环节都是环环相扣、紧密结合的,都是增城区融媒体中心积极探索创新的成果。

"移动优先",即采集完信息之后,内容制作者优先根据移动互联网的特点对信息进行加工,并进行首发,然后才是报社和电视台。2020年9月24日,增城区融媒体中心上线"阅增城"App移动客户端,开设"时政""乡村振兴""垃圾分类"等10余个板块,实现在线"看电视、听广播、读报纸、学知识、办公事"。以该App为索引,增城区融媒体中心建立了自己的新媒体矩阵,涵盖微信公众号、抖音、学习强国等平台。仔细翻看各个平台,我们发现增城区融媒体中心制作的内容与平台调性十分契合:在抖音平台,增城区融媒体中心结合时下网络热点制作了一系列短视频,如《用Citywalk模式打开增城》;而在微信公众号平台,增城区融媒体中心则用图文的形式向受众展示新鲜的生活资讯,如《增城这个公园,好多"宝藏"》《涉及8个村!增城正果荔枝沟来了》。可以看到,结合移动互联网特征,增城区融媒体中心发布的内容具有短、平、快的特点,它并非新媒体平台内容的简单整合,而是系统化、结构化的结果。换个角度看,新媒体平台的内容不是传统媒体内容的简单切片,而是紧跟互联网时代热点,用二度创作的方式激活内容的生命力。原创节目《声声动听》就是一个很好的例子。作为增城区融媒体中心自制的歌唱类竞演节目,《声声动听》正片分别在增城台和"阅增城"App播出。正片内容由于播出时间较长,在电视平台收看节目的观众更多。当其转移到新媒体平台之后,增城区融媒体中心推出了衍生节目——《〈声声动听〉选手探营融媒体中心》。此举不仅可以让观众看到选手们鲜活的另一面,还可以让观众了解到融媒体中心真实的工作情况,可谓一举两得。

"镇街结合",即根据不同的镇街,开设不同的平台,生产不同的内容。目前,增城区融媒体中心的新媒体矩阵拥有"今日荔城""今日永宁""今日宁西""今日荔湖""今日新塘""今日中新""今日石滩""今日仙村"八个以镇街命名的微信公众号,分别担当相应镇街的信息传播平台。它们推送的内容都与所在镇街的生活息息相关,回应的都是当地群众关心的问题,如"今日荔城"微信公众号发布的《18时至6时全照明!荔城街农村路灯"作息"有调整》推文回应了荔城居民希望延长路灯照明时长的诉求;"今日新塘"微信公众号发布的《冷空气今晚"到货"!秋季安全生产指南请收好→》向居民传递了天气变化的信息。

从普通视角出发,这些内容似乎没有太大的创新性,但它们采用了互联网内容运营策略——用户思维。简单来说就是受众爱看什么内容,融媒体中心就生产什么内容。

综上所述,增城区融媒体中心的作品具有一定的创新性。这些作品并不是没有根据的天马行空,而是真切、扎实地从人民群众的角度出发,结合用户思维,以人民群众的福祉作为内容创新的根本。这样的创新思路让增城区融媒体中心生产制作的内容不仅具有创新性,还兼具人民性。随着技术的发展,内容的创新似乎并不是一件困难的事情,但困难的是如何让内容的创新真正为人民服务,而不是为了创新而创新。在这一点上,增城区融媒体中心已取得一系列成效。这些探索将为增城区融媒体中心日后的内容生产提供重要的参考,为内容的纵深化、全面化、多元化提供科学可行的路径,为融媒体中心日后的发展提供强劲的动力,助力融媒体中心高质量发展,打造其在人民群众心目中权威、实用、有趣、亲切的形象。

(三)社区服务深入民心

人民群众是增城区融媒体中心的服务对象、工作的重点,只有当工作真正落实到人民群众的生活中时,所有的努力才会有意义。作为增城区群众知晓信息、了解资讯的关键枢纽,增城区融媒体中心在社区服务中发挥着重要的作用,从广电网络的覆盖到新闻资讯的供给,再到精神生活的丰富,每一项工作的开展都为人民群众的生活提供了极大的便利。在过去的发展历程中,增城区融媒体中心在服务增城区高质量发展的同时兼顾群众利益,推动报纸、电视、新媒体实现从形式到内容的融合,角度多样、层次鲜明地对新闻事件进行报道,成为政府与老百姓、群众与群众之间面对面、心贴心交流的"连心桥",其宣传报道工作覆盖全区,实实在在地融入了人民群众的生活。

增城区融媒体中心的社区服务从两个方面具体展开:内容生产与经营服务。这两个不同的方面分别对应了人民群众不同的需求:从内容生产的角度看,民生内容的产出主要满足人民群众对于精神文化的需求,其性质偏软;而经营服务主要解决人民群众的生活问题,其性质偏硬。增城区融媒体中心从人民群众的角度出发开展了一系列实践,目前这些实践已取得一定成效。

从内容生产的角度看,增城区所有大的镇街都有自己的微信公众号,每个账号的服务对象主要集中于本区的百姓。这种"一镇街一账号"的方式在一定程度上提高了区域的信息传达效率,以高效、针对性强的信息传达方式为人民群众的生活保驾护航,这无疑是"社区服务"在内容生产上的最大体现。

除了独立账号之外,增城区融媒体中心在泛内容的制作上同样体现了精准的民生视角与民生思维。以"增城融媒"抖音号为例,其发布的内容主要围绕人民群众日常生活中的资讯信息,主打"亲民"。这些内容未必能成为全平台的爆款,但对于增城区融媒体中心来说,成为增城区百姓心目中的爆款比抖音平台上的爆款更加重要。因为内容生产不能以流量作为唯一的权衡标准,能够发挥多大作用、能够帮助多少人、是否能够帮助到需要帮助的人才更加重要,增城区融媒体中心正是深谙此道,在相关内容的生产上把着力点放在民生领域。除了民生资讯之外,增城区融媒体中心还积极开展组织一系列人民群众喜闻乐见的精神文明活动,如"增城区村歌大赛""唱享和美乡村"等。这些活动极大地丰富了增城区人民的精神文化生活,有助于构建和美社区。

从经营服务的角度看,增城区融媒体中心极具民生特色。它除了是生产内容的平台之外,还是生活服务平台,这一点可以从多个角度展开印证。首先,增城区融媒体中心为各镇街提供广电服务,目前增城有线电视网络已覆盖全区13个镇街、284个行政村,有线电视用户数14.6万户、终端数约18.5万个,宽带用户终端约6万个,实现了区、镇、村三级网络互通。针对具体镇街,增城区融媒体中心还推出了相应的举措,如为增江街道11个行政村建成应急广播系统,并对接市级应急广播系统;在石滩镇下围村、仙村镇西南村建成"智慧广电"乡村示范点,实现村民从看电视到用电视转变,赋能"百千万工程"。

其次,增城区融媒体中心利用自身资源,打造"融媒+"聚合服务。增城区的农业发展一直是引领全区经济增长的重要引擎,许多百姓以农业为生。为了更好地促进农户增收,增城区融媒体中心分别于2021年、2022年和2023年举办

"云享丰收季"助农增收公益行动，以"互联网+现代农业"的新形式，联合有关部门开展"云推介""云展销""云集市""云展厅""云课堂"等线上线下系列助农活动，让乡村振兴插上"云翅膀"。该项目两次被广州市委网信办评为年度"最具网络发展活力公益奖"。

最后，增城区融媒体中心在其他项目市场中，也展现出一定的积极性。增城区融媒体中心持续探索"新闻+政务服务商务"运营模式，发展"原创报道、新媒体、视频影像、媒资数据、会务活动、宣传合作"六大核心业务，打造了"闹元宵猜灯谜""2022年增城区网络安全知识有奖问答"等多个群众喜闻乐见的全区性互动项目，实现了在贴近群众、服务群众中占领阵地、赢得市场。

四、未来发展建议

（一）深化民生政治思维

在融媒体中心日常的内容生产中，政治方面的选题占据了一定比例，如何让政治内容更接地气，避免"假大空"，"民生政治"是一种破局思路。

"民生政治"，即在政治问题中寻找民生视角，从人民群众的角度出发解读政治决策，这是关乎思政建设的重要举措。在过去的信息生产中，思政问题容易与人民群众的日常生活脱节，不利于人民群众培养良好的政治意识。今后，增城区融媒体中心在进行内容生产时，可以挖掘政治问题中的民生视角，在政治问题中抓住与人民群众生活紧密相关的点，并对这个点进行宣传解读。这样的视角将为增城区融媒体中心的党建和思政建设提供良好的内容。

（二）加强区域内部联动

在原有新媒体账号矩阵的基础上，增城区融媒体中心可以在保持每一个镇街账号自身的独立性之余，适当加强这些账号之间的联动，增进不同镇街百姓之间的沟通交流、发挥各镇街之间传达信息的桥梁作用、促进信息流通，以此提高增城区人民群众的归属感,推动社区友好协调发展。

(三)拓宽经营服务种类

未来,增城区融媒体中心在经营服务方面可以更为进取,与其内容生产相呼应。上文提到,增城区融媒体中心生产制作的内容以民生资讯为主。结合这个特点,融媒体中心可以链接相关民生资讯服务渠道,让人民群众通过内容链接直达相应平台,节省时间,提高办事效率。如增城区融媒体中心发布了一篇与医保相关的推文,百姓在看到这篇推文之后,可以直接点击推文中的链接直达医保平台,办理相关业务。当然,这样简单的嵌入只是增城区融媒体中心拓展社区服务的初步探索,在运作成熟之后,增城区融媒体中心可以寻求更为深度的合作。如与相关组织机构共建内容,共同提供服务,释放增城区融媒体中心在内容制作和经营服务方面的潜力,持续为社区居民提供有价值的内容与服务,促进和谐社区的构建,提升人民群众对于融媒体中心的信任。

(四)壮大专业人才队伍

党的二十大报告强调:"必须坚持科技是第一生产力、人才是第一资源、创新是第一动力。"作为媒体深度融合的核心机构,增城区融媒体中心建设在吸收学习外部思维和经验、引进传媒数字技术、改善内容生产和运行机制体制的同时,还需要一支具备跨平台、跨媒体运营与内容生产能力以及用户思维的人才队伍,以承担传统媒体的职责及新时代下新媒体的延伸作用。互联网的迅速发展带来了技术的下放,自媒体的存在和发展不断在冲击着传统媒体,如何适应新旧更替带来的变化,需要融媒体中心的领导层系统规划。融媒体中心的原有单位大多为传统媒体,它们可能只要求媒体记者、编辑具备文字写作能力、图文编辑排版能力、广播电视制作能力、视频拍摄与剪辑能力等。而在互联网时代,媒体行业面对着多元化的表现形式,数据新闻、短视频、VR新闻、游戏新闻、H5新闻等层出不穷,增城区融媒体中心若要加强地区话语权、在传递声音的同时获取更多地域上的公域流量,就必须拥有懂技术、能策划、能宣传的复合型人才或全媒体记者,来推动融媒体中心的持续发展。

增城区融媒体中心由《增城日报》社和增城区广播电视台组成,经过多年的改革,从原来430多人精减到现在的323人。在增城区融媒体中心往年的员工自述中,他们指出了当今增城区融媒体中心在人才队伍上的困难:缺乏领军式专业人才、队伍转型较慢、高层次专业人才短缺。可见,增城区融媒体中心在专业人才、运营人才、技术研发人才上都存在不足。因此,增城区融媒体中心需要积极与高校、广东广播电视台、南方报业传媒集团等单位展开人员培训,邀请业内技术更好、媒体融合走得更快的专业人员来教学指导,推进人才队伍年轻化。

而在人才管理方面,增城区融媒体中心需要留住高层次、复合型和创新型人才,还需要具有竞争力的薪酬体系、福利待遇和晋升机制。从目前来看,由于整体收入偏低,加上激励机制不够完善,增城区融媒体中心留不住高层次专业型人才,存在人员流动性大、个别岗位人员不足的情况。因此增城区融媒体中心需要不断扩展创收渠道,提高市场竞争力,不断完善高层次核心人才的激励机制。

具体而言,增城区融媒体中心可以从以下三个方面着手:第一,扩充县级融媒体中心的人才基数,根据实际需求,不断吸收新鲜血液,通过校招、社会招聘等渠道吸引高素质的年轻人才,融合高校人才培养模式和融媒体中心人才培养模式,提高人才的适配性和全面性,以适应市场的多元化需求。引入人才后,要完善薪酬体系的合理性和用人管理体系,让有用的人进得来、进来的人用得上、好用的人留得住,避免人才断层。第二,提高现有人才的全媒体素质。增城区融媒体中心要不断开展一些系统化的媒介素养课程,提高工作人员的全媒体思维和实践水平,在专业文字和政治解读上,充分发挥老员工的专业性与经验性。第三,实现人才队伍的深度融合,加强沟通。通过资源整合,推动人员专业技能的融合、用户思维的创新,充分发挥人才队伍各个层次、年龄段的优势,提升整体的生产效率和传播效果。

五、结语与展望

四年来,增城区融媒体中心在融媒实践方面的诸多成就获得了中央、省、市等各级单位的肯定,而在这些成就的背后,也饱含了融媒体中心每一位奋斗者的青春与热血。

从运行上看,增城区融媒体中心深度建设增城区融媒体指挥调度中心,系统协调新闻采编的各项流程,以移动优先,实施阅增城客户端首发制,在媒体矩阵进行多平台发布,建立了一套系统协调、覆盖范围广的全媒体传播体系。由于基本运行框架已经完备,增城区融媒体中心需要在结构上再做补充与细化,提高整体的调度效率,打通客户端"新闻+政务"的"一步走"规划,赋能群众政务服务新生态,利用媒体矩阵传播,打造人民喜闻乐见的信息中心。

从内容上看,增城区融媒体中心立足本土化服务,坚持移动优先、镇街结合、民生政治的内容创新思路,采用用户思维,生产大量适应新技术、新形式的年轻化新闻,打通"新闻+政务、商务、体育、文旅"等联动传播方式,打造权威性与人民性并存的媒体形象。未来,增城区融媒体中心要继续紧跟时代步伐,把握社会热点,践行"内容为王"的原则,更好地服务群众,展现出区级融媒体单位的舆论引领力。

从人员上看,增城区融媒体中心的人才队伍具备专业的纸媒、广播、电视、新媒体全媒介覆盖的优势,但平均年龄在40岁左右,在应对新媒体的挑战上积极性略有不足。但若充分利用好"老人有经验,新人有技术"的思维,增城区融媒体中心亦可提高媒体融合的程度,展示出强大的生命力。增城区融媒体中心需要不断改进用人机制和激励机制,在提高运营人才和内容生产人才留岗率的同时,加强现有队伍中全媒体人才的培养与转换。

从盈利上看,增城区融媒体中心作为公益二类单位,半市场化的特性要求其不断提升造血能力。增城区融媒体中心目前主要盈利渠道为传统广电线路费、商业广告和商业活动等,创收渠道较为单一。未来,增城区融媒体中心需要结合品牌特点、地区特色和自身资源,不断探寻新的市场化盈利模式。

追求最出色的新闻，塑造最具公信力媒体
——广州日报媒体融合实践调研报告

李 彦　曹高源　徐佳昱　叶婉婉*

摘要： 广州日报作为粤港澳大湾区中心城市广州的市委机关报，锐意探索媒体融合创新发展至今已有16个年头，取得了一系列创造性成就，积累了许多宝贵的经验，已成长为最具代表性的地方党报之一。广州日报的媒体融合发展经历了从报网融合到资源整合，再到全媒体生态系统构建的历程；将优质内容生产作为融合之本，不断深化体制机制改革，运用数字技术赋能融合实践，积极参与社会治理与服务，为媒体融合实践蹚出了一条现实路径。站在媒体融合政策推出十周年的历史节点上，深入调研广州日报的系列实践，既是对媒体融合的回溯和总结，也是对未来进一步探索媒体融合发展的展望。

关键词： 广州日报；媒体融合；滚动新闻部

广州日报是中共广州市委机关报，1952年12月1日创刊。1996年1月15日，广州日报成立了全国首家报业集团。广州日报报业集团一直致力于探索传媒发展的最优模式，以锐意创新的姿态勇往直前：从2007年成立滚动新闻部，在全国范围内率先进行媒体融合探索，到2014年成立中央编辑部，进行资源整合，再到2018年构建全媒体生态体系，广州日报媒体融合向纵深发展，至今已有16年。16年间，广州日报在媒体融合探索方面取得了累累硕果，已发展成为最出色、最具公信力的地方性主流媒体之一，形成了具有广州特色的"广报经验"，为其他地方性主流媒体的媒体融合实践提供了借鉴。

---

* 李彦，博士，广州大学新闻与传播学院讲师，主要从事网络传播及治理等方面的教学科研工作；曹高源、徐佳昱、叶婉婉为广州大学新闻与传播学院硕士研究生。

本报告将从广州日报媒体融合的发展历程、实践内容、实践成果、经验和困惑四个方面具体论述其媒体融合的实践。调研采用了深度访谈、参与式观察等研究方法——对广州日报相关采编部门的负责人、记者、编辑以及人事、技术等部门的工作人员进行访谈,了解广州日报媒体融合实践的总体情况及背后细节;实地调研广州日报,近距离观察、参与数字编辑部和报纸编辑部等部门的新闻生产与运作,为调研报告的撰写提供鲜活而丰富的一手资料。

一、发展历程:媒体融合的阶段性推进

(一)成立"滚动新闻部" 率先探索报网融合

广州日报的媒体融合实践最早可追溯到2007年6月滚动新闻部的成立。这一阶段的融合特征为报网融合,是媒体融合较为早期的形态,这一模式在全国的媒体融合实践中较为领先。

滚动新闻部与集团内其他采编部门职能并列,对采集的新闻信息进行筛选、编辑和把关后,将当天发生的新闻以简单的图文消息模式率先在网络上发布,对次日见报的内容进行深度报道。而对一些重大突发性新闻,滚动新闻部则先在网络以"图文+视频"的形式进行持续报道,对其中精彩亮眼的细节进行提炼整合,作为次日见报的素材来源,从而将广州日报和大洋网①连接起来。在一些重大突发性事件中,滚动新闻部派记者到达新闻现场,采集一手信息后传回编辑部,在大洋网上及时滚动发布,图文与视频相结合,缩短了新闻信息传播的时间,为受众提供了快速且丰富的新闻内容。对"九江大桥坍塌事故"的滚动报道,是滚动新闻部在大洋网上进行不间断即时报道的首次尝试。从事故的发生到结束,滚动新闻部全程跟踪报道,所有信息均来自部门一线记者的采访。

滚动新闻部第一位记者史勇在回忆采访"九江大桥坍塌事故"的经历时说:

---

① 1999年12月,大洋网正式上线。它是在《广州日报》网络版的基础上创建的大型综合性门户网站,是首批获得国务院新闻办公室批准有新闻刊载资质的新闻网站。

"那时我们正在大洋网开会,一听到九江大桥坍塌的消息,我和主任就立马去现场采访。当时我们在现场就只有一部手机,和编辑部交流的工具是QQ群,所以我们就把现场拍到的图片和视频通过QQ群发回编辑部。由于现场的网络不太好,就让工作人员把手机内存卡带回去,争取第一时间把新闻图片和视频报道出来,这就是我们最初进行滚动报道实践的形式。"

作为报网融合的初期探索,这种报道模式充分利用互联网信息传播的即时性和便利性,将还未登载在报纸上的新闻资讯提前发布在互联网上,弥补了传统媒体新闻发布的时间滞后性,满足了受众的新媒体阅读习惯,为广州日报的媒体融合改革打下了良好的基础。但报网融合的实践没有突破原有体制的束缚,部门采编人员的生产积极性难以调动,也没有形成新媒体平台的运作规范。由于这些问题没得到妥善的解决,广州日报于2012年停止了滚动新闻部的运行。

(二)建立中央编辑部 进一步整合媒体资源

2014年8月,中央全面深化改革领导小组第四次会议审议并通过了《关于推动传统媒体和新兴媒体融合发展的指导意见》(以下简称《指导意见》)。

在中央政策的指引下,广州日报于当年12月在滚动新闻部的框架下设立了中央编辑部,又称为"中央厨房"。该编辑部由多个部门组成,包括夜编新闻中心(即报纸编辑部)、全媒体新闻中心、大洋网、音视频部等,主要负责新闻策划、内容采集、信息整合、内容审核等。同时,中央编辑部还全面统筹官方微博、微信公众号、新闻客户端等新媒体平台,将新闻整合到"统一控制、滚动分发、多样呈现"的全媒体框架体系中,全方位协调统筹新闻的采集、撰写和分发,提升了传播效率。

中央编辑部不仅在构架层面进行了整合,还对采编人力资源进行了重组调整。首先,进行物理上的融合,设立统一办公空间,将原本分散在夜编新闻中心、全媒体中心和大洋网的记者编辑集中在一起办公,促进他们之间的沟通和协调。其次,融合新闻采编业务。各部门记者采写的稿件被统一发布到共同的收稿平台上,由中央编辑部进行整合和优化。编辑可以根据需要在自己的平台上发布合适的稿件。这一融合措施使编辑部能够更加高效地管理和分发新闻内容。

在推动媒体融合发展的道路上,广州日报始终保持矢志进取的精神,除了搭建中央编辑部、提升融合传播力外,还勇于探索新的运营模式。2014年,广州日报搭建"微社区e家通",由《信息时报》联合广州各街道开设微信公众号矩阵平台。广州127条街道,每个街道设置一个公众号,分批建设。到2016年5月,公众号矩阵已覆盖广州50条主要街道,建立起全媒体微社区矩阵集群。①

图1 "微社区e家通"全媒体微社区矩阵集群(部分)

在中央编辑部建设阶段,广州日报报业集团秉持"以传媒为根本,以融合促转型"的基本思路,持续创新体制机制。通过升级中央编辑部,广州日报报业集团成功强化了内容生产的能力,显著提升了传播力、引导力、影响力以及公信力。运作模式不再依附传统模式,而是让网络传播与纸质传播平起平坐,内容

---

① 新浪网.微社区e家通正式上线 广州街坊看手机知家门口大小事[EB/OL].(2016-01-15)[2023-12-03].http://gd.sina.cn/news/gz/2016-01-15/detail-ifxnrahr8330894.d.html.

实现真正融合。然而这一模式的问题是部门内部区隔没有进一步打破,存在部门划分过细以及边界模糊交叉的情况,这不利于整个媒体资源的融合集约化发展。

(三)构建全媒体生态系统　进入媒体融合新阶段

2018年,广州日报媒体融合进入了全面打造全媒体生态系统阶段,改革的主要目的是建立垂直运行的团队,推进部门的采编一体化、部门和频道一体化。在此背景下,广州日报报业集团内部结构发生显著变化,每个部门不仅是报纸的生产部门,也是新媒体的生产部门。除了在各部门实行频道制外,如采编部门中的城事部也被称为城市频道,又新设立了22个全媒体部门——全媒体传播中心、全媒体编辑中心等。各部门分工明确,在各自领域深耕垂直报道。

2018年全国两会之前,广州日报推出的亿级传播"爆款"原创MV《福气广州》,荣获2017—2018年度中国报业深度融合发展视频作品一等奖。"广州日报5G融媒体实验室"于2019年正式揭牌成立,通过5G+VR、5G+AR、5G+无人机等技术和设备,为5G应用提供了新的场景。广州日报在传播形态上不断创新,在移动直播领域也进行了深度挖掘,如推出"留在广州 一起过年"——幸福广州24小时不间断大型互动接力视频直播活动,多角度、全方位展现广州人民的幸福生活。同年,广州市区融媒体云平台以及"新花城"App客户端正式上线运营,全力打造粤港澳大湾区融媒体枢纽平台,突出"新闻+政务服务商务"的运营模式,推进媒体深度融合发展,整合融媒中心与新时代文明实践中心,构建省、市、区、街道、社区五级融媒传播服务平台,解决好联系服务群众的"最后一公里"。

媒体产品布局根据主流媒体发展方向朝跨界发展转型,增强服务竞争力,突出综合传播力。"广报G视频"侧重于做短视频,"广报策展"侧重于策展方向,以往主攻线上的"健康有约""广报求学"更多地转向线下活动,在垂直领域有一定的规模和影响力。全媒体编辑中心负责重大主题的统筹和策划,推出了一系列相关专题作品,如融媒体作品学习贯彻习近平新时代中国特色社会主义思想主题教育知识答题,用生动的方式解读习近平新时代中国特色社会主义思想;《读懂广州·粤韵周刊》致力于推广中华优秀传统文化,尤其是粤港海岸大湾区文化。在新媒体端,全媒体编辑中心利用 CG 动画、AI 修复、AR 技术等,成功地修复了 18 位在新民主主义革命时期牺牲的代表笑脸,推出主题微视频《AI 修复中共三大代表笑脸》。这些新闻报道形式凸显了广州日报作为党媒的功能,体现了广州日报综合传播力的飞跃式提高。

改革没有完成时,只有进行时。广州日报当下正在进行新一轮改革,力求将之前划分过细的部门再做整合,以推进集约化发展。

二、实践内容:媒体融合的探索与进路

作为粤港澳大湾区中心城市广州的党委机关报,广州日报坚持正确的舆论导向,守正创新、融合发力。在内容上突出政治性、人民性和创新性,深入挖掘新闻事件的深层次内涵,做好重大主题报道,奏响奋进新征程、建功新时代的昂扬主旋律;通过与专业技术团队的合作,实现了内容的多元化表达,使信息更为立体、生动,更好地满足了不同层次、不同兴趣受众的需求。内容创新的推动离不开对全方位机制体制的改革,广州日报对内部组织架构进行了重塑,优化了生产和传播各个环节,构建了一套新型高效的全媒体采编制作播发体系。技术层面同样不可忽视,广州日报以互联网为主阵地,强化先进技术创新引领,提高新闻生产时效性以及丰富传播形态、传播样式。除此之外,广州日报积极探索"新闻+政务服务商务"运营模式,推进服务功能拓展创新。

(一)以优质内容为融合之本,巩固壮大主流思想舆论

1. 发力主题报道,引领主流舆论

重大主题报道既是党和政府宣传工作的重要组成部分,又是媒体融合的主战场,也是主流媒体优势和权威性的集中体现。一直以来,广州日报始终以更高站位、更宽视野深刻把握时代发展脉搏、奏响时代强音,深度参与党的二十

大、中共广东省委十三届三次全会等重大会议、改革开放40周年等重大主题、重大活动宣传报道,不断融合创新,以生动活泼的形式呈现重大主题报道。在2022年全国两会开幕之际,广州日报于2022年3月3日策划推出《广报超超教你学两会金点子》创意动画H5,讲述改革发展的重要意义。在2022年党的二十大期间,广州日报"听总书记的话"系列报道在人物故事、发展成就案例报道上下足功夫,通过宏大主题与微观讲述相结合的创新表达,通过一批高质量、年轻态的融媒产品,如手绘长卷、创意海报、微视频、动漫动画、H5、数据新闻等,奏响党的二十大宣传报道"交响乐",让党的创新理论"飞入寻常百姓家",直抵"Z世代"的指端心间。①

2.依托先进技术,赋能内容表达

智能媒体时代,5G、人工智能、大数据、算法、VR/AR等技术的不断发展,给新闻传播领域带来了新的机遇,主流媒体善用这些技术,将其与新闻生产相结合,生产出多种多样的新闻作品。"技术+内容"的深度融合为新闻产品的呈现提供了更好的思路,成为全媒体传播体系建设的重要推动力。广州日报以先进技术为支撑,创新应变,以丰富的内容表达为受众带来不一样的新闻阅读体验。2015年开始,广州日报主动拥抱大数据技术,以"数据优先"为基本理念,成立广州日报数据和数字化研究院,构建"内容生产、资讯传播、决策咨询"的媒体智库生态,以大数据技术助力内容生产。2020年2月,广州日报紧跟虚拟数字人技术发展,推出AI虚拟主播"小晴"进行每日播报《安民告示》,为广州日报全媒体报道再添"利器"。AR+VR技术使"云"报道成为可能,视频VLOG等技术也使报道不再局限于一张报纸。第130届广交会期间,广州日报不仅借助传统报道"讲好大主题",更借助视频和直播的场景化体验带领更多受众进行"云观展",推出了"走读广交会VLOG"系列报道。该报道以主播走访观察的视角,挖掘探秘新展品、新亮点、新故事,借助镜头前的生动讲解和主播的亲身体验,让

---

① 余靖,汤新颖.重大主题报道的精准策划与创新表达:以广州日报党的二十大报道为例[J].新闻战线,2022(22):43-46.

无法到达现场的客商获得更多真实的感受。在人工智能技术的创新和利用上，"新花城"App于2022年推出智能便民服务，利用机器人"小新"进行"智能问答"，为人们提供咨询服务，展现出更鲜活、更智能的发展趋势。

3.开展报网互动，适应数字时代变革

报网互动，是要通过互动实现报纸和网站两种媒介传播效果的最优化。[①] 广州日报在国内率先推出了集合图文、视频、音频的数字报纸，充分保持了报纸的原汁原味。数字报纸融合了多种互联网表现形式，具备多媒体呈现、超大版面图、下载速度快和导航便捷等特点，为读者提供了全新的阅读体验。

图2 2023年10月29日广州日报App数字报

图2为2023年10月29日广州日报数字报纸版面，下方设有版面、目录、往期报纸导航窗口，点击即可自动跳转；上方有视频二维码，读者只需要扫码便可以观看整个视频。整个版面导航便捷，给读者带来了更便捷舒适的阅读体验。同时，广州日报在微信公众号、微博评论区以及"新花城"App上积极与读者进行互动，回应读者的问题和评论，鼓励读者分享自己的故事等，第一时间将读者的意见反馈给编辑部的记者。例如广州日报2022年开设的《穗月留声》专栏，就于2022年8月16日在微信公众号发布文章《让感动你的他　感动你的城》，向全社会征集稿件和线索，鼓励读者投稿分享

---

① 新浪网.报网互动运行模式研究 以人民网人民日报为例.新浪新闻[EB/OL].(2011-02-04)[2023-10-29].https://news.sina.com.cn/m/2011-02-04/131421916547.shtml.

与广州相关的平凡人的故事,符合要求的稿件,将刊登在广州日报《穗月留声》专栏中。这些报网互动的创新形式有助于与读者建立更加紧密的联系,提高传播效果,同时也有助于媒体适应数字时代的变革,以满足不断变化的受众需求。

4.推进栏目改版,丰富受众阅读体验

常改常新,唯变不变。为贯彻习近平总书记关于推动媒体融合深度发展的重要论述,广州日报顺应媒体传播规律,提高报道质量。一直以来,为了让受众得到更好的体验,广州日报不断推陈出新,优化配置和功能,增设栏目并不断升级改版,力求让受众更方便快捷地获取想要的信息和新闻。这些年来,广州日报不断对报纸版面进行改革,例如在2018年1月推出两个全新版面"设计Window"和"科创@focus",让读者感受设计对生活的改变并带领读者接触广州乃至全球最前沿的科技成果。2022年,广州日报重磅推出《粤韵周刊》,逢周三出版。该刊以被誉为"岭南文化瑰宝"的粤剧开篇,以大历史观和大时代观,挖掘岭南文化的故事以及蕴藏其中的精神价值。作为连通港澳地区的桥梁和对外传播的窗口,《粤韵周刊》出版了"带你读懂广州两千年"系列丛书,在华文圈及海外传播方面取得很大的成果。在海外,《粤韵周刊》也得到外国媒体的认同。通过广州国际友城、驻外领事馆等,《粤韵周刊》成为对外文化交往一个特殊的渠道。例如2023年10月,就在第三届"一带一路"国际合作高峰论坛在北京举行的前一天,塞浦路斯的《塞浦路斯邮报》刊发了一篇《粤韵周刊》里的文章《"食在广州",香飘中外》的英文稿件,生动讲述了广府悠久的美食文化和粤菜名菜的故事。这是在国际传播中讲好广州历史文化故事的生动体现。在客户端上,2022年"新花城"App内容版面全面迭代升级,在呈现样式、交互体验和功能上都有所提升,更加适配移动互联网与5G技术发展。"新花城"一方面升级新闻频道,丰富新闻内容展示类型。除了时事热点、健康教育等资讯外,还有晚读NEWS、慢直播等融媒产品,让受众可以浏览更多新闻内容;另一方面增设服务专栏,强调贴心服务,同时进行客户端适配性改造,提供长辈关怀版和青少版模式。除此之外,"广州日报"微信公众号"晚读"从周一到周日,每晚推出一个主题栏目,如热点新闻类"有嘢睇"、国际热点类"球关注"、财经类"财知道"、文学类"月伴诗窗"、知识科普类"搞边'科'"、心理类"心传星愿"和新闻荐读类"一周星选",以更加年轻化的语态与新颖吸睛的内容提高年轻用户黏性,为读者带来更丰富的阅读体验。如"月伴诗窗"邀请读者一起从古诗文中找到现代情感共鸣与慰藉,品读经典诗文。

我们可以看到,广州日报晚读栏目改版所推出的七个栏目分别涉及不同的种类,以适应不同类型读者的阅读偏好,同时以更加独特的视角、观点和幽默风趣的文笔,提高读者的阅读体验,并在评论区积极和留言读者进行留言互动。10月2日"有嘢睇"文章《谁在听他的演唱会……下一个十年,你还会赴约吗?》、10月12日"球关注"栏目文章《"住手!你们不要再斗了啦!"》阅读量都有10万+,获得了非常不错的反响。

(二)以体制机制改革为融合之基,围绕"融"字做文章

1.整合媒体资源,健全完善融媒体架构

2020年9月,中共中央办公厅、国务院办公厅印发的《关于加快推进媒体深度融合发展的意见》(以下统称为《意见》)明确指出:"要深化主流媒体体制机制改革,建立适应全媒体生产传播的一体化组织架构……形成集约高效的内容生产体系和传播链条"。《意见》高度总结和深化了媒体融合进程中的经验——体制机制中,体系架构的完善已然成为推进全媒体转向、重塑传播体系的关键。近年来,中央级、省级媒体率先发展,市级媒体以及县级融媒体中心紧跟政策导向、持续深化机构改革。在重大主题报道取得显著效果的背后,广州日报报业集团一直致力于稳步推进机构改革,创新打造活力传播载体,为前端内容生产提供体制机制保障。

2007年6月,广州日报在全国范围内率先建立滚动新闻部,以大洋网为主体进行信息滚动式发布。对于突发事件报道,滚动新闻部一方面会派文字记者和摄影记者到事发现场进行一线采访和拍摄视频,另一方面会与广州日报前线记者进行联系,不断更新即时新闻,在网络上进行更新。2014年12月,按照"统一指挥、统一把关;滚动采集、滚动发布;多元呈现、多媒传播"的24字原则,广

州日报报业集团在滚动新闻部的框架下,建立起全国首个中央编辑部式的中央编辑部,在集约化模式下进行内容生产,满足多平台新闻信息需求,以此降低传播生产成本。在推崇"移动优先"的战略下,从2018年起,广州日报重新进行组织结构全面优化,其组织架构包括广州日报社、广州传媒控股有限公司、信息时报社、南风窗杂志社、看世界杂志社、番禺日报社以及增城日报社;广州日报社内设立了22个全媒体部门,如全媒体传播中心、全媒体编辑中心等。在运行机制方面,由于在此前调研中发现部分资源有交叉与重合,因此广州日报逐步试点推进两个事业部运行机制改革,如全媒体时政部与全媒体城事部的融合、全媒体区街部与微社区的融合,合理分配资源,全力推进一体化管理和全媒体生产。

2.再造采写编发流程,提高新闻生产效率

在新媒体时代,无论是新闻报道还是融媒体产品,都不再是单兵作战进行创作,也不再是单一化经营,报业采编人员身上增添了生产者、策划者、运营者等多重标签。不断适应互联网发展规律,广州日报报业集团积极探索高效新闻内容生产流程,推行"策、采、编、发、评"一体化的高效运行机制,破除了以往单线式流程的写稿、交稿、编版、发行。2019年,广州日报成立了全媒体编辑中心。中心负责重大主题报道和广东省市中心工作报道,在集团整体策划中起着关键作用,如"跟着总书记学党史"大型系列报道得到中宣部的高度赞誉,近20篇报道登上学习强国,以融合之力推动重大主题提质增效,从而构建了一个"超级融合"融媒机制。2022年,全媒体编辑中心内部切实推进报纸编辑部、数字编辑部、全媒体美术设计部和全媒体审校部等部门的高效集约化生产工作,致力于构建融为一体、合而为一的全媒体传播格局,推动采访团队、视频团队、技术团队、传播团队之间的紧密合作,努力形成高效集约的内容生产体系和全媒体传播链条,确保新闻采编和技术团队之间的资源共享。

3.创新融媒体传播体系,优化多维融媒矩阵

习近平总书记强调,推动传统媒体和新兴媒体融合发展,要"着力打造一批

形态多样、手段先进、具有竞争力的新型主流媒体……形成立体多样、融合发展的现代传播体系"。当前,随着媒体融合进程的不断深化,报业正在经历从单一传播模式向多元化传播模式的转变,广州日报报业集团已构建起以广州日报、广州日报数字报、大洋网、广州日报微博微信微视频、广州日报App、"新花城"App、广州日报数据和数字化研究院、信息时报"微社区e家通"、广报"南风窗智库"等为核心的"报+网+端+微+院+库"一体化生产体系,形成"统一策划、一次采集、多元生成、多渠道传播"传播机制,其中,App、微博、微信、抖音等新媒体平台已经崭露头角,成为广州日报新闻和舆论工作的主要战场和阵地。根据人民网发布的《全国党报融合传播指数报告》,广州日报在融合传播方面已经连续4年稳居地方党报的首位。① 广州日报报业集团将传统媒体的公信力与新兴媒体的灵活性融为一体,构建了一个与时代一同发展的融媒体传播体系,并凭借内容和平台的优势获得了融合发展优势。广州日报报业集团下一步计划将推进"新花城"、广州日报两个App客户端"合二为一",推进第三方平台梯级分级分层发展,打造共通共融的生产力通道,不仅深耕自身垂直领域,而且彼此形成支撑。

(三)新技术为媒体融合助力,驱动媒体转型升级

1. 技术支持云平台建设,重构媒体新生态

《意见》指出,要按照资源集约、结构合理、差异发展、协同高效的原则,完善中央媒体、省级媒体、市级媒体和县级融媒体中心四级融合发展布局。从媒体生态角度来看,全媒体传播格局中,媒体机构与环境之间、不同媒体之间只有呈现出良好的关系状态,才能盘活各类媒体资源。在顶层设计的推动下,全国各级各类主流媒体逐步推进媒体融合的整体进程,不断加快从"相加"迈向"相融"的步伐,开启由企业云建设迈向媒体云建设的新起点,有力促进媒体融合持

---

① 人民网.《2021全国党报融合传播指数报告》发布[EB/OL].(2021-12-29)[2023-12-03].http://media.people.com.cn/n1/2021/1229/c14677-32319846.html.

续向纵深拓展。当前,各地正着力打造区县融媒体中心。2019年10月12日,广州11个区融媒体中心均完成挂牌并入驻市级技术平台;10月22日,依托于广州市区融媒体云平台的"新花城"App客户端正式上线。广州市区融媒体云平台积极拓展"新闻+政务服务商务"运营模式,将融媒中心和新时代文明实践中心深度融合。通过市级技术平台与中央、省市媒体连接,依托"微社区e家通"向下拓展延伸至街区,向上实现内容资源的互通共享,形成中央、省、市、区、街五级传播网络。广州市区融媒体云平台以云原生架构为基础,采用微服务、容器化,自主研发了面向媒体运营的技术中台和业务中台,构建了DevOps敏捷交付体系、智能中台赋能平台与多域全渠道用户体系;同时,建立了工程效能平台,这是由综合云服务平台、融媒体工作平台、新媒体发布平台、内容共享交换平台、宣传指挥站调度平台、系统对接平台以及"新花城"客户端组合而成的"6+1"平台,提供了从需求提出到部署运维的一站式平台工具支撑,大大提高了开发的效率与质量。广州市区融媒体云平台主要包括以下六大功能模块:宣传指挥调度、融媒体内容生产、舆情服务、党建服务、咨询决策服务、区域定制服务。广州市区融媒体云平台的建设核心是采用平台化的思维方式重构媒体生态。广州市区融媒体云平台不只是一个技术平台,而且希望通过加强内容、渠道、服务、技术等方面的建设,构建良好的区域媒体生态。在内容生产层面,广州市区融媒体云平台的内容发布者除主流媒体机构外,还有专家、记者、网络大V以及社区意见领袖等;在社区服务层面,广州市区融媒体平台在全国首创微社区模式,率先打通"最后一公里"。"新花城"App客户端以微社区模式为基础,建立了贯穿广州市、区、街(镇)三级的宣传体系,线下整合每个街道社区相关资讯即时上传,线上通过大数据算法分析,创建用户人群画像,精准定位用户需求,实现线上线下深度联动。

2.研发先进技术,助力云平台增质提效

《意见》强调,推动媒体融合发展,要将技术建设和内容建设摆在同等重要的位置。在技术赋能的时代,5G、人工智能和大数据等先进技术,为主流媒体内容运营和传播实践助力,实现内容从数字化向智能化升级,确保主流媒体在信息传播中占据主动。广州市区融媒体云平台以"两端融合"为导向,以融媒业务为驱动,最大化覆盖和支撑业务全链条,利用后端中台的服务能力,构建面向不同终端的前端应用,基于微服务架构及中台化思想,采用云原生应用引擎弹性运行了上百个微服务项目。如"英雄花开英雄城——粤韵杯2023年广州市中小学生作文与美术主题大赛"的作品征集与投票同时进行,参与投票作品共1万多份,总票数7,000多万,广州市区融媒体云平台实现了智媒体技术应用。例如,基于大数据技术发现和筛选新闻线索,提高新闻报道的及时性和准确性;利用AIGC技术,实现内容自动化生成和智能化编辑,提高内容生产效率和质量;利用媒体融合技术,实现多渠道、多形态的新闻传播,满足不同用户的需求和习惯。除此之外,广州日报以技术支撑内容拓展,推出广州美食地图,通过爬虫技术在大众点评抓取相关数据,对内容进行分类,以图示化进行呈现;同时,引入人工智能技术,用户通过人机对话的方式,在"新花城"App的"健康"频道运用语音、问答的形式可咨询相关健康问题。在当前的时代背景下,技术的升级和迭代速度日益加快,融媒体云平台需要在已有的基础上,加快突破核心技术,为平台不断引入新的技术工具,提高为人民服务的能力。

(四)以治理与服务为媒体融合抓手,构建"新闻+政务服务商务"模式

1."新闻+政务":提高政府信息透明度,为政务服务开拓渠道

《意见》强调:"探索建立'新闻+政务服务商务'的运营模式,创新媒体投融资政策,增强自我造血机能。"在国家治理体系和治理能力现代化建设的进程中,媒体扮演着不可或缺的角色。广州日报作为主流媒体,不仅是参与社会治理的主体,而且是社会责任的承担者。近年来,广州日报报业集团与政府职能部门以及各行各业建立内容共享和渠道互通的工作联动机制,实现活动共办,最终形成了深度融合新局面。广州日报App客户端是广州日报报业集团全媒体矩阵的重要成员,核心定位是"广州权威信息第一发布平台",为广州本地用户和外地用户提供广东省乃至国际的新闻报道。截至2022年,广州日报App客户端总下载量超过1.032亿次。人民网研究院发布的《全国党报融合传播指

数报告》显示,广州日报融合传播力领跑全国地市级党报。搭载在广州日报App客户端上的"广州+"是一个融合专业媒体、政务媒体和机构媒体于一体的权威政务服务、咨询及资讯发布平台。其中的"政务""政策""办事""问政"板块,使用户不仅可以迅速了解新闻动态以及近期广州推出的各项民生福利政策,还能线上办理业务,若在办理业务的过程中出现问题,可以提交想要了解的问题,平台将第一时间联系相关部门答疑解惑。2022年,为做好党的二十大宣传报道、学习贯彻党的二十大精神,广州日报推出"总书记的话"系列报道,紧密结合时代特色和传播规律,以用户喜闻乐见的方式宣传和解读党的二十大报告,让党的二十大精神真正深入人心。

2."新闻+服务":扎根百姓现实需求,提供一站式综合性服务

随着互联网的快速发展,媒体资源已然成为政府职能部门的重要资源。媒体是联结政府与人民群众的重要枢纽,不但是引导舆论工作的主战场,还是为人民群众提供公共服务的重要阵地。为贯彻落实习近平总书记"扎实抓好县级融媒体中心建设,更好引导群众、服务群众"的要求,2019年10月22日,由广州市委宣传部主管、广州日报倾力打造的广州市区融媒体云平台客户端"新花城"App正式上线,开启了新闻宣传向公共服务领域拓展延伸的时代。"新花城"App增强了网络平台聚合能力,为用户提供了丰富的便民服务。成立以来,"新花城"App充分发挥党媒的政治优势,同时也为了更好地服务于粤港澳大湾区建设,除了设置时政热点、国际天下、社会经济等新闻板块,还设置了广州文明实践云、红色史迹、健康有约、广报求学等服务板块,推出中考智囊团、新高考志愿填报指南、广州民办教育论坛、养老院里的母亲节等多个垂直服务类的活动和项目。"新花城"App强调"服务"与"社区"的重要性,通过"微社区e家通"实现了对全市150多个街道的深度覆盖,运营全市2000多个新时代文明实践中心(站/所),以融媒体中心为核心,构筑起新时代文明实践服务网络。除此之外,广州日报报网端还联手打造"心愿值班室"为民服务平台,为人民群众排忧解难;"红色移动课堂"的学习实践大篷车开进广州市各街道、社区,在党史学习和为民服务上采用线上线下并行的方式不断破圈,打通基层宣传的"最后一

公里"。"新花城"App充分发挥媒体的舆论监督作用,引导舆论,积极践行网上群众路线,为辖区人民群众提供一站式综合性服务,着力提升基层社会治理体系和治理能力现代化水平。

3."新闻+商务":推进跨界资源融合,增强自我造血能力

2022年中国传媒产业总产值首次下降,《传媒蓝皮书:中国传媒产业发展报告(2023)》指出,我国报刊发行收入、广告收入均有不同程度下降。在这种情况下,"新闻+商务"成为广州日报在新媒体发展过程中的经营突破,是"新闻+政务服务"之后在产业链上的拓展延伸,是媒体增强自我造血功能的一种渠道。随后,广州日报在"新闻+商务"方面作出进一步的转化,利用市场化手段提升媒体的造血机制,突破了单一的经营方式,以此挖掘新的商业模式。"新花城"App的广州日报电商板块包括报刊订阅、广报果园、广报菜篮子等类目,同时推出电商消费帮扶专馆,协助广州帮扶地区农副产品的销售,不仅为乡村振兴按下助推器,也帮助消费者购买到更物美价廉的农副产品。此外,广州日报正着力探索以"文化+"为重点的多元化经营模式,运用产业发展反哺报业主业,打造广报中心、广报云汇、粤传媒大厦以及广报阡陌间文创园等文化产业项目,塑造广报系文创IP和品牌化产业运营新形态,实现文化产业多元化发展。

三、实践成果:全媒体建设取得显著成效

广州日报报业集团顺应时代发展潮流,自推进媒体融合发展以来,始终保持勇立潮头的锐气和矢志进取的精神,坚持以"移动优先、精品党报"的目标推进媒体融合的系列改革,不断提高主流舆论的传播力。在媒体融合过程中,广州日报形成了"报+网+端+微+数据院+智库"的融媒矩阵,构建起以内容建设为根本、先进技术为支撑、创新管理为保障的全媒体传播体系,发展出"新闻+政务服务商务"运营新模式,打造垂直品牌,创建众多融媒体工作室,使媒体融合传播力持续提升,品牌价值逐年上升,成为全国媒体融合实践中最具代表性的地方性党报之一。

(一)融媒矩阵:深耕舆论阵地,扩大主流影响力

2019年以来,广州日报在媒体融合实践中深耕渠道领域,广泛连接用户,占领新兴传播阵地,扩大舆论阵地,还积极拓展新终端、新渠道,如抖音、小红书,广泛触达各类群体,把主流声音扩展到群众身边。截至2023年12月底,广州日报官方微博粉丝数超1961.1万;微信粉丝数超324万;广州日报App客户端下载量超一亿;抖音粉丝数超790万,稳居广东省各大主流媒体前列。"新花城"App客户端正努力打造成为粤港澳大湾区融媒体枢纽平台,全网下载量已超4000万,通过"微社区e家通"建立起150多个镇街矩阵,以融媒体中心建设助力全广州2000多个新时代文明实践中心,初步形成了市区融媒体中心建设的"广州经验",受到中宣部的充分肯定。

渠道的多元化,进一步提升了广州日报的传播力、影响力和引导力。表1是2017—2021年广州日报的融合传播力情况统计:

表1 近年来广州日报融合传播力情况统计表

年份	2021年	2020年	2019年	2018年	2017年
在地方党报中排名	在全国地市级党报中再度领跑	第一名	第一名	第一名	第一名
在全国党报中排名		第三名	第四名	第三名	第四名

数据来源:2017—2021年人民网发布的《全国党报融合传播指数报告》。

广州日报微信公众号立足广州,面向全国,辐射全球,通过发布广州日报的优质融媒报道,使用户能够全面、深度、立体地了解国家大事。根据人民网发布的《2021全国党报融合传播指数报告》,广州日报微信文章总阅读量、总点赞量、平均阅读量及平均点赞量,均居地方党报第一,影响力日益提升。公众号的服务栏包括"微报纸""读懂广州""主题教育",内容涉及新闻资讯、广州本地文化,共发布稿件万余篇,阅读量10万+的稿件有上千条,原创爆款频频被央媒转载并获得中宣部以及省市政府表扬。广州日报微信公众号与广州这座城市同呼吸,共命运,关注城市新鲜动态,见证城市美好瞬间,重要时间节点发布系列

报道,成为城市历史的重要记录者。

广州日报承办的广州市区融媒体中心客户端"新花城"App,上线4年来,成为推进媒体深度融合的新平台,充分发挥党媒"围绕中心,服务大局"的政治优势,守好舆论阵地,以多样化、创新性的传播形态和技术手段推动重大主题宣传报道,提升了广州日报作为地方性党媒的传播力、影响力、引导力和公信力。该平台全网总下载量突破4000万。其着力打造"新闻+政务服务商务"功能,推进"新时代文明实践中心""市区融媒体中心"融合建设,逐渐成为大湾区融媒体枢纽服务平台。该平台上发布的新闻报道和服务产品获得众多奖项和肯定,实际有效用户、总发稿量、总点击量连年刷新纪录。其中,"新花城"App荣获中宣部"2020年中国报业深度融合发展创新案例"奖项;荣获中国报业协会"2019年中国报业媒体融合项目创新奖";"两个中心"融合建设经验获得中宣部阅评表扬。

4年来,"新花城"App始终坚持以互联网思维推出高质量融媒产品,创建和推出权威的习近平新时代中国特色社会主义思想学习题库,向广大网民推出党史学习答题活动,让他们在答题闯关中深入学习,定期推出广东代表团代表学习笔记,利用线下"学习实践大篷车",让党史学习教育深入基层,更好地宣传党的二十大精神。同时,"新花城"App开辟的《读懂广州》专栏,《粤韵周刊》《解密广州》《新花城大地图》等系列主题专栏,已经成为世界了解广州、了解广东,甚至是了解粤港澳大湾区的新窗口。其中,《外国留学生看湾区》在海外社交媒体上广泛传播,获得大量关注,达到了良好的传播效果;《粤韵周刊》上有关粤菜、粤剧、广彩等内容也被巴西和意大利等外国媒体转载,成为外国人民了解中华传统文化,特别是岭南文化的一个重要渠道和窗口。

"新花城"App涉及多个领域,推出了多项实用服务。"微社区e家通"程序将新闻和服务送到街区百姓身边,真正打通服务群众的"最后一公里",使政府工作更好地深入基层。通过挖掘广州日报的各类垂直领域资源,"微社区e家通"搭建起全市140多个社区的信息服务网络。在宣传报道上,"新花城"App将宣传党政思想和政策作为首要任务,让国家政策通过"新花城"告知群众,此外,整合发布市、区、街、社区信息,将信息传到各类群体身边,扩大各区党政思想宣传的传播力、影响力;同时,围绕市委、市政府的中心工作,把讲好广州故事贯彻其中,通过市、区一体化的云服务平台,梳理、整合并分析各种政务新闻和动态社会信息,以"新闻聚合+服务聚合"的方式,整合市、区、街道、社区多级新闻内容,为广州日报的媒体融合实践助力。

(二)融媒精品:打造沉浸式报道,增强新闻生产力

近年来,随着媒体融合向纵深方向发展,广州日报持续探索内容生产的创新与变革,在融媒生产实践中,走出了一条沉浸式报道之路。广州日报融媒中心围绕党的二十大、北京冬奥会、全国两会等主题主线,在重大主题宣传报道上出新出彩,注重将新闻场景与受众之间的互联互通,打造沉浸式的空间,创作出大量导向鲜明、可读性强、互动性高的精品力作,深受受众欢迎与喜爱,并多次荣获国家级新闻奖项,报道作品受到了中宣部的肯定和表扬。

创新表达视角,引发情感共鸣。广州日报融媒中心在开展重大主题报道时,不断创新表达视角,深入群众生活,调动受众多样的情感,以视听体验丰富的作品激发受众的情感共鸣。广州日报推出的《小家冷暖》立足群众视角,聚焦"家"这一微观层面,沿着习近平总书记考察调研的足迹走访全国10个省市的普通家庭,将叙事的视角对准群众,以图文视频的形式将一个个小家的故事呈现在读者面前,为报道内容增添了现场感与真实性。2023年两会期间,广州日报推出《南沙前海横琴 一起向未来》裸眼3D视频,以第一视角,结合三维视效立体化呈现粤港澳三大平台的外貌,为观众提供了一场视听盛宴。

丰富叙事场景,强化在场体验。广州日报融媒中心积极探索在融媒产品制作中搭建可视化、多样化、交互式的叙事场景,增强融媒系列产品的艺术感染力,借助网络视频平台设计可供用户选择的剧情走向,提升用户体验感和参与感,让沉浸式融媒报道具有源源不断的活力。2023年两会期间,广州日报推出《叮~春天的第一份快递到了,请查收》互动海报,模仿人们生活中"寄快递""收快递"的场景,强化交互体验,让读者沉浸式阅读《政府工作报告》的各项政策,了

解两会情况。同时,广州日报在两会期间还推出"现代化,中国画"大型全媒体走读报道和传播活动,发布了《珠江盛景图》《烟火繁华图》《新富春山居图》《新踏歌图》《新桃园仙境图》等作品。这些作品是由广州画院画家团队根据古典名画创作而成的,映射出我国高质量发展的美好现状。

据不完全统计,近年来广州日报大型奖项获奖情况如下:

表2　2022年广州日报融媒产品获奖情况

国家级奖项	全国报纸副刊年度最佳专栏
	全国报纸副刊年度优秀版面
	全国报纸副刊年度佳作
省部级奖项	2021年度广东新闻奖21项
	广东省第十五届新闻"金枪奖"
	省记协、省新闻学会关于2022年度广东省新闻战线"走基层、转作风、改文风、优秀活动作品3个、先进集体1个"
	2021年度城市党报新闻奖17项

表3　2021年广州日报融媒产品获奖情况

广州日报获国家级奖项15项
省部级奖项15项
《南山战疫日志》获中国新闻奖二等奖
《跟着总书记学党史》大型融媒项目获"2021年中国报业深度融合发展创新案例"
《跟着总书记学党史》《沿着总书记的扶贫足迹》《直击郑州小区救援现场:主要依靠皮划艇和铲车》入选2021中国正能量"五个一百"网络精品

* 数据来源于广州日报

(三)融媒技术:运用数字技术,增强新闻传播力

广州日报积极探索数字技术的运用,组建研发团队,深耕媒体技术领域,已形成一套完整安全的混合云平台架构体系,构建了技术中台、数据中台、智能中台、产品中台,形成了集生产、传播、数据分析以及安全防护于一体的技术生态,为媒体融合实践提供了有力的技术支撑。此外,技术也成为融媒产品创意生产

的重要推动要素。从技术的呈现逻辑中挖掘产品创意,广州日报制作了一系列极具互动性的融媒产品,进一步推动了生产制作模式的创新,为媒体融合开辟了更为丰富的新场景、新赛道。

由广州市委宣传部指导、广州日报承建的"广州市(区)融媒体云平台基于运营服务的业务中台建设项目"荣获2023年"王选新闻科学技术奖",此奖是国家科学技术奖励工作办公室批准的中国新闻界唯一跨媒体的科技奖项。广州日报在此次评选中脱颖而出,彰显了其在技术方面的创新。2022年5月,由广东联通联合广州日报、中兴通讯、大汉三通推出的5G消息应用"广州日报5G融媒平台项目"正式上线。该项目在广州融媒云现有的基础上,探索"媒体+5G"的业务运营模式,将5G消息融入市级融媒体大平台,为广大用户提供了一种更符合移动端消息接收与使用的渠道,使所有用户可以共享市区融媒体产品的优质服务功能,打通了服务群众的"最后一公里",以5G技术助力媒体融合深度发展。

在技术推动创意内容生产方面,广州日报推出的"跟着总书记诵读经典"应用程序,利用大数据技术,建立具有权威信息来源的资料数据库,从习近平总书记数百篇重要会议讲话和文章中选出使用频率高、流传深远以及能体现总书记治国理政理念的典故语录,将其呈现在平台上。用户可以选择自己喜欢的文章跟随诵读,在此过程中,了解典故出处和释义,系统可以打分并自动生成朗诵排名,让用户沉浸式体验总书记的治国理念。这种大数据技术的使用拉近了主流媒体与受众的距离,促进了主流思想的传播。同时,广州日报融媒中心还将视频AI技术应用到融媒生产实践中。在中共三大召开100周年纪念日的主题活动宣传中,广州日报融媒中心运用AI修复技术,对18名在新民主主义革命时期牺牲的三大代表人像素材进行画质修复,推出了《AI修复中共三大18名烈士微笑》视频,使过去的英雄人物"活"起来了,让观众深刻感受历史的魅力,达到了良好的传播效果。

(四)运营模式:"新闻+政务服务商务",提升媒体品牌力

广州日报探索的"新闻+政务服务商务"运营模式,既为媒体深度融合发展

提供了路径，也为主流媒体开拓了广阔的发展空间。新闻、政务、服务和商务四个要素之间并非割裂，而是"你中有我，我中有你"。"新闻、政务、服务和商务"互相影响，线上线下形成合力，可以不断提升媒体传播力和影响力。作为媒体融合的一条新赛道，广州日报借助"新闻+"运营模式，将垂直产品做大做强，在发展中持续巩固"健康有约""广报求学""食在广东""花城老友记""微社区 e 家通"等服务功能突出、用户黏性强的垂直类传播服务品牌，还有深受大众喜爱的"粤菜师傅""名医大讲堂微课直播""中考智囊团"等产品，为广大市民和网友的幸福生活提供了贴心服务。

该模式无形中提升了广州日报报业集团的品牌价值。表 4 是近年来广州日报品牌价值情况统计：

表4 2018—2023 年广州日报品牌价值情况

年份	2023 年	2022 年	2021 年	2020 年	2019 年	2018 年
品牌价值	786.52 亿元	665.57 亿元	582.62 亿元	507.68 亿元	450.75 亿元	375.62 亿元
排名	第 130 名	第 129 名	第 128 名	第 126 名	第 125 名	第 123 名

数据来源：2018—2023 年世界品牌实验室发布的"中国 500 最具价值品牌"排行榜

其中，"健康有约"联合广州地区三甲医院，与数百名顶级名医合作，打造了华南地区最具权威和全面的健康资讯和服务平台。目前该平台拥有报纸版面、微信公众号、小程序、抖音等多个传播渠道，每日通过文字、视频、直播等全媒体手段向公众传递健康资讯，同时拥有精准导医、医疗服务咨询等功能，影响受众已超过千万。2020 年至今，"健康有约"联合多家医疗机构专科专家举办的一系列名医大讲堂微课直播课程，每场能吸引数十万粉丝在线观看，传播范围和影响力已形成一定规模。这些"以人民健康为中心"的创新融媒体产品，为广大市民提供了实用、精准的就医指南，守护着广大市民的生命健康。

"新经济"关注的是经济与民生大事，自 2020 年推出以来，打造了一系列融媒力作，如《广经观察》《上市公司观察》等重磅栏目。"新经济"集中对中央及省市重大主题经济工作进行宣传报道，以通俗易懂的方式对中央及省市的经济方针政策进行解读,展示国内各行各业发展的新气象及新趋势,积极报道民众关注的经济问题,成为民众了解社会经济民生的新途径。此外,"新经济"团队探索的"新闻+政务服务商务"模式,推出两大品牌服务项目:"广州经济高质量发展峰会"与"我们的美好生活市集",为企业和社会经济发展提供权威信息,增强了主流媒体在经济发展方面的影响力。

"粤菜师傅"在媒体深度融合发展方面探索出一条新路径,通过多元策划、全媒呈现、创新服务、多渠道传播的方式,让市民了解粤菜文化,打通了"粤菜师傅"向社区传播的"最后一公里"。例如,2020年春节期间,"粤菜师傅"策划了"粤菜师傅培训室扫描揭秘""粤菜师傅送五福""居家年味"等系列融媒体产品,在广州日报新媒体矩阵全面推出,以短视频为主要传播形式,呈现经典和创新的粤菜,请粤菜大师向用户传授实用的粤菜做法,同时,"新花城"App上线了"师傅请问"互动服务功能,目前已经有多位粤菜师傅进驻,向用户提供烹饪技巧、食材选择、营养搭配等多方面的解疑服务。这些服务在传承粤菜文化的同时,也提高了市民生活质量。

(五)融媒团队:创建媒体工作室,提升媒体聚合力

融媒工作室作为媒体融合3.0时代的重要实践,是在媒体深度融合背景下产生的一种工作机制。这一模式将产品思维引入媒体行业,生产符合传播规律及用户需求的融媒产品,在生产管理中充分注重资源的共享和再配置,是信息生产领域供给侧结构性改革的一项重要实践。[①] 广州日报在媒体融合实践过程中积极探索融媒工作室建设,通过优化流程、再造平台、改革机制等手段,将信息资源与生产要素有机融合,打造了众多媒体工作室,如"广报策展""媒重点实验室""广报G视频"等,生产出一系列融媒精品,有利于扩大主流声音,提升广州日报的融媒传播力和品牌价值。

广报策展是由广州日报全媒体记者编辑跨界到策展领域打造的新闻策展平台。该策展团队在生产出高质量新闻作品的基础上,将新闻产品转化为展览

---

① 吕源.融媒工作室:媒体融合3.0时代的重要实践[J].全媒体探索,2022(6):129-130.

展项,以策展产品的形式,打造线下展馆,使广州日报的全媒体传播矩阵延伸为"报+端+网+馆"的形态,实现了"把文章写在报纸上"到"把文章写在祖国大地上"的创造性设想。其中"我的广州 出新出彩——广州新时代文明实践馆"是广州日报策展团队首次承办的大型线下展馆展览,与区、街、社区的新时代文明基地联动,推动了主流媒体声音的多渠道传播。广报策展团队打造的广州"十四五"规划主题系列展,以可听、可互动的多样化手段展示广州在"十四五"期间发生的巨变,让民众近距离感受花城的快速变化,看到国家社会经济高质量发展的成果,这种呈现方式获得了群众的喜爱与赞扬。截至2022年11月,广报策展团队累计承接项目近50个,通过广州日报全媒体平台进行传播,打通了"报+端+网+馆"融媒传播渠道。广报策展不仅通过数字化的融媒手段打造线上展馆,将展览入驻到市区各大融媒平台,让受众实现"云看展",还通过举办各类线下活动让展馆"活"起来,扩大了主流价值的影响力,让党的声音传得更开、更广、更深远。

广报G视频作为广州日报报业集团旗下专业生产视频内容的团队,借助权威媒体在内容生产和信息传播的优势资源,集结各类资深媒体人、互联网从业者和专业视频机构人员,通过高超的技术手段创作出一系列兼具思想高度、内容深度的精美影视作品。广报G视频发展至今,团队人数已超50人,服务客户超300家,累计制作各类视频超1000个,传播量超50亿。团队成员有诸多国家级、省市级项目获奖经验,团队作品曾获人民日报、新华网、学习强国等平台大量转发报道,部分团队作品入选了2022年广东省原创网络视听精品项目库。广报G视频创作的网络微短剧《志》,短视频《推开世界的门》《珠江奔流》三部作品获评2023年"弘扬社会主义核心价值观 共筑中国梦"主题原创网络视听节目优秀节目。

四、经验与困惑

(一)成就之思:媒体融合探索中的宝贵经验

1. 以国家政策为指导,推进媒体融合实践

2014年8月,中共中央总书记习近平在中央全面深化改革领导小组第四次会议上提出要"坚持传统媒体和新兴媒体优势互补、一体发展",着力打造一批"形态多样、手段先进、具有竞争力的新型主流媒体"。广州日报积极响应国家媒体融合政策的号召,在当年12月成立了中央编辑部("中央厨房")。通过中央编辑部的设立,广州日报报业集团进一步加强了全媒体的协同工作,以适应当时媒体行业融合的趋势。2019年,随着媒体融合进程的加深,习近平总书记提出全力打造"全媒体"这一新的阶段性任务。广州日报立即进行了内部架构的全面重组,在原有的中央编辑部框架下进行整体优化,成立了22个全媒体部门,同时建立了融媒体中心。重组旨在进一步提升全媒体协同工作的效能,使其更好地适应媒体行业深度融合的趋势。2020年9月,中办、国办联合印发《关于加快推进媒体深度融合发展的意见》。这一指导意见的颁发为广州日报在媒体深度融合方向上的发展提供了更为清晰的指引。在这个时间节点上,2022年年底,广州日报成立策展团队,广报策展在做好高质量新闻报道的基础上,成为助力广州日报报业集团融媒转型的一支生力军,助力广州日报报业集团形成"报+端+网+馆"融媒体矩阵。

2. 恪守党媒姓党,把握正确导向

长期以来,广州日报凸显党报的引领功能,使党的旗帜在媒体中高高飘扬,让主旋律更加响亮、正能量更加强劲,进一步激发了广州干部、群众以及整个社会的团结奋进的强大力量。这有助于确保党的声音在社会舆论中占据主导地位,推动积极向上的社会价值观念广泛传播;同时,广州日报把中心工作报道作为重中之重,在服务党委政府中心工作、沟通党和人民的联系、传播主流声音等方面进一步提升报道水平,进一步服务民生,用更接地气的笔墨写下以人民为中心的报人情怀;率先唱响"牢记总书记嘱托""跟着总书记学党史"的新时代强音,吹响新征程号角,创新推出《邮票中的党史》等融媒产品,以新思路激扬浩然正气,凝聚奋进力量。

3. 创新表达,实现重大主题报道的亲民传播

面对新媒体格局和新时代受众,如何做好重大主题报道一直都是媒体不断思考的问题。多年来,广州日报始终以更高站位、更宽视野深刻把握时代发展脉搏,奏响时代强音,深度参与党的重大会议、改革开放40周年、建党100周年等重大主题以及重大活动、重大平台、重大项目宣传报道,努力推出系列有深度、有分量、有影响力的新闻报道。2023年7月,广州日报围绕高质量发展,策划推出《高地行思录·高见启示录》大型全媒体报道,聚焦企业、群众等关切的焦点、热点和痛点,实现亲民传播。在党的二十大召开期间,广州日报紧扣党的二十大主题主线,制作了一批交互性强、表现形式多样的高质量融媒产品,以新颖活泼的形式让受众速览快读党的二十大报告精神。在《你学了吗?》视频中,广州日报设计了"广报超超"和"广报融融"两位卡通形象(图3),应用了"人物问答+课堂讲义+知识点重温"的场景化解读,有效增强了报道的感染力、亲和力。

图3　MG动画《你学了吗?》视频封面
图片来源:2022年3月11日广州日报微信公众号

4."破圈"跨界联动,探索融合传播路径创新

强化统筹组织,除了对内容和表达进行创新之外,广州日报主动"出圈""破圈",整合各种资源,为推进融合传播进行深度探索。在中国式现代化系列报道中,广州日报努力开辟报网联动传播新路径:报纸端联手广州画院尝试"古画新作",创作出8幅中国山水画作(图4);新媒体端联手百度组织"大湾区我来画"全民AI作画,获得中宣部的表扬。以学习实践大篷车为例,在准备阶段,广州日报充分发挥党媒影响力和内容优势,寻求政务资源合作,成为全国首辆党史学习教育与为民服务结合的学习实践大篷车。在与外部资源深度合作和线上线下项目落实中,广州日报进行了"破圈"跨界联动,形成强大合力,实现了高水平的融媒体策划统筹。

图4 现代化 中国"画" 新丝路山水图
图片来源:"新花城"App客户端

5.坚持以技术为支撑,助力融媒创新

新技术催生新内容,新技术促进新连接。在以视频化、视觉化为内容传播主流的当下,广州日报紧盯前沿应用,不断将新兴技术融入内容创作之中。在AI应用上,"新花城"App开发了智能机器人"小新",依托5G技术,为网民提供咨询服务。与此同时,"新花城"App的《新闻早报》板块采用AI主播"小晴"完成播报,工作人员只需处理新闻文本工作,减少了新闻工作者的压力,使网民在更便捷地获取新闻信息的同时获得了全新的视听体验。

6.探索"新闻+政务服务商务"运营模式

广州日报一直在积极推进"新闻+政务服务商务"运营模式,致力于打通新闻服务的"最后一公里"。例如"微社区e家通"在全市多个街镇实现覆盖,提供党史宣传、便民服务等功能。"健康有约""广报求学"等程序也向线下活动发展,丰富"新闻+政务服务商务"运营态势,同时开发"心愿值班室"便民问题反馈渠道,人们扫码就可以反馈上传自己需要社区解决的问题。除此之外,"党史学习大篷车"搭载了很多便民服务的功能,在现场设点,收集群众的意见建议,为大家服务,进一步推动了"新闻+政务服务商务"运营模式的落地。

7.引领媒体结构调整,推进资源集约化使用

在组织架构上,广州日报打好"组合拳",将各业务板块由"单兵作战"变为"集团化会战""协同会战"。针对先前部门划分过细、边界模糊交叉的情况,广州日报通过频道整合推进资源的集约化使用,例如将时政部和城事部、经济部和生活服务部进行整合,同时查漏补缺,补齐职能缺失的环节。在运行机制上,广州日报试点推进两个事业部的运行机制,集聚资源,进一步推进资源的融合发展和集约化使用。

8.吸收新鲜血液,不断进行体制改革

在全媒体时代,具备互联网思维和懂得数据处理、运营的全能人才是媒体产业发展迫切需要的。广州日报在开发人才存量资源的同时,兼顾机构外部新鲜血液的吸收和引进,通过各种形式的专业培训,不断优化和健全全媒体人才队伍;同时,不断健全人事保障和激励机制,在现有激励制度的基础上,通过物质激励、荣誉激励和上升通道激励等多种方式吸引和留住人才。

(二)实践之难:媒体深度融合中亟待解决的问题

1.如何深化"新闻+政务服务商务"运营模式

"新闻 + 政务服务商务"运营模式为媒体深度融合发展提供了升级路径,

同时为主流媒体开辟了广阔的发展空间。包括广州日报在内的主流媒体已经进行了多方面的探索,但"新闻+政务服务商务"依然是媒体融合发展中的一条有待进一步探索的路径。这个新领域的竞争是全方位的,涵盖融媒体内容的制作能力以及产品的推广能力等各个方面。在这条新赛道上,竞争才刚刚开始。广州日报还需在探索创新该运营模式上下功夫,迎难而上,努力创新。

2.如何应对日趋复杂的媒介环境

广州日报正面临着多重竞争,不仅是与中央和其他省市媒体的竞争,还有与新媒体平台,甚至海外媒体之间的激烈较量,而这也带来了许多机遇。竞争与合作不仅发生在传媒领域,甚至发生在整个社会信息领域。中央媒体拥有丰富的资源和政策优势,广州日报可以与之进行深度合作,以提高自身在全国范围内的影响力。在与省市级媒体竞争时,广州日报可以在深度挖掘本地信息的基础上,拓展报道议题和覆盖范围,巩固和扩大自身品牌优势。在面对新媒体平台时,广州日报需要持续创新报道形式,根据平台特性提供更具吸引力的内容。与海外媒体进一步密切合作,传播中华文化尤其是岭南文化,塑造可信可爱可敬的中国形象。在竞争和合作并存的媒体环境中,创新扮演着关键的角色,广州日报必须时刻保持创新意识,灵活调整策略,密切关注用户需求变化,适应多元化的传播方式,使自己在竞争与合作中脱颖而出,为用户提供更丰富的信息服务。

3.如何持续作出爆款内容

广州日报不断进行内容建设,生产了许多优质作品,但内容生产瞬息万变,稍不注意便会使用户失去兴趣。因此内容生产一方面要紧跟社会和受众需求变化,另一方面,要将各类新媒体平台视为传播中介或工具,使内容创作匹配传播平台。当然,在拓展传播平台、进行内容建设的道路上,广州日报应该给年轻团队更多的空间,使其掌握平台特性,了解受众群体的需求和特点,探索新的内容形式,以迎合年轻受众对多样化媒体的喜好。

4.如何提升对年轻用户的吸引力

当下用户市场对媒体的内容特性提出了权威性、话题性、趣味性、个性化、年轻化、移动化等多重要求,广州日报需要对自身内容建设的方略不断进行调整。如何进一步吸引"Z时代"用户的眼球,也是广州日报持续焕发活力与亟待解决的问题。为了更好地满足"Z时代"用户的需求,提升对年轻用户的吸引力,广州日报近年来不断引进具有创新思维和新媒体经验的人才,注重团队多元性,以推动平台内容创新和发展,同时鼓励年轻团队建立更多面向年轻用户的特色栏目,关注当下热门话题和潮流,推出相关主题报道,以引起年轻用户的共鸣。

5.如何做大做强自有客户端

对于广州日报这样体量的一线城市党委机关报来说,建设自有客户端是必经之路。目前广州日报拥有"广州日报"App 和"新花城"App 两个客户端,前者总装机量达 1.03 亿,后者总装机量也已达 4697 万。两个客户端提供了许多优质的爆款内容,但同时也面临着流量分散、投入巨大、编辑重复劳动、签发流程复杂、用户留存率较低、黏性不足等问题。从底层技术架构来说,"广州日报"App 主要建立在网页开发技术之上,并不能够完全适应客户端需求。因此,广州日报亟须开拓更符合当前用户使用习惯的传播渠道,提高用户黏性。而"广州日报"App 与"新花城"App 的合并重组,可以整合两个客户端的资源,包括用户资源编辑团队、技术团队、内容库等,提高整体运营效率,建立一个更加统一和强大的品牌形象,提升市场知名度和用户信任感。

城市广播电视台推进媒体深度融合发展的路径探索
——广州广播电视台媒体融合发展调研报告

刘 涛 周子寒 廖雯禧*

摘要：随着互联网产业的迅猛发展，媒体行业也在更新迭代，市场之间的竞争越发激烈，媒体融合成为媒介革新转型的主要方向。如何紧跟时代发展、加快促进媒体融合、寻找适应新形势的发展模式是城市广播电视台需要面对的重大命题。本文主要从"机制、渠道、技术、职能、项目、内容"六个方面分析广州广播电视台在媒体深度融合发展中的探索与实践，探究城市广播电视台在媒体深度融合发展中的困境以及对策，以期为同类研究和城市广播电视媒体融合发展提供指引。

关键词：媒体融合；城市广播电视台；广州广播电视台

随着信息技术的不断发展，媒体环境发生剧变，新媒体迎来巨大发展机遇。与此同时，传统媒体面临着生存和竞争方面的诸多压力。当下，媒体融合国家战略已经进入深度融合发展的下半场，如何更快、更好、更深地融合发展，成为主流媒体面对的重大命题。主流媒体与互联网的联系更加紧密，新技术与传播内容也在不断融合。为了推进媒体深度融合，加快构建舆论新格局，顺应互联网时代传播趋势，实现融合发展新突破，各个城市的广电媒体积极探索和实践，不断推进技术手段和生产方式的融合，为传播效果赋能。

推动粤港澳大湾区建设是以习近平同志为核心的党中央的重大决策，是习近平总书记亲自谋划、亲自部署和推动的重大国家策略。习近平总书记在视察

---

* 刘涛，广州大学新闻与传播学院讲师，传媒经济学博士研究生，主要研究方向为媒体融合、传媒产业；周子寒，广州大学新闻与传播学院硕士研究生；廖雯禧，广州大学新闻与传播学院硕士研究生。

广东时提出"广东要认真贯彻党中央决策部署,把粤港澳大湾区建设作为广东深化改革开放的大机遇、大文章。抓紧做实,摆在重中之重"。在建设粤港澳大湾区的进程中,媒体作为推动者、参与者和贡献者的角色不可替代,对于促进区域融合、提升区域知名度、传递新闻信息以及推动文化交流等方面都具有重要意义,发挥着极其重要的宣传、沟通、引导和监督作用。

作为一家地方广播电视媒体机构,广州广播电视台是广州地区最早成立的广播电视媒体机构之一,提供广播电视节目、新闻报道、文化传媒服务等多种媒体服务,其电视频道涵盖了多元化的节目形态,包括新闻、综艺、文化、体育、儿童教育、财经、旅游等。同时,广州广播电视台还经营多个广播频率,提供丰富多样的广播节目,包括新闻、音乐、娱乐和专题访谈等内容。

作为广州市主要的媒体机构,广州广播电视台高度重视社会责任和公共服务,积极关注和报道广州市的重大新闻事件、社会问题和公共事务,推动社会进步。广州广播电视台拥有先进的技术设备和专业的人才,目前正积极推动数字化媒体的发展,通过互联网和移动终端为观众提供优质的媒体内容与服务。2013年11月,广州国际媒体港获授国家广告产业园(媒体港)园区,广州广播电视台以此为总部基地,打造采、编、播一条龙业务聚集平台,通过实施"1+1+3"行动计划,确立"媒体融合、精品创作、文化产业"三大攻坚战,打造一流湾区地标,与花果山高清视频创新产业园区一同采用高精尖技术,助力媒体内容产出,发挥主流媒体业务引领作用。

由此,笔者通过对广州广播电视台的实地调研走访与资料整理,从体制机制、渠道平台、技术运用、职能服务、融媒项目、内容生产等方面,探索广州广播电视台推进媒体深度融合发展的路径,从而为城市广播电视媒体深入贯彻媒体融合战略提供经验参考。

一、机制融合:整合优势资源,构建全媒体体系

在媒体融合的大背景下,地市级电视台需要充分发挥资源优势,整合有利

因素,进行全媒体体系的构建。媒体融合需要进行资源整合,以避免重复投入和浪费,实现资源的优化配置和合理利用。通过整合人力、财力、技术和内容等资源,实现规模效应,降低成本并提高经营效益。整合后的资源更容易实现协同作用,推动媒体业务的创新和升级。通过资源整合,媒体机构可以协调不同媒体的内容制作,实现内容的跨平台共享和传播。这不仅可以提高内容的生产效率,还可以满足受众多样化的需求。在用户体验方面,资源整合可以为用户提供更全面、更高质量的服务,以及多样化的内容和更便捷的体验,提高用户的体验和满意度,增强媒体的影响力和竞争力。

综上所述,资源整合是媒体融合的重要环节,可以提升效率和效益,实现内容生产与传播的一体化,利用新兴技术开拓市场,提升用户体验和满意度。资源整合包括如下几个方面:平台整合、内容整合、跨界合作、数据整合、技术整合、品牌整合等。通过有效的资源整合,媒体能够充分发挥协同效应,创造更有吸引力的内容,同时在社会价值层面和经济效益层面取得更大的影响。

广州广播电视台坐拥区位优势,拥有较好的媒体发展前景,通过对原综合频道、新闻频道、媒体融合发展中心三个部门优势资源的整合,建立起"全媒体传播中心运行机制"——编播保障、采编资源、内容平台、精品生产、媒融创新、传媒发展六个方面"一体化"运行。广州广播电视台拥有七大团队约500人,台里对他们进行统一管理、统一运营、统一考核,以激活"内容+技术+人才+平台"发展新动能,带动全台媒体融合提质增效。在建设全媒体传播体系方面,广州广播电视台建立了新媒体矩阵平台,总用户数超5200万,其中"花城+""花城FM" App下载量超2000万,通过品牌账号构建广州城市和大湾区形象宣介窗口。在2022年"CSM新闻融合传播指数"排名中,广州广播电视台居全国省会城市台首位,获国家广电总局"2023年全国广播电视媒体融合先导单位"提名。

(一)管理运行机制创新

2019年,广州广播电视台开启了以融媒工作室为核心的单兵突破融媒改革创新举措,鼓励年轻业务骨干成立融媒体工作室。如今,广州广播电视台已经建立起以平台运营工作室、个人品牌工作室、基础社会服务类工作室为基础的良性工作室制度。

在组织层面上，广州广播电视台破除科层制管理的传统藩篱，让工作室直接对接市场；在员工层面上，最大限度给予员工自主权，解放管理束缚，给员工创作自由权、招聘自主权、分配自主权等；在政策层面上，广州广播电视台采用"一室一策"的政策方针，根据各工作室不同层面的不同需求提供了差异化、特色化的办公场地、设备支持、技术保障等，并签订增量利润分享协议。为了减少骨干员工的后顾之忧，广州广播电视台采取了为期三年的"创业保护"以及工作室创业失败之后的"退出保护"，即允许骨干员工试错，如果工作室运营失败可以解散，工作室员工能够得到妥善安置；相较于传统科层制管理制度，"工作室"制度能够发挥员工的积极性、自主性和能动性。通过制度设计，骨干员工成了合伙人，工作室成了内部创业平台，工作室与广州广播电视台实现共赢发展。

此外，广州广播电视台还综合运用公司制、项目制等制度工具，加大对新业态、新赛道的扶持力度，组建广视元启(广州)数字信息科技有限公司、广州影视产业服务中心等机构，以企业模式独立运作；推广项目制、工作室制，成立了纪录片中心、公益广告中心，开设了电影工作室、"粤伴湾"MCN工作室、"乐龄派"工作室等20多个工作室。广州广播电视台为了适应市场的需求和变化，不断优化制度设计，提高了治理水平，激发了媒体活力，促进了媒介生态的可持续发展。

(二)优化架构 品牌创新

媒介品牌是把经济学、管理学和市场营销学中的品牌概念导入媒介经营管理领域，延伸的基点在于新闻媒介具有双重属性——宣传属性和商品属性。在媒介融合的大背景下，品牌打造对于媒体而言十分重要，关系到媒体的社会效益和经济效益。随着数字化时代下传媒生存环境的巨变，媒介竞争越发激烈，媒介的市场竞争逐渐演变为媒介品牌之间的较量，媒体需要不断扩大自身的影响度和美誉度，以建立自身的品牌优势，树立媒介形象。媒介品牌并非由单一因素构成,而是众多因素的叠加与组合,包括主持人IP、精品节目、独特标识等。

广州广播电视台作为地市级媒体,拥有丰富的产业和市场资源,能够通过整合优势资源,逐步优化媒体架构。广州广播电视台在建设自身品牌方面不断进行探索:自建了"花城+"和"花城FM"两大App;培育了"广州广播台"集群号;升级了原有短视频矩阵,打造了"广州ING"等抖音、快手平台号,形成了新媒体资讯矩阵;原创设计"花果山大橘""点心家族"动漫IP,服务公益宣传,扩大了广州广播电视台的品牌效应;做强"花城航拍""花城创意"等大流量视频品牌,主打超高清航拍,着力发展"无人机+"创意视频产业,其中"花城航拍"为广州乃至粤港澳大湾区形象宣传制作了大量优质短视频,矩阵传播量超3亿。为了进一步推进媒体融合发展战略,广州广播电视台不断进行品牌改革创新,打破传统媒体与新媒体平台的界限,实现全方位融合创新,不断打造精品品牌价值,提升传播效能。

"花城+"App是广州广播电视台推出的一款新闻资讯阅读平台,用户可以在客户端中了解最新的新闻,包括广州本地以及全国各地的综合新闻资讯、深度系列报道、互动活动、观点评论。2019年,广州广播电视台对原新闻客户端进行全面升级更新,进行了"内容、技术、功能以及生产模式"的自我革新,融合推出新客户端,并将自身定位扩充为"服务+资讯"的媒体平台,平均每个月发布6000—7000条资讯,向民众公开直播50余场,还推出品类各异的融媒产品20余件,成为粤港澳大湾区内颇具影响力的新媒体传播平台,做到了"用精品内容丰富群众文化生活,用信息化手段提升城市服务水平"。为了吸引受众,创新传播形式,"花城+"客户端还通过鼓励UGC创作、瀑布流推送、原创IP设计、竖视频浏览、大数据智能抓取等创新手段,以开放包容的平台模式吸引广大用户参与信息生产传播。在保障重大信息报道不缺位以及精准推送主流信息的同时,"花城+"App通过互动式生产,提高自主可控移动平台影响力,增加用户对平台的黏性,提高品牌认知度和影响力。"花城+"App也在不断打造品牌IP,努力实现经济效益转化。其中火爆的"掂叔"IP便是缘于广州广播电视台原创动画

《掂叔讲文明》。该动画突出了"尊老爱幼""邻居和睦""文明家庭我最行"等公益宣传主题,诞生短短一年便上榜"全国电视公益节目推选活动好公益专题",而动画中的"掂叔"更是由于形象鲜活生动,得到人们的喜爱。此外,在《花城早茶》资讯节目中频繁露脸的"包仔"用可爱憨厚的有趣形象描绘广州的发展和建设成就,以人民喜闻乐见的方式唱响了广州旋律。

《中国音频用户全景调研白皮书》显示,2021 年,全国音频市场用户规模已经达到 7.31 亿,在互联网音频的付费用户规模达到 1.1 亿。① 随着"耳朵经济"的逐渐盛行,打造优秀的音频作品就成了广电融媒重要的战略布局。广州广播电视台抓住耳朵经济带来的商业机会,推出了头部融媒产品"花城 FM" App,App 于 2018 年 3 月 26 日正式上线。"花城 FM" App 以粤语音频为核心,创作优质短音频,并以丰富的社交活动为载体,打造粤语社群,志在成为广州综合性城市服务音频平台。"花城 FM" App 是广州市属媒体系统里的唯一一个音频集成平台,依托于广州广播电视台四套的"声音富矿",充分利用粤港澳大湾区的区位优势,推出了近 400 个粤语原创短篇音频节目,涵盖文化、运动、教育、历史、财经、健康等方面。"花城 FM" App 致力于"想用户之所想",不断打造精品内容,让主题报道、精品创作"有意义"更"有意思"。"花城 FM" App 从 2019 年起持续打造热门有声书内容,推出了刘慈欣科幻系列、宝树科幻系列、经典名著系列、《大明王朝 1566》等多个系列的双语有声书,获得了市民朋友一众好评。②

在头部 IP 建设方面,广州广播电视台重点打造了"花果山大橘"这一萌宠网红 IP。2018 年,广州广播电视台新媒体团队将一只在电台大院里流浪的橘猫正式"收编",通过全平台的多元化运营,将其打造成现象级的萌系网红,让用户能"云端吸猫""线下吸猫",使"花果山大橘"成为区域内最知名的萌宠。早在 2017 年大橘还未被"收编"之际,电台员工就在"花城 FM" App 以及"晚安花城"公众号更新大橘憨态可掬的日常照片,为大橘提高了一波知名度,积累了原

---

① 卢旭.千亿元音频市场"双驱动"[N].中国文化报,2021-12-02(7).
② 新浪网.广州广播电视台聚焦"四全"媒体融媒传播谋新篇[EB/OL].[2021-03-22].http://k.sina.com.cn/article_1691507817_64d25c6901900tify.html.

始粉丝。2018年新媒体团队收养大橘之后，通过设计一系列大橘的卡通形象，正式开发"花果山大橘"这个IP，在多个新媒体平台开通"花果山大橘"账号，根据平台特性有针对性地输出内容。在快手平台，"花果山大橘"受邀成为快手宠物出品的"人宠情感"纪实微纪录片《铁铁的小尾巴》的嘉宾。截至2022年10月，"花果山大橘"全网粉丝数已经接近70万。在商业价值方面，"花果山大橘"背靠广州广播电视台融媒矩阵，受众多为消费能力强的年轻人，具有极高的商业变现能力，吸引了一众知名品牌主动寻求商业合作。2021年起，广州广播电视台新媒体团队先后与广州长隆水上乐园、草莓音乐节、知名运动品牌、猫粮品牌等企业和机构开展商业合作，包括让"花果山大橘"真猫出席相关品牌的萌宠嘉年华活动，用"花果山大橘"漫画版形象宣传企业的商业信息等。除了让"花果山大橘"的形象与广告联动之外，新媒体团队还充分利用"大橘"全媒体平台的账号以及广州广播电视台的融媒体资源全方位参与推广，使IP价值最大化。

除了打造品牌外，广州广播电视台还自建运营了"粤伴湾"MCN机构。"粤伴湾"是广州广播电视台官方唯一MCN机构，自成立以来，立足湾区，辐射全国，创新构建以"内容生产、KOL孵化、媒介合作"为核心的内容生态服务体系，提供一站式全媒体整合营销服务。"粤伴湾"主要有以下几种服务："创新政务传播"，这是政务公开和政务服务的重要阵地，致力于打通线上线下传播壁垒，利用新媒体技术和创新方式，拓宽政务信息辐射范围，及时准确传递党和政府的权威声音；"达人矩阵营销"，以广府文化为核心，汇聚热爱本地生活、健康运动、旅游摄影的正能量达人伙伴，持续输出优质内容，提供达人短视频、直播带货等线上销售相关的配套服务；"品牌全案营销"，在圈层化趋势明显、用户分散的互联网环境下打通政、媒、校、企等多方渠道，为品牌提供一站式的内容生产、品牌宣发、营销手段等解决方案，全面释放品牌影响力；"线下广告投放"，"粤伴湾"拥有丰富的第一手媒体资源，可结合热点事件营销，进行文字投放、创意投放、视频投放，实现公关宣传效果的飞跃。从2023年开始，"粤伴湾"从"国风国潮""本地生活""元宇宙"三个赛道重点发力："国风国潮赛道"在内容方向上向国风国潮倾斜，满足老中青不同年龄圈层受众的喜好，持续打造出圈出彩的爆款内容;"本地生活赛道"深入挖掘本地吃喝玩乐信息,打造"最有烟火气"的主流媒体账号集群,并结合广州广播电视台官方电商平台"花城购"共同发力,构建线上线下营销闭环;"元宇宙赛道"构建"元宇宙+虚拟人"服务生态,打造虚拟人,使内容前沿新颖,代言人"永不翻车"。"粤伴湾"MCN以"广府网红孵化器+新媒体运营平台+媒体服务"为特色,引导、培育正能量网红,其文化湾区IP孵化项目获评国家广电总局"2023年全国广播电视媒体融合成长项目"。

二、渠道融合:强化协作能力,实现媒体互联互通

(一)联动城市新闻"云平台"

实现媒体融合互联互通可以满足用户需求,扩大媒体影响力,促进信息共享和交流,推动产业发展和创新。这对于媒体机构和整个媒体产业的发展具有重要意义。

为了实现媒体间互联互通,强化媒体融合协作能力,广州广播电视台牵头打造"城市交换数据云平台"(简称云平台)。该平台前身是1989年由广州广播电视台提出倡议、1990年由13家城市台发起成立的"城市台电视新闻协作体"。历经30余年发展,广州广播电视台顺势而为,推出云平台。云平台的诞生使制播协同的技术变得更加网络化和共享化。云平台大力促进中央级别媒体与各个地区电视台之间联合协作,打通了多层次全方位的传播线路,自动上传发布全媒体的原创稿件,从而形成一个"央地一体"的立体化传输矩阵。云平台推动多样性内容生产、多路径拓宽传播渠道等领域的深入合作,不定期举行全媒体同步直播,用户累计点击量超过1000万,是用户全方位了解城市的权威平台。

云平台不再局限于内容交换的单一功能,而是实现了联动,包括中国港澳地区公营媒体在内的成员台逾百家。利用"共享厨房"的信息共享方式,云平台

成功搭建了一个跨越地理边界的联合传播新平台,组建起全国最大的城市台新闻和纪录片联制联播协作体,不断扩大城市媒体传播版图和影响力。除了制作《血铸河山》《三大起义》《四十城 四十年》《复兴之路》等大型纪录片项目外,在2017年鸡年春节之际,云平台利用城市电视台新闻交换中心成员台的规模和地域优势,携手全国20个城市台的官方客户端、微信公众号及网易新闻客户端策划了大型新媒体直播节目《爱·回家》和《吉庆连城》等,成功进行了连续6天无缝接力的联制联播,直播连线超过50次,直播受众覆盖全国,总点击量超百万。2021年云平台打造《中国红·英雄城》等大型融媒项目,围绕重要节点、重大事件实现了大型项目联制联播,重大主题全媒体联合策划的常态化。云平台的各项功能如今已被广泛地推广和使用,其传播方式打破了时空的限制,创新的传播技术已成为传统媒体人向网络平台扩展业务的全新途径。在与地方电视台的联动直播中,云平台不仅扩大了自身的影响力,也使社会效益达到最大化,实现了所有参与者的技术互补和合作共赢。

(二)拓展外宣渠道,赋能对外传播

文明因多样而交流,因交流而互鉴,因互鉴而发展。外宣工作是展示国家形象、提升国际影响力的重要手段。打造大外宣格局,可以更全面、更有效地向世界传递中国声音、传播中国文化,展现中国的良好形象和国际形象;可以更好地提升中国与其他国家的沟通与协作,深化彼此的理解,推动国际关系的发展进步;可以更全面地了解国际形势和各国动态,掌握国际话语权,为国家利益提供有力保障。广州广播电视台通过讲好中国故事,加强合作与交流,推动全球传播能力的提升。在电视节目方面,广州广播电视台聚力实施粤港澳大湾区传播工程,与中国香港地区亚太第一卫视达成合作,授权多个电台以及园区精品内容在亚太第一卫视综合频道播映,涵盖文化艺术、生活服务、儿童成长等内容。

依托运营30多年的城市电视新闻交换中心和《中国城市报道》构建的共建共享机制,广州广播电视台积极融入国家大外宣格局,锻造与"国家队"互补的

"地方生力军",实施好"粤港澳大湾区传播工程",在内地主流媒体中率先与港澳公营媒体开展深度合作。2021年广州广播电视台成立驻香港记者站,并全面投入运营,画好湾区"同心圆",联合制作推出的资讯杂志节目《湾区全媒睇》在港澳地区常态化播出,2022年被香港教育局纳入香港中小学校常态化教育课程。《湾区全媒睇》由广州广播电视台、香港电台及澳门广播电视股份有限公司联合制作,是一个资讯杂志类电视节目,周三及周五在广州广播电视台"花城+"App和"广视网"App播出,周二及周四则在香港电台主电视频道31台播出。该节目围绕港澳地区民众关注的话题,提供全国多个城市的文化、科技等讯息,重点关注在大湾区相关政策下,粤港澳民众的日常学习、工作以及生活变化和感想;围绕内地不同区域城市的特色民俗、传统文化等多个主题,促进大湾区城市之间相互了解与交流;展示了大湾区"9+2"城市的新发展、新面貌和新成就。[①] 同时,《湾区全媒睇》首次采用"广州广播电视台+香港电台"的双主持模式,以"年轻化的表达+垂直化的传播"为基础,确保内容真实、站位高远、贴近现实生活,让"受众听得懂、听得进、听得明白"。广州广播电视台还与香港电台、澳门电台联合制作《湾区共明月 家国人梦圆》《港·湾——香港青年广州行》《"双区"赋能》等节目,与大湾区"9+2"城市台联制联播,为增强岭南文化、中华文化对港澳同胞和海外侨胞的归心凝聚力贡献"广州力量",画好民族同心圆。

2005年,《城市新闻专辑》改版为一档以民生新闻为主的新闻资讯类节目——《中国城市报道》后向各台传送。2018年年底,通过整合平台资源,《中国城市报道》联合10家城市台,建立了《中国城市报道》联播联盟;2019年,有65个城市台整版下载、使用该节目,拓展形成了一个跨地域的城市宣传播出平台。《中国城市报道》同步努力拓展国际传播业务,继2020年3月在澳门资讯频道整版落地播出后,陆续在大洋洲、北美洲、欧洲落地,在美国纽约、旧金山、洛杉矶三地的天下卫视频道,加拿大600国际电视频道,新西兰33电视频道,欧洲华文电视台同步播出,扩大了中国"外宣朋友圈"。此外,广州广播电视台

---

① 赵偲琪,吴钰.地方媒体对外传播的探索与实践:以广州广播电视台《湾区全媒睇》节目为例[J].南方传媒研究,2022(4):75-79.

还发挥示范引领作用,携手大湾区"9+2"城市台,发起"粤港澳大湾区国际传播战略合作"倡议,推动平台渠道互联互通、精品内容生产传播,建设一流湾区。在国际传播实践中,中央和地方的媒体关系就像"航母"和"护卫舰",需要具备灵活的战斗能力、协调的"出海"能力以及联动响应能力。对此,广州广播电视台通过建设对外传播平台,生产精品内容,赋能湾区对外传播,促进多元文化交流,不断履行地市级主流媒体传播责任。

三、技术融合:运用高新技术,赋能智慧媒体传播

科学技术是第一生产力,先进技术是推动媒介融合发展的支撑力量。2020年9月26日,中共中央办公厅、国务院办公厅印发的《关于加快推进媒体深度融合发展的意见》明确提出,"要以先进技术引领驱动融合发展,用好5G、大数据、云计算、物联网、区块链、人工智能等信息技术革命成果,加强新技术在新闻传播领域的前瞻性研究和应用,推动关键核心技术自主创新"。这段话指明要以先进技术引领和驱动媒体融合向纵深发展,进一步强调在媒体融合工作中敏锐把握信息技术前沿方向、拓宽信息技术前瞻视野的重要性。2022年3月,《政府工作报告》强调"建设数字信息基础设施""推进5G规模化应用",让技术创新助力媒体融合发展。

(一)打造超高清视频产业,更新基础硬件

广州广播电视台主动在超高清产业和文化数字化战略中承担起重要使命,肩负起推动技术落地的主体责任。2023年8月30日,广电总局批复同意广州广播电视台关停5个标清频道。由此,广州广播电视台成为全国首家全面关停标清频道的城市电视台。随着高清和超高清技术的普及,标清逐渐过时,电视台需要逐步关停标清频道,腾出更多的频道资源供高清频道使用,推进高清、超高清电视产业的发展。根据广电总局的规划要求,到2025年底,全国地级及以上电视台和有条件的县级电视台要基本关停标清频道,高清电视将成为电视基

本播出模式,超高清电视频道和节目供给形成规模。这标志着电视业即将进入全面高清、超高清的新时代。早在2018年,广州市政府就发布了《广州市加快超高清视频产业发展行动计划(2018—2020年)》,旨在推动超高清视频产业的发展。"促进内容生产的集群发展"是主要任务之一,要求推进花果山"互联网+传媒"小镇构建,汇聚行业领军企业,创立超高清视频的生产基地。[①] 因此,广州广播电视台积极推动4K超高清频道的筹备策划,2019年年末已经实现了有线数码电视前端4K平台的构筑、有线电视网络的全面更新升级,以及推动4K机顶盒和4K用户人数的增长等基础工作,这些都为广州广播电视台4K超高清频道的策划和建立打下了坚实的基础。

目前,广州广播电视台开办的6个电视频道中,5个为高清频道,1个为4K超高清频道"南国都市频道",该频道是全国唯一一个面向粤港澳大湾区普粤双语同播的4K频道,也是由全国城市台开办的第一个非付费收看的4K超高清频道。南国都市频道重磅打造了一系列高质量的4K节目,如欢快轻松的日常资讯节目《花漾生活》、由"萌娃脱口秀+个人成长秀"组成的少儿节目《神奇宝贝》、拥有超高清视觉效果的粤港澳大湾区美食导览节目《揾食珠三角》、优秀的文化阅读节目《开卷》、专注于广州本地经济发展的访谈节目《营商论道》。此外,该频道还推出了电影、电视剧、戏剧、运动赛事等方面的内容,以此满足公众对于优质高质量文化娱乐的需求。2022年,中国广电5G核心网南部大区节点第一期工程落户国际媒体港,并于7月正式运行,建立起"手机+电视+宽带+语音+卫星"的全面整合业务系统,以及安全可控、文化特色鲜明的融合媒体传播网,为全国15个省提供通信数据服务。全市进行双千兆光纤网络升级改造,通过国家文化大数据底层关联系统、中华文化基因库等,接入广东省内主要文化场馆,为文化产业的运行提供了强有力的基础硬件。

---

① 央广网.广州获准开播国内城市台首个4k超高清电视频道[EB/OL].[2020-05-13]. http://news.cnr.cn/native/city/20200513/t20200513_525088305.shtml.

(二)搭建国家级示范基地,推动融合应用

广州广播电视台通过运营"一港一山",即广州国际媒体港和花果山超高清视频产业特色小镇两个国家级产业平台,搭建起全国第一个"超高清视频创新产业园区",吸纳雷曼科技、扳手科技等超30家超高清视频相关企业入驻,打造超高清视频应用展示基地、广东省首批文化和科技融合示范基地以及全国版权示范园区(基地);充分利用国家级园区的示范和领导地位,在版权创作和经营、管理和版权保护等方面不断创新,联动园区企业,整合版权资源,在湾区版权合作与交易上取得新突破。此外,广州广播电视台建成国际领先的4K超高清全媒体组合式转播车集群,在拥有具备全IP制作能力的16讯道和10讯道两辆超高清转播车的同时,通过车体空间连接和系统融合可组成一台26讯道超高清全媒体组合式转播车。两车单体运作时,均具备独立的现场制作能力和远程制作能力,"合体"成功后,可实现超大型节目的录制或双制作区制作,更能拓展至32讯道。广州广播电视台的全国首套国产超高清全IP视频切换台,满足了超高清节目制作中用户在包装特效、新媒体支持、多场景制作等方面的需求;全国首个基于主备IP架构的4K超高清频道播控系统、全国首个4K图像质量智能评测系统等多个标杆案例,获国家工信部2022年第五届"绽放杯"5G应用征集大赛总决赛一等奖、2021年"中国电影电视技术学会科技进步奖"二等奖、2021年首届高新视频创新应用大赛超高清视频类一等奖等奖项。

广州广播电视台依托广电5G网络节点建设,推动融合应用,以超高清、5G+4K/8K、智慧医疗、智慧教育等多项前沿技术,为内容生产、版权交易、场景应用等领域提供技术支撑,致力打造智慧广电。在技术应用上,广州广播电视台以应急管理、社会舆情、经济运行、医疗卫生、交通运行等领域为重点,使自身能更好地运用城市数据资源。在"科技+5G"的应用和"文化+数据"的信息管理方面,广州市政务服务数据管理局"穗智管"项目入驻广州广播电视台园区,为广州"数字政府"建设添砖加瓦。在"科技+教育"方面,广州成为全国广电5G专网先行先试的综合实验区,园区打造了全国首个广电5G-700M教育专网。

"广州电视课堂"由广州广播电视台与广州市教育局联合推出,仅用半个月的时间就在全国31个省、自治区、直辖市实现了全面覆盖,2020年全网浏览量达12.64亿人次。

四、职能融合:拓展"广电+"外延,探索治理服务路径

《关于加快推进媒体深度融合发展的意见》要求主流媒体"发挥市场机制作用,增强主流媒体的市场竞争意识和能力,探索建立'新闻 + 政务服务商务'的运营模式"。

随着云端计算、大数据、人工智能、区块链等新一代高新信息科技的飞速发展,建设数字政府是顺应这一趋势的重要举措,能够提升政府治理的现代化水平。广州"穗智管"城市运行管理平台落地广州广播电视台园区。一个"超级大脑"依据"一图统揽,一网共治"总体构想,以"全面观察、精准管理、预防在先"为主要目标,运用大数据、云计算、区块链、物联网等新一代信息技术实现全方位赋能、全时域感知、全维度治理,有望实现超大型城市的全周期数字化治理,共同促进城市高质量和品质化发展,助力老城市焕发新活力。

广州广播电视台开发的智慧教育项目延续了2020年"广州电视课堂"的成功实践,于2021年打造全国首套超高清K12课程资源"广州共享课堂"。作为2022年广州市十件民生实事项目之一和广州实施教育数字化转型的标志性成果,"广州共享课堂"涵盖1—12年级的各个学科,每一堂课都配备了教学视频、PPT、练习题以及答疑录像,以此满足师生的教育需要。"广州共享课堂"邀请到全国各地5000多位杰出的教育者,其中有正高级教师、特级教师以及"百千万人才培养计划"的名校长、名教师;在市教育研究院统一设立了网络课程的系统标准,并由市、区、学校的三个层次的教学研究小组进行了深入备课和精细打磨,遴选杰出青年教师进行授课,并由专业人士进行实地评估。"广州共享课堂"录制超9000节课程,全网观课数超20亿次,是广州"停课不停学"的重要托底工程,教育资源辐射浙苏鲁赣黔与京沪等地。该项目的宗旨是共同构建和分

享优秀的教育资源，全方位响应国家的"双减"政策。在大幅度减少校外培训的背景下，向学生提供高品质的教学资源，协助学生提升学习效率，满足他们不同的学习需求。与此同时，广州广播电视台开设了全国首档4K超高清电视理论节目《一门"新"思》，搭建"大思政"一体化教学平台，构建思政课程"大矩阵"，实现老师"金课堂"、学校"小课堂"、社会"大课堂"和网络"云课堂"的"四合一"，以"意识形态保障+核心技术+内容能力+传播能力"为特色发展路径，深入探索以广电5G、人工智能、4K/8K等新一代信息技术与教育教学创新融合的产媒融合战略转型。

除教育以外，广州广播电视台积极推进智慧医疗项目，承接广东省卫健委4K+5G远程智慧医疗系统开发建设，到2022年底，在粤接入超4500家医疗机构，支持4K超高清远程会诊和医学数据的高速传输与共享，提供多种远程医疗服务，促进医疗资源下沉到基层，优化了医疗资源配置，有效解决了粤东西北部医疗资源匮乏的难点痛点，提升了基层医疗服务能力。2023年全国智慧广电网络新服务征集推选活动公布入选案例，"广东省远程医疗平台"项目入选政务商务新服务类案例。

广州广播电视台积极搭建政府与市民沟通平台，及时准确播发权威政务信息，帮助群众解读惠民政策，解决群众遇到的实际困难，逐步提升社会服务能力。例如，开办《羊城论坛》（与市人大合作）、《作风建设在路上》（与市纪委监委合作）、《有事好商量》（与市政协合作）等电视专栏，开展协商议事、交流访谈，广泛吸引群众参政议政，全年推出相关节目50余期，成为政府与群众有效沟通的桥梁。

广州广播电视台作为市属唯一官方广电媒体，参与制定了于2023年5月发布的全国首个地方性舆情标准《网络舆情分级与判定标准》。舆情研究可以帮助政府更好地了解公众的意见和态度，作出更加明智的决策，有效增加公信力，同时也有助于社会稳定和发展。广州广播电视台舆情团队自2016年起与市内多个单位展开合作，为广州市各级政府机关、单位提供了专业有效的舆情决策相关参考。2020年，广州广播电视台和广州大学、中国移动等共同创建了

"广州网络舆情数据研究院",为学术界和业界带来了新的舆情研究路径。

五、融媒项目：培育新型业态，带动传媒发展转型

融媒体强调充分利用媒介的新型媒体形式，在技术支持下对广播、电视、报纸等既有共同点，又存在互补性的不同媒体资源进行充分整合，实现"资源通融、内容兼融、宣传互融、利益共融"。融媒体以发展为前提，以扬优为手段，把传统媒体与新媒体的优势发挥到极致，使媒体整体的功能、传播力、公信力得以全面提升。《广东省广播电视和网络视听发展"十四五"规划（2021年—2025年）》分析了广东省广播电视和网络视听发展基础和面临的新形势、新要求，明确了"十四五"发展的指导思想和基本原则，同时提出"十四五"时期七方面具体目标和主要任务：推动媒体融合纵深发展，做强做大舆论宣传主阵地。应此要求，不少广电媒体单位选择入局MCN。根据iiMedia 2021年公布的数据，2022年MCN机构数量超40,000家，2025年将超60,000家。在急速增长的新市场中，入局较晚的广电媒体并不具有与头部MCN公司竞争的优势。面对此类困境，广州广播电视台选择搭建以营销城市品牌为目的，以广府内容生产、头部KOL孵化、媒介合作为核心的"粤伴湾"MCN机构。

城市台广电媒体具有丰富的区域性服务类资讯以及得天独厚的广府文化资源，因此"粤伴湾"具有其他MCN所不具有的三重优势：公信力强、影响力大、人才资源好。"粤伴湾"背靠广州广播电视台，天然就更具有公信力，旗下账号在发布相关信息时更容易取得用户信赖。"粤伴湾"背靠广州广播电视台强有力的融媒矩阵，直接覆盖了矩阵内的所有用户，在搭建平台的初期就能够快速引流、扩大受众面；"粤伴湾"的人员是广州广播电视台优先从台内队伍选拔的精英骨干，善于针对特长孵化达人，无须从头培养达人或担心达人与机构产生利害冲突。"粤伴湾"能够发现本地化内容的缺口，打造人民群众喜闻乐见的、具有地域特色的融媒产品。

"粤伴湾"助力广州推进学习型城市建设，搭建了"一老一少"线上学习的

网络平台,汇集了丰富的学习资源,提供了系统化的教学服务,开展了不同主体类别的学习资源分享,营造了浓厚的全民学习的氛围。

"粤伴湾"合理调配资源,根据赛道与定位的不同精准孵化达人账号。例如在文化赛道上,"西关大小姐徐瑾"是真人穿旗袍出镜介绍广州的老城区以及经典老字号,带领大家感受老城市焕发的新生机,而"华仔记"则是从语言文化出发,注重粤语词汇讲解和教学,向受众传播粤语文化。在相同赛道中,"粤伴湾"根据达人特征找准不同定位,打造有层次的达人矩阵,既避免了孵化资源的重复浪费,又避免了达人之间的流量争夺。

如果说"粤伴湾"是典型的融媒项目,那么其背后的机制和团队就是融媒项目得以孵化的关键。广州广播电视台近年来大力推进的工作室制度,就是对机制和团队的创新与保障。

广州广播电视台的工作室负责人都是来自一线的资深记者,他们拥有敏锐的观察能力,并且在他们负责的领域积累了大量的资源。这类个人工作室是台中心数量最多的工作室类型,身负"深耕条线资源、打造精品原创"的使命;对于服务型工作室来说,其主要任务是制作满足受众需求的融媒产品,使之能够更好地适配受众的视觉感受,做到"以数据为核心,讲有温度的故事"。

《民族同心圆》是广州广播电视台制作的首个全国性的民族工作主题宣传融合媒体项目,它生动地展示了56个民族在广州团结奋斗、共同繁荣发展的实践行动。这个成果已被中华人民共和国国家民族事务委员会作为先进经验推广至全国。广州广播电视台新闻频道于2019年荣获国家民委授予的"全国民族团结进步示范区示范单位"称号,2020年、2021年,荣获广东省政府授予的"广东省民族团结进步模范集体"称号。

六、内容为王:孵化精品内容,打造原创传媒产品

无论是对于传统媒体还是新媒体而言,内容是媒体建设的重中之重,媒体要想长久发展,必须坚持"内容为王"。媒体需要从受众的角度出发,生产出满

足受众需求的内容产品。广州广播电视台作为广州市的主流媒体,全力筹划推出纪录片、电视剧、电影、广播剧、街舞剧等各类优秀作品,以记录、展示和传播广州的红色文化、岭南文化、海丝文化和新时代文化。

广州广播电视台于2019年制定了"1+1+3"行动规划,将精品生产纳入"三大攻坚战"战略规划,深入实施"新时代精品工程",制作了一批优秀作品,包括4K标准院线电影《点点星光》。这部电影描绘了花都七星小学跳绳队在赖宣治教授的指导下,通过刻苦的训练,不断挑战自我,最终获得出色成绩的故事。该片被选为广州2019年中国国际儿童电影节的献礼片,入围澳门国际儿童电影节、广东省第十二届精神文明建设"五个一工程"优秀作品,获得2019年中国国际儿童电影展最受小学生喜爱影片奖、第33届中国电影金鸡奖最佳儿童片奖。2022年12月,纪录电影《无音之乐》获第36届中国电影金鸡奖最佳纪录片提名,获评2023年北京国际电影节"评审团特别关注作品"以及第二届华语纪录电影大会华语纪录电影特别推荐、第二届香港紫荆花国际电影节最佳美术奖。同样由广州广播电视台出品的公益短片《一只手转动梦想》以真实故事为蓝本,运用艺术表达,讲述了广东独臂少年张家城笑对命运,拼尽全力,用一只手"转动"篮球梦的故事。该片荣获2021年中国广告业大奖黄河奖"公益人物广告作品"银奖。

广州广播电视台注重弘扬优秀传统文化,传播中华精品。粤剧是广东地区特有的文化艺术形式,被誉为"南国红豆",2009年被联合国教科文组织列入人类非物质文化遗产名录。2018年10月24日,习近平总书记走进广州粤剧艺术博物馆,指示要把粤剧传承好发扬好。2019年,广州广播电视台成立电影工作室,其承担起"广州市粤剧电影精品工程"10部粤剧电影的创作生产,不断探索将岭南优秀传统文化作为文艺创新的重要源泉,陆续推出了《刑场上的婚礼》《南越宫词》《睿王与庄妃》等多部粤剧电影,①不仅创下近三年戏剧类电影最高票房纪录,并且获得了金鸡奖最佳戏曲奖等重要奖项。

---

① 人民网.走出时代发展的铿锵足音[EB/OL].[2022-01-10].https://baijiahao.baidu.com/s?id=1721518230065179544&wfr=spider&for=pc.

以《海上来客》为例,作为广东省委宣传部"文化走出去"重点项目,这部4K大型纪录片由广州广播电视台纪录片中心李林导演团队全力打造推出,荣获2020中国(广州)国际纪录片节"金红棉"优秀系列纪录片奖,并入选国家广电总局2020年优秀国产纪录片集锦。《海上来客》讲述了18世纪初法国派出一艘名叫"安菲特利忒号"的商船远航中国,开辟了两国直接贸易的传奇故事,这是首部以"安菲特利忒号"为题材的影视作品。该片自2020年9月在广州广播电视台首播后,广受中法两国观众好评。

2021年,广州广播电视台与卡塔尔赖扬电视台联合摄制并在中阿广播电视合作论坛上发布4K纪录片《阳光之路》,这是我国与阿拉伯国家文化合作的四个国家级重点项目之一。该片沿着郑和下西洋的航线,寻找中卡两国交流合作的历史印记,从多个层面展现郑和下西洋对中卡两国交流合作的深远影响,体现了"团结互信、平等互利、合作共赢"的丝路精神。

2023年7月,纪录电影《海路六万里》在浙江横店开机。该片讲述了三百多年前,法国国王路易十四派遣六名具有传教士身份的法国科学院院士前往中国,由此开启了影响深远的中法商贸、科技和文化交流的故事。当时清朝康熙皇帝以海纳百川的胸襟与法国波旁王朝国王路易十四积极展开互动,书写了一段东西方两大文明交流互鉴的历史佳话。该片启用两国专业电影团队,意在打造一部"中国故事、国际表达"的纪录片精品。

为庆祝改革开放40周年,大型纪录片《头啖汤》的主创团队奔赴海内外数十个拍摄地点,采访了100多位广州改革开放的引领者、亲历者、见证者,讲述了广州以"饮头啖汤"的胆略,勇立潮头,大胆探索,在全国改革开放中先行一步的故事。该片获国家广电总局推荐的优秀国产纪录片。

广州首部生态纪录片《湿地的力量》为粤港澳大湾区未来城市化发展与生态文明建设提供了重要价值,鲜活展示了习近平生态文明思想的"广州实践",参加了联合国《生物多样性公约》第十五次缔约方大会的境外展播活动,入围了第八届中国纪录片学院奖,被国家广电总局评为2019年第三季度优秀国产纪录片。

以"脱贫攻坚、乡村振兴"为主题打造的 4K 纪录片《新山海经》在粤、黔多地全媒体平台推出,获国家广电总局高度肯定。

一部部精品,让广州广播电视台在媒体融合时代站稳了脚跟,产生了强大的社会影响力。

在音频作品方面,广州广播电视台根据真人真事开发了一系列精品广播剧。《守护英雄》是广州市 2018 年文艺精品创作工程的重点项目,讲述了"钢铁战士"麦贤得和妻子李玉枝结婚几十年来相互扶持的感人故事。在国家、省、市广播电台以及"花城 FM"等多个平台播出后,反响热烈,先后荣获 2018 年度广州市广播电视文艺类一等奖、广东省广播电视文艺奖一等奖、广东省第十一届精神文明建设"五个一工程"优秀作品。广州广播电视台将该剧制作成国内首个视听广播剧,以创新的方式,专门聘请画家制作手绘水彩连环画与广播剧的精华片段相匹配,以图推进情节,以广播剧精华音效生动再现情景,从而成为国内首个可视广播融媒体作品,使广播剧的宣传推广更适应融媒体时代的传播特点。《花开乌蒙》是由广州广播电视台出品的扶贫主题连续广播剧,该剧展现了一位香港姑娘从广州到贵州创办花卉培育公司并进行扶贫创业的故事,反映了广州对口支援贵州毕节市进行脱贫攻关的成绩,讴歌了粤港澳大湾区当代青年为民族振兴所迸发出的强烈爱国情怀,也从一定的角度折射出香港青年人在这个伟大时代的心态变化。

七、发展与建议

在媒体深度融合发展的过程中,城市电视台也在不断探索自身的发展路径。在电视市场的金字塔式竞争格局中,不少城市电视台面临着经营困境。广州广播电视台在发展实践的过程中,也呈现出部分城市电视台共有的问题以及自身差异性导致的个性难题。

(一) 城市电视台发展困局

我国电视市场的结构一直保持着鲜明的行政层级和区域分割,地市级电视台的覆盖面一直有限,基本上只覆盖地级市所管辖的范围,覆盖人口不足。① 传统电视媒体承担着较重的大屏生产任务,媒体经营需要在兼顾日常播出活动的同时寻求新平台、新形式内容的转型,但传统电视媒体打造新媒体平台的动力不足,生产出的媒介产品较为单一、散乱,影响力有限,难以形成规模效应。

在人员机制方面,城市电视台虽拥有专门负责新媒体账号运营的人员,但新媒体团队与传统一线采编部门的融合却依旧是一大难题,队伍各自为政,各自生产。电视台面临巨大的经济压力,人力物力资源分配存在难度,难以建立新型人才队伍,而传统采编队伍也难以适应新平台玩法和运营模式,导致小屏端新媒体平台运营陷入窘境,发展乏力。

此外,传统城市电视台品牌资源比较分散,打造融媒体品牌的动力不足。广州广播电视台虽然深耕广州本地,以珠三角、大湾区受众为主要服务对象,历年来生产打造出不少有影响力的精品节目,但在大屏向小屏过渡的过程中,还是存在搬运照抄的问题,节目形式改动较小,导致节目雷同与资源浪费。

(二)城市电视台破局之路

切实推动媒体深度融合发展,要求各级媒体主力军挺进主战场,整合人力、物力等资源,加快向新媒体转型。广州广播电视台在探索媒体转型的路径时,需要聚力建设好"以内容生产为根本、以先进技术为支撑、以改革创新为保障"的融媒体系;在构建"内容+平台+终端"融媒体生产传播体系方面,要用互联网思维进一步优化资源配置,形成集约高效的全媒体内容生产体系和传播链条,制定关于传统大屏端节目的整合优化方案,通过向新媒体释放采编力量,制作更多融媒体产品。另外,打通大小屏内容生产分发渠道,把更多小屏端作品通过形式创新,充实大屏节目与时段,实现一次采集、多场景运用。

此外,主流媒体要加强先进技术的开发引进,促进技术、内容、渠道、数据等方面的深度融合,进而实现有效、精准的定向传播和营销;推进广电5G、人工智能、云计算、大数据等新一代信息技术在广播电视和网络视听行业深度融合、广

---

① 张宏伟.城市电视台破困发展的有效供给策略[J].青年记者,2022(14):83-85.

泛应用;通过科技创新持续驱动广播电视迭代升级,加速推动媒体融合技术应用发展和技术成果转化;积极构建5G+4K/8K公共技术服务平台,应用超高清、智慧医疗、智慧教育等多项前沿技术,为内容生产、版权交易、场景应用等提供技术支撑,打造智慧广电。

城市电视台肩负着推动传统主流媒体向新型主流媒体转型发展的使命。在媒体融合发展过程中,广州广播电视台在体制机制上整合优势资源,积极建立全媒体体系;在联制联播模式中强化协作能力,实现媒体互联互通;在技术融合方面,运用高新技术,赋能智慧媒体传播;在社会治理领域,大力拓展"广电+"外延,探索治理服务路径;在融媒项目开发上,大力培育新型业态,带动传媒发展转型;在内容生产领域,积极孵化精品内容,打造原创传媒产品,探索出城市电视台推进媒体深度融合发展的新路径。

后　记

当前,全球传播格局正经历深刻变革,媒体融合已成为时代发展的必然趋势。党的二十大报告明确提出,要"加强全媒体传播体系建设,塑造主流舆论新格局"。近年来,中央相继出台《关于加快推进媒体深度融合发展的意见》等一系列政策文件,持续推动媒体融合向纵深发展,全国各地纷纷探索适合自身发展的融媒体建设路径。广州作为粤港澳大湾区的核心城市,在媒体融合发展中承担着探索基层治理与传播创新相结合的重要使命,尤其在基层治理与传播体系融合方面具有独特的示范价值。

在这一宏观背景下,2023年3月至12月,广州大学新闻与传播学院组织师生,联合广州市区级融媒体中心、广州日报、广州广播电视台等单位,共同组成课题组,对广州市区域融媒体建设与发展进行了专题调研。课题组成员深入广州市10个行政区及两大市级主流媒体,围绕区域融媒发展的新实践、新路径和面临的困境,进行实地走访、深度访谈与案例分析,系统梳理了广州市区域融媒体建设的创新实践与发展路径。

全书聚焦"媒体深度融合"主题,构建"战略布局—技术应用—机制创新"三维分析框架,系统解析区域融媒体从传统内容生产到"新闻+政务+服务"多功能协同范式的转变。通过12个典型案例分析,展示区级融媒体中心在技术赋能、内容创新、政企联动等维度的突破,同步梳理市级主流媒体在资源整合与传播矩阵构建中的示范作用。值得一提的是,蓝皮书着重探索了基层融媒参与社区治理的创新路径,涵盖数字政务协同、文化IP孵化、应急传播体系搭建等实践场景。研究既总结了"统一策划—多元传播"等可复制的广州经验,也客观呈现出区域融媒体在发展中面临的现实共性问题,例如编内人员知识结构老

后 记

化、财政依赖度高、人才储备不足、社会资本导入的限制等,针对性地提出了包括智库共建、岗位流动机制、产学研融合等在内的对应解决方案。

蓝皮书的完成离不开课题组成员的辛勤付出和广州市各区融媒体中心的大力支持。在此,特别感谢广州大学新闻与传播学院刘雪梅教授、李彦副教授、董开栋副教授、刘涛主任、曹锐博士、朴文玲博士,他们在调研实施与报告撰写过程中付出了巨大努力,作出了专业贡献。同时,我们真诚感谢白云区融媒体中心主任刘海裕、副主任林梅芳、副总编辑罗盛光,天河区融媒体中心综合部部长谢晋桦,海珠区融媒体中心副主任李启东,番禺区融媒体中心办公室副主任何国锋,增城区融媒体中心总编辑王戟、办公室主任张少葵,从化区融媒体中心李清沂,黄埔区融媒体中心徐清扬、曾妮、黄蓉芳、谭源、肖伶等领导和老师,广州日报社毕征、毛玉西、史勇、王鹏、何超、祝春强、储德武、王雯倩、林玮琳、李娜等领导和老师,广州广播电视台刘怡昆、谭盛婷、林颖、黄佳殷、张仲夏、唐毅、林笑秋等领导和老师,以及荔湾区融媒体中心、花都区融媒体中心、南沙区融媒体中心为此次调研工作提供的丰富的第一手资料和宝贵的成书建议。

本蓝皮书包含 12 篇调研报告,分别由课题组成员在调研的基础上执笔完成,交执行主编张灵敏副教授统筹修改,主编田秋生教授和邹军教授做最后的修订。我们希望,本书能够为推动新型主流媒体建设和基层治理现代化提供理论参考与实践指导,也为其他地区推进媒体融合发展提供有益的借鉴与启示。但由于我们的水平有限,加上老师和同学们的工作、学习任务繁重,时间紧张,错误和疏漏之处在所难免,恳请各位专家和读者批评指正。

感谢中国传媒大学出版社的编辑黄松毅女士为本书出版付出的辛劳。

本书的出版,得到了广州大学数字技术与岭南文化艺术交叉创新平台建设项目的资助,特此鸣谢。

广州大学新闻与传播学院
"广州市区域融媒体建设与发展研究"课题组
2025 年 3 月

图书在版编目（CIP）数据

广州市区域融媒体中心建设与发展蓝皮书.2023/田秋生,邹军主编.--北京：中国传媒大学出版社,2025.3.

ISBN 978-7-5657-3863-0

Ⅰ.G219.276.51

中国国家版本馆CIP数据核字第20257AK537号

广州市区域融媒体中心建设与发展蓝皮书（2023）
GUANGZHOUSHI QUYU RONGMEITI ZHONGXIN JIANSHE YU FAZHAN LANPISHU（2023）

主　　编	田秋生　邹　军
执行主编	张灵敏
责任编辑	张　静　张　笛　高卓毓
特约编辑	李　婷
责任印制	李志鹏
封面设计	风得信设计·阿东

出版发行	中国传媒大学出版社			
社　　址	北京市朝阳区定福庄东街1号	邮　　编	100024
电　　话	86-10-65450528　65450532	传　　真	65779405
网　　址	http://cucp.cuc.edu.cn		
经　　销	全国新华书店		
印　　刷	唐山玺诚印务有限公司		
开　　本	710mm×1000mm　1/16		
印　　张	20.5		
字　　数	323千字		
版　　次	2025年3月第1版		
印　　次	2025年3月第1次印刷		
书　　号	ISBN 978-7-5657-3863-0	定　　价	98.00元

本社法律顾问：北京嘉润律师事务所　郭建平